一日一生

亡き息子
川﨑晃弘への手紙

川﨑依邦

一日一生

亡き息子　川﨑晃弘への手紙

目次

第三部　経営再生B社の一二年（二〇一一年九月～二〇二三年五月）

プロローグ——川﨑晃弘様へ

私の長男、川﨑晃弘は、二〇一六年二月一三日突然死した。死因は虚血性心不全である。我が息子晃弘は私にとってはかけがえのないパートナーであった。仕事での風雪を共に乗り越えて来た。二〇一八年八月に『実践的経営コンサルタントがリアルに語る経営「再生」物語』(東洋出版)を発表した。そのプロローグで次のように記した。

三四歳五ヶ月の若さで突然死した息子——川﨑晃弘

二〇一六年二月一三日(土)、君は虚血性心不全にて突然死した。宿泊先の葛西のマンションでのことである。二月一三日は大阪に帰る日であった。約三ヶ月の東京滞在も一区切りしてまさに大阪に帰る日であった。あれから時間が流れた。

二〇一六年二月のシーエムオーグループは拠点四ヶ所(東京二ヶ所、大阪一ヶ所、名古屋一ヶ所)総人員一三一名、車両台数一〇四台、直近(二〇一五年一〇月決算)の売上一〇億九二〇〇万円、経常利益八一〇〇万円、経常利益率七・四%であった。

君が亡くなってむかえた二〇一六年一〇月決算は、売上一〇億九二〇〇万円、経常利益七八〇〇万円、経常利益率七・一%、次いで二〇一七年一〇月決算は売上一七億五六〇〇万円、経常利益八九〇〇万円、経常利益率五・一%、現在（二〇一八年六月）は拠点九ヶ所（東京四ヶ所、大阪三ヶ所、名古屋一ヶ所、新潟一ヶ所）、総人員二〇八名、車両台数一九八台。二〇一六年二月と比して、人員は一五九%、車両台数は一九〇%の伸びである。

二〇一八年一〇月の決算着地見込みは売上二〇億円、経常利益一億二〇〇〇万円、経常利益率六%である。二〇一五年決算と比して売上一八三%、経常利益一四八%の伸びである。この間の時間は常に君と共にある。

中略

二〇一六年二月一二日（金）夜九時頃、君と電話にて会話したのが昨日のことのように頭に残っている。「状況はどうか」と尋ねると「今は忙しい」との一言だった。

二〇一六年二月七日（日）は君と会った最後の日。いつものように大阪のシーエムオー事務所で打ち合せをして、それからクライアントの会社に一緒に行く。

この間いつも反芻している。「生きていてほしかったなぁ」「無理をさせてしまったのか」「申し訳ありません」「晃弘がいてくれたらなぁ」……その一方で苦しい時や困った時は「どうか助けてください。どうか守ってください」とすがっている。

この文章を記してから五年の月日が流れている。その間新型コロナが猛威を振るった三年間も乗り越えて来た。二〇二二年一〇月決算ではシーエムオーグループの子会社は九社である。大阪二社、京都一社、名古屋二社、東京二社、埼玉二社である。グループ連結での売上は二九億二一〇〇万円、経常利益二億一八〇〇万円、経常利益率七・五％である。現在（二〇二三年五月現在）はシーエムオーグループの子会社は一一社となっている。二〇二三年一〇月決算の着地見込みは売上四二億円、経常利益三億円、経常利益率七％としている。息子晃弘が亡くなった年の二〇一六年一〇月決算と比して売上は約四倍、経常利益約四倍である。

本書は息子晃弘が亡くなった後の日々を記している。

執筆の動機は、息子晃弘に報告することにある。息子晃弘は、私の心の中で生き続けているからだ。亡き後の日々を息子晃弘に届けたいのである。そうすることで現に生きている一人一人に勇気を奮い起こして貰いたいと願っている。愛する人やかけがえのない人を失くした経験を持っている一人一人に、生きる勇気を奮い起こして貰いたい。さらに晃弘の志は経営再生請負人として世の中の役に立つことにあった。その志は次男健志にもしっかりと引き継がれている。次男健志の告別式での弔辞を紹介する。

貴方にそのように褒められるのが、嬉しくてたまりませんでした。　弟　川﨑健志

このような場で手紙を読むことになろうとは、思いもよりませんでした。貴方の大学受験の時に、応援メッセージを書きましたが、それを除けば、ちゃんとした手紙を書くことは初めてかも知れませんね。

お互いに少し恥ずかしい気持ちがあるでしょうが、ちょっと我慢して聞いてください。

先日、二月一一日祝日の日に、貴方が学生時代にアルバイトをしていたラーメン屋（いちえんラーメン）に行った時、嬉しそうに話していたのを思い出します。帰り道、渋滞にはまってヘトヘトになり「疲れたワー」と言いながら家に帰って来ました。

二月一二日、私が出向先からプレジャーの事務所に戻った時、出向先のことを聞かれ、「Kさんのタイピングが早くなった」と報告すると、ビックリして自分のことのように本当に喜んでくれました。Kさんのことでは、配車の方も心配していましたが、今現在、私の助けなしに独り立ちし乗り切っているのを見ると、私自身も安心しているところなので大丈夫です。

その日は、少ししんどそうで、病院で血圧を下げる薬をもらったと聞いて心配になり、〇〇さんと私の三人で事務所の血圧器で計りましたね。

貴方の血圧は上が一六六、下が一〇〇いくつかでした。

冗談で「何かあったら直ぐに救急車を呼ぶから言えよー」「ほんまにそうするから頼むなぁ」と会話しました。

私の仕事が終わるのを待ちながら、「明日は全体会議で、私もドライバーさんと個人面談をするからプレジャーの事務所まで一緒に行けるなぁ」と話しましたね。

家に帰る車の中では、今思えば口数も少なくボーっとした感じでした。晩ご飯を買うのに入ったコンビニでも、食欲がないと言って、手に取ったのは黒ウーロン茶とごま麦茶でした。二三時過ぎ、私が晩ご飯を食べ終え、寝る前に読むマンガを借りに貴方の寝室へ行った時、貴方はトイレでマンガを読みながら、体が痒かったのかボリボリと掻いていました。

「マンガ借りるナァー」

「おうし、はよ寝ーやー」

これが、私が最後に見た貴方の生きている姿、交わした会話となりました。

二月一三日午前五時アラームが鳴り、父親である会長に出発コール（モーニングコール）をしました。二度寝してしまったところへ五時三一分、会長から「晃弘社長から未だ電話が来ないから見てくれ」と電話が入りました。珍しいなぁと思い、直ぐに貴方の寝室に向かいました。手を少し万歳した格好で、いつもと変わらない顔で仰向けに寝ていました。

「起きやー」と声を掛けても反応がなく……肩を叩いても、両肩を持って激しく揺らしても、大声で叫んでも反応がなく、息をしていないことに気付きました。急いで電話をかけようと震える手で押した番号は一一〇番、間違いに気付き慌てて一一九番に通報しました。

会長に電話で晃弘社長が息をしていないこと、救急車を呼んだことを伝えた後、心臓マッサージと人工呼吸を開始しましたが、体は冷たく、また硬くなっていることに気付きました。母親である専務からも電話が入り、心臓マッサージをしていることを伝えました。救急車が来るまでの間、必死にマッサージを続けました。救急隊員が到着し、心臓マッサージを代わってもらった時、寝室の扉が外れていることに気付きました。

もしかすると、貴方がトイレから寝室に戻る時、扉にぶつかり、外れてしまったので、立てかけておいたのでしょうか。

松江病院に運ばれ、医師から死亡確認（六時四十三分）を受けました。その時に貴方の変わり果てた姿に怖くなったのを覚えています。

今この時も信じることが出来ませんが、あの変わり果てた貴方の姿を思い出すたびに、現実を思い知らされ涙が出ます。プレジャーの皆の顔を見ると貴方の姿、行動を思い出してしまいます。

数ヶ月前に、私が出向すると決まった時、晃弘社長が東京に来ることになり、東京でまた一緒に仕事ができると、嬉しくなりました。とても心強く感じていました。

実際、夜遅くプレジャーの事務所に帰るのが楽しみで、今日一日どんな出来事があったのか聞くのが、私の日課となっていました。仕事の話をしながら一緒に銭湯に行ったり、ご飯を食べに行ったりし、本当に楽しかったのです。

貴方は弟である私をいつも立ててくれ、「東京の配車は凄い」「東京の事務管理面は見習わないといけない」「名古屋で配車センターを立ち上げるから協力してくれ」と話していました。

「次なるM＆Aが来たとしても、健志が行ったら絶対に大丈夫や」と言ってくれ、そのたびに私は「そんなことないよ」と応えながらも、貴方にそのように言われるのが嬉しくてたまりませんでした。

貴方に同じ経営者として認めてもらいたいという気持ちがありました。時に、私がビックマウスを言うのも、そのような気持ちからです。（実際には）経営者として自信などなく、貴方がいるからこそ、今まで辛い事も「ナニクソ」と我慢して負けじと頑張ってきたのです。貴方の突破力溢れる営業手腕、コミュニケーション能力、交渉力は私にはないもので、嫉妬しつつも、羨ましく、尊敬していました。

今、私が曲がりなりにも経営者として活動できているのも、貴方の見よう見真似でやってきたからなのです。

人材派遣の手配の仕方からドライバーさんとの個人面談、面接など、あらゆる面で教わったからです。

常に尊敬できる経営者、川﨑晃弘でした。

今年のグループでの売上は一五億、中期目標は二〇億、長期目標は一〇〇億というのが貴方の夢だったと思います。

会長、専務も年をとってしまい、ここは、やはり私がしっかりとしなければならない立場だと思います。貴方の夢をしっかりと引き継いで、天国から「スゴイナァー、やっぱり健志社長に任せておけば大丈夫やったナァ」と褒められるよう精一杯頑張ります。どうか見守っていてください。

底なしに優しいお兄ちゃんへ

私は、お兄ちゃんの後ろを歩く子供でした。良いことも、悪いことも教えてくれたのは、お兄ちゃんでした。中学、高校では「いじめられたら言えよ」と心配してくれました。一緒によくゲームをし、遊んでくれましたね。

兄であり、親しい友のような関係でもありました。

優しくて最高のお兄ちゃん、志半ばでさぞかし悔いがあると思いますが、どうか安らかに眠ってください。

弟より

経営者　川﨑晃弘へ、大好きなお兄ちゃんへ

次男健志はシーエムオーグループの子会社の代表取締役として活動している。告別式での弔辞をしっかりと胸に刻んで日々闘っている。こうした日々の闘いを紹介することは、中小企業の経営者だけではなく、あらゆるところで働く一人一人に勇気を奮い起こすと信じている。

本書の構成は次の通りである。

第一部　川﨑依邦の日々――新型コロナの時代を生き抜く（二〇二〇年二月〜二〇二三年五月）

私は日々「川﨑依邦の日々」としてブログを発信している。

ＵＲＬ：cmo-co.com

新型コロナの時代（二〇二〇年二月〜二〇二三年五月）の約三年間の日々を十分の一に圧縮してピックアップして紹介している。

心の奥底でいつも息子晃弘に向かって語り掛けている。経営コンサルタントとしての守秘義務もあり、クライアントのことや経営コンサルタントの中身については詳しいことは述べていない。それでも生きていくということの大切さや、人それぞれの悩み、悲しみ、人生のあれこれを語っている。そして何よりも父親の顔を見ることなく、二〇一六年三月三一日にこの世に産まれた子（川﨑彩葉）について記している。この子のことを書くたびに息子晃弘の無念さが身に染みている。「川﨑依邦の日々」は息子晃弘への手紙でもある。

第二部　経営再生請負人としての苦闘物語

経営再生請負人としてはまだまだ未熟極まりない。それでも経営再生請負人たらんとしてチャレンジしてきた。その中であえなく経営再生を成し遂げられなかったこともある。私が実際に体験した、言わば経営再生の失敗物語として紹介する。失敗した原因はそれぞれであるが共通要因がある。一つは引き継いだ売上が大幅に減少したことにある。新しく経営の任にあたろうとして乗りこんだのはいいが、得意先に逃げられたことによる。何としても黒字にすると精一杯努力するも力及ばなかった。別の観点からするとそこで働く一人一人の意識を変えることが出来なかった。それでも失敗から学ぶことは多い。失敗は成功の母でもある。何故うまくいかなかったのかしっかりと分析することで次に活かすことができる。

第三部　経営再生B社の一二年（二〇一一年九月〜二〇二三年五月）

現在只中で取り組んでいる。この実例はまだまだこれからである。二〇二二年一一月一五日に㈱シーエムオーグループの一〇〇%子会社となった。直ちに一〇〇日プロジェクトとして経営改善に取組んできた。二〇二二年一一月一五日〜二〇二三年二月末までの一〇〇日プロジェクトである。息子晃弘が二〇一五年一一月〜二〇一六年二月に一〇〇日プロジェクトとして東京に乗り込んだ時の会社である。当時二〇一五年一一月東京の会社を㈱シーエムオーはM&Aして一〇〇%出資の子会社とした。この会社の経営改善をする一方、弟健志社長はB社の経営改善のため、配車担当者として常駐していた。主に配車担当者として力を尽くしていた。二〇一五年一一月〜二〇一六年二月の一〇〇日でプロジェクトを終え、いよいよ明日二月一三日息子晃弘が大阪に帰る日、息子晃弘は突然死した。この会社はいろいろ経緯を辿って㈱シーエムオーグループの子会社となった。B社の経営改善の歩みを紹介する。

エピローグ――亡き息子川﨑晃弘への手紙

第一部からエピローグが本書の構成である。

私は生前の息子晃弘には折に触れて手紙をよく書いた。二〇二三年九月一日には㈱シーエムオーの創立三五年となる。この時に当たり様々な感慨が湧いてくる。

今までの人生、様々な人と出会い、助けたり、助けられたりしてきた。中でも最大の出来事は息子晃弘の突然死である。シーエムオー創立三五年を迎えるにあたって是非とも息子晃弘へ手紙を書きたい。「亡き息子川﨑晃弘への手紙」と書名を付けた所以である。

二〇一六年二月一三日息子晃弘が突然死してから毎朝続けていることがある。それは自宅の机上の晃弘の写真に手を合わせることである。そして出張で自宅にいない日は別として毎日コップの水をかえている。手を合わせることで晃弘に語りかけてもいる。「亡き息子川﨑晃弘への手紙」と題して新刊本を出すことにしたよ。この本を手に取って下さる一人一人に生きる勇気を伝えたい。どうか願いを叶えて下さい」

「会長、元気ですか」晃弘の声が聞こえてくる。毎朝公園を四周している。約六五分掛かる。スマホの歩行データによると、二〇二二年六月～二〇二三年五月の一日の平均歩行数約一万五〇〇〇歩、歩行距離は一一キロである。しっかりと歩いている。二〇二二年一二月に帯状疱疹になる。頭の中に疱疹がでる。右の頭が痛くて痛くて二〇二三年一月いっぱいは痛みと一緒に生きてきた。ようやく二月に入って痛みは和らいだ。後遺症は外斜視と右眼の視力低下である。夜になると信号機の赤が二つに見えたりする。五月に入って外斜視の症状は消えた気がする。右眼の視力低下は回復していない。白内障のようになっている。しばらく様子を見て回復しなければ白内障手術をしなければと思っている。それとお酒を飲むのは二〇二〇年五月七日を期してピタリと止めた。二〇二二年ハワイに行った時にビールを一本飲んだきり、日本国内ではお酒を止めている。「お父さんが酒を止めるなんてとても信じられないよ」晃弘の声が聞こえてくる。

「お母さんは元気ですか」

㈱シーエムオーの専務として仕事を続けている。シーエムオーグループのスタッフメンバーのコミュニケーションの円滑役として、又コンプライアンス面の対応をしている。二〇二四年四月の「働き方改革」を睨んでいる。折に触れて晃弘のことを語っている。いつも心の中にいる。健康のためにウォーキングをしている。日々、明るく元気にしているよ。

息子晃弘のことを語る時は言い知れぬ無念さ、寂しさ、悲しみ、辛さが私にも伝わってくる。母としてじっと耐えて生きている。二〇一六年二月、告別式での母の弔辞を紹介する。

あなたの人生は、早すぎた人生ではなかったですよ。　母　川﨑桂子

許してくださいね。もう少し健康についても細心の注意をすべきでした。お父さんも、東京へ

行かせなかったらこんなことにはならなかったと言って、号泣していました。
健志ももっと早く気づいていればと思っているでしょう。でもやさしいあなたは「そんなことないよ。皆は悲しまんでもいいよ」と笑って言ってくれるでしょう。

あなたとの歴史は三四年五ヶ月です。生まれたときは難産でした。でも子育てはおばあちゃんの手助けもあり、やりやすかったですよ。はじめてあなたが歩いたとき、いっしょに手をつないで歩きましたね。健志が生まれた時はなかなか名前が決まらずあなたが「健ちゃんがいい」と言って決まりました。健康に育ち志を持っていくように健志となりました。

健志は「会社はお兄ちゃんの志をうけついで精一杯がんばるよ」と言っています。「この三ヶ月、何年かぶりかでお兄ちゃんと生活しいろいろと話ができてよかったよ。晩ごはんもいっしょに食べれたし楽しかったよ」と健志は言っています。

あなたの妻香奈子さんには、精神面経済面でサポートしますよ。マンションの事もあなたが抽選に当たった時すごく喜んでいたので、できれば住んでほしいと香奈子さんには言いましたよ。あなたの子供については、私もできるだけ手助けしますよ。

お父さんも、あなたと違って口出ししないと言っています。でも孫の成長をあたたかく見守りたいと言っていますよ。

お父さんはあなたが二〇才の頃、よく手紙を書いていましたね。あなたの棺に入れようかと思いましたが、香奈子さんに託しましたよ。いつの日かあなたの子供に、香奈子さんが読み聞かせてくれることでしょう。あなたに対して、お父さんは熱い想いを手紙で伝えていますね。

あなたといっしょに歩いていたとき、若夫婦がベビーカーを押しているのを見たとき「ぼくもいつかベビーカーを押すときがくるかなぁ」とボソッとつぶやきましたね。子供がいよいよ授かるとわかったときは、喜んでいましたね。

いま一五〇〇g、二〇〇〇g……と、子供の体重を教えてくれましたね。子供の名前も楽しそうに考えていましたね。子供の顔を見ることも抱くこともベビーカーを押すこともできなくて、心残りでしょう。でも香奈子さんは芯の強い女性です。立派に育ててくれますよ。見守って下さいね。

いつもやさしかった、私の息子晃弘に言います。

あなたの人生は、早すぎた人生ではなかったですよ。精一杯生きぬきましたよ。私は誇りに思っています。

これからも世界は違いますが、お互いに頑張りましょう。それじゃあね。

今読み返しても心が痛む。「あなたの人生は早すぎた人生ではなかったですよ」精一杯の母の言葉である。本当はあまりに早すぎた。「僕もいつかベビーカーを押す時が来るかなあ」この言い知れぬ無念さは今も私の中にもある。それでも一日一日生き抜いている。

方丈記の冒頭が浮かんでくる。

「ゆく川の流れは絶えずして、しかも、もとの水にあらず。淀みに浮ぶうたかたは、かつ消えかつ結びて、久しくとどまりたるためしなし。

中略

知らず、生れ死ぬる人、いづ方より来りて、いづ方へか去る。また知らず、仮の宿り、誰がためにか心を悩まし、何によりてか、目を喜ばしむる。その主と栖と、無常を争ふさま、言はば朝顔の露に異ならず。

あるいは、露落ちて、花残れり。残るといへども、朝日に枯れぬ。

あるいは、花しぼみて露なほ消えず。消えずといへども、夕べを待つことなし」

現代語訳にすると次の通りである。

「行く川の流れは絶えることがなくて、なおその上に、もとの水と同じではない。流れが滞っている所に浮ぶ水の泡は、一方では消え、一方では生じて、長い間、同じであり続ける例はない。

中略

（私には）わからない、生まれたり死んだりする人は、どこから来て、どこへ去ってゆくのか。また、わからない、仮の住居は、誰のために苦心し、何にもとづいて目を楽しませるのか。その主人と家とが、常に変転することを争う有様は、たとえてみれば、朝顔の花と露（との関係）と同じである。あるときは、露が落ちて花が残っている。残っているといっても、朝日に当たって枯れてしまう。あるときは、花がしぼんで、露はまだ消えないでいる。消えないといっても、夕方まで残っていることはない」

人は生まれて必ず死んでいく。日々変化していく。このことは諸行無常である。諸行無常は、儚く虚しいものではない。寧ろ、変化していくプロセスで一瞬一瞬を大事にしていくことである。これからも、亡き息子川﨑晃弘に向けて手紙を書く。どうかこの手紙が晃弘に届くことを念じて書く。

二〇二三年五月九日　　父　川﨑依邦

2017年度（2016年11月～2017年10月）経営方針発表会

第一部　川崎依邦の日々――新型コロナの時代を生き抜く

（二〇二〇年二月～二〇二三年五月）

「プロとは何か」

二〇二〇年二月四日（火）一万一一九九歩。

朝六時の新幹線にて一路東京へ、東京シーエムオーにて十時より銀行担当者（二名）と面談する。十四時からはA社にて経営ミーティングです。約一年前に入社した幹部（六十一歳）が一月末にて退職とのことです。この幹部は大手会社出身です。残念なことです。

『スカウト』（後藤正治）を読む。プロ野球の名物スカウト木庭教《きにわさとし》の物語です。弱いころの弱小球団広島カープのスカウトです。

能力、天性があってもプロで花開くのはごく一握り。「この差は何か」「そもそもプロとは何か」こういった視点で読んでいます。プロフェッショナルな人は強い想い、強い心の持ち主です。ひとつのことに集中して、継続して取り組み続けることはプロの第一条件です。葛西マンション泊。

「母のこと」

二〇二〇年二月九日（日）一万五六二一歩。

暖冬と思っていましたが寒い日です。風が冷たいです。

朝、クライアントの社長のお母さんの訃報を聞く。冥福を祈ります。

私の母は八六歳にてあの世に旅立ちました。老人ホームにて痩せこけて命尽きました。二〇〇〇年九月二七日の朝のことです。この日は、東京で物流経営講座があり終了後、深夜一二時頃広島の実家にたどり着きました。喪主でありながら通夜に遅れました。東京から広島への新幹線の中で泣けてきました。

母への思い出があふれ、自らの親不孝を思い泣けました。母の期待、願いに十分に報いることが出来ず、つくづく親不孝と思い、申し訳ない気持ちでした。それでも「しっかりとコツコツ休まず働くこと」と言う母の口癖の通り、東京での仕事を終えてから通夜に向かいました。

母が亡くなって、あれから二〇年です。…生きることは山あり谷ありですね。

午後は、三月一日の試験「経営支援アドバイザー二級」の受験勉強をしました。今のところ合格ラインに達していますが、気を抜くことは出来ません。

夜は、映画「戦場のピアニスト」約二時間、録画していたものを観ました。生き抜くたくましさと人生の運のようなものをしみじみと感じました。

「一日一生」

二〇二〇年二月一四日（金）一万六四五三歩。

七時半大阪シーエムオーにて健志社長とミーティング。一〇時よりシーエムオーグループのA社の経営ミーティング。

一四時よりB社長と一緒に弁護士と話し合い。一八時よりC社長と面談。一緒に食事をする。

二月一五日付にて退職するシーエムオースタッフより感謝の手紙と日本酒一本頂く。日本酒一本を手に持ってシーエムオーの事務所に出勤したとのことです。こちらこそありがとうございます。

手紙の中で私の言葉のひとつとして心に残っている言葉で「一日一生」とありました。

一日を一生の如く、今に全力を尽くして生きていくと言う意味です。

人生は山あり谷ありです。今に全力を尽くしていくことですね。

「別れと出会いの繰り返しが人生」

二〇二〇年三月一一日（水）七一五二歩。

九年前のこの日、二〇一一年三月一一日一四時過ぎは新幹線名古屋駅近くの喫茶店にてクライアントのA社長と面談をしていました。その最中、大きくグラグラと揺れて思わず外に飛び出しました。

すぐさま面談は中断して新幹線に乗って新大阪に帰りました。この新幹線は動きましたが、以後ピタっと止まりました。

「あれから九年か」……二〇一一年三月二〇日は晃弘社長の結婚式でした。

本日は宮崎出張、バンクオブミーティングです。終了後、企業の方と中華料理店にて麻婆豆腐と唐揚げとチャーハンを少し、あと瓶ビール一本をご馳走になりました。ラーメンも少し食べました。実に美味しかったです。

中華料理店の主人の娘は今年四月、関西にてパティシエの道を歩むということです。

娘さんにとって、春四月は旅立ちの時ですね。

「別れと出会いの繰り返しが人生か」とふと思いました。

「一日一日積み重ねていく」

二〇二〇年三月一四日（土）九三四二歩。


朝、一〇時はA社（茨木）、一四時はB社（京都）と巡回する。

A社では労務トラブルの対策、B社では給与改革の打ち合わせです。一日中、小雨が降りしきる。

人間の幸せとは何だろうかとふと思う。人生は一回しかありません。何気ないありふれた一日、平凡な会話、こうしたことも大切ですね。

九年前の三月一一日の東日本大震災のことがここのところテレビによく映ります。津波で思いもよらぬことで人生が終わる人もいます。人生とは何だろうか。

自らの生を一日一日積み重ねていくことですね。

「いつまで続くか、コロナ」

二〇二〇年三月三〇日（月）一万三二二三歩。


新大阪六時発の新幹線で東京へ、JR在来線に乗り替えて高崎市A社。一〇時より経営会議。次いで東京に取って返し一五時よりB社。

いつまで続くか、コロナ、と思いつつ関東にて活動。終了後、新大阪に向い二二時自宅へ帰る。

リュックの中は本で重い。『事業再生大全』（八二六ページ）は重さ一kgはある。四五ページまで読む。直木賞の受賞作『熱源』（川越宗一）（四二六ページ）を一九〇ページまで読む。さらに『経営支援アドバイザー二級』（三〇八ページ）を三〇ページまで読む。新型コロナウイルスの影響でガラガラとなっている新幹線の中が私の仕事部屋と化している。いつまで続くか、コロナ、とは言っても、いつかは必ず終息すると信じている。

明けない夜はない、必ず朝が来る。

二〇二〇年四月一一日（土）一万三五五四歩。

「緊急事態」

八時よりシーエムオー、プレジャーグループの役員会。

一〇時より大阪と東京を結んでシーエムオー、プレジャーグループの管理メンバー（配車担当者）とテレビ会議。

一一時より分科会として緊急事態に対するシーエムオー、プレジャーグループの対策について打ち合わせ。

一三時過ぎに梅田に行く。「なんということか」人がいない。梅田の本屋紀伊國屋や百貨店は閉まっている。阪急電車に乗って茨木まで行く。一つの車両に乗客は私を含めて二人のみ。A社にて経営会議。テーマは父（七四歳）から息子（三五歳）への事業承継のストーリーを決めることです。いわば家族会議です。

この緊急事態は、かつて人類が滅多に経験しなかった大事です。来年の春は気分よく桜を見たいとつくづく思っています。

「明けない夜はない」

二〇二〇年四月一六日（木）九六八七歩。

朝六時過ぎの新幹線に乗って東京へ。四号車には私を含めて二人しかいなかった。

一〇時　A社（埼玉）の経営会議。出席者は離れて座り密を避けている。JRの在来線に乗っても人はまばらだった。B社へはいつも駅近くからタクシーに乗って行くが（約五分）、今日はテクテク歩く。

診療所やパチンコ店、レストラン、そして会社の事務所もクローズしていて、まるで映画の一コマの如きゴーストタウンを歩いていく。

一四時　B社にて打ち合わせ。その後一六時にC社に行く。C社から東京駅まで車で送ってもらう。いつもなら四〇分かかる道をスイスイと進み二〇分で到着した。東京駅の売店、土産物屋のほとんどが閉まっています。

夕刊も買えません。七号車（車中六人）に乗って新大阪へ。二一時着。明日（四月一七日）は九州小倉に出張です。

平凡な日々の流れが急激に暗転しています。「明けない夜はない」と信じて、出来ることに毎日全力を尽くして頑張ろう！

「いつまで続くか」

二〇二〇年四月二八日（火）一万六一九〇歩。

朝四時過ぎに目を覚ます。早寝早起きとなっている。五時前から公園を四周散歩する。距離にして約五㎞。

七時半より健志社長とミーティング。その後一一時　A社に行く。A社では新型コロナウイルスのせいで売上が対前年比八〇％の減となっています。雇用調整助成金について打ち合わせ。

一五時　B社（京都）に行く。B社も又四月の実績は対前年比四〇％の減です。新型コロナウイルス危機はいつまで続くか、じっと耐えていく。A社は、この時こそ、と新卒採用に乗り出す。B社も設備投資をする。耐えつつ匍匐前進の如く進んでいく。

本は「宮本常一」という民俗学者の伝記を読んでいる。旅から旅へと歩き続けた人である。私も歩き続けていく。

「母の日」

二〇二〇年五月一〇日（日）一万九六六五歩。

午前中（九時～一二時）、大阪シーエムオーにて内務。A社の「経営計画」の骨子を作成する。

本日は母の日です。母の日はカーネーションの花を母に感謝の気持ちを込めて贈ることが一般的です。

そういえば私は、亡き母に一本のカーネーションすら贈ったことがありません。母の思い出は色々あります。いつも私の無事、健康を願い、毎日仏様に手を合わせて祈っていました。七〇歳頃まで働いていました。「あき食堂」という名前の食堂を経営していました。一〇人も入れば満席になる小さな食堂です。
「店は休んだらダメ」というのが唯一の経営ポリシーです。正月一月一日のみ休みです。起業したのは六〇歳の時です。一〇年続けたことになります。私は帰省するたびに、よく小遣いを貰ったものです。いつも三万円ぐらいです。当時、私は二〇代、東京で学生生活を送っていたのです。二〇〇〇年九月二七日、八六歳で母は亡くなりました。今だったら、心を込めて一本のカーネーションを母に贈ります。

「心の中の鬼が出てくる」

二〇二〇年五月一九日（火）一万三九七八歩。禁酒一三日目。

東京を歩き回る。一〇時　A社に行く。あるドライバーが前借りを申し込んできた。一〇万円です。「特別定額給付金の一〇万円が支払われたら返しますので一〇万円借してください」。A社長は一〇万円借したとのこと。
一四時　B社。退職したドライバーが時間外手当の未払いを手紙にて請求してきた。労働基準監督署の指導です。トータル二五万円です。このドライバーは社会保険料の個人負担を二ヶ月払わず辞めている。そこで社会保険料の個人負担を控除して一五万円で和解することとする。新型コロナウイルスのせいで、じわじわと生活苦に追い込まれるドライバーが出始めている。

朝食はガストでパンケーキとスクランブルエッグ（六〇〇円）、昼食は立ち食いにて蕎麦と野菜のかき揚げ（六〇〇円）。

夕食はココイチにてささみ野菜カレー（一〇〇〇円）、間食はA社の会議中に出た饅頭を一つ食す。

夜は『筧千佐子六〇回の告白』（安倍龍太郎）を読む。一一人の男（夫や交際相手）を青酸カリウムで殺した女の物語です。相続額は一〇億円です。高校を卒業して住友銀行に入社した程ですから頭はいい。最後は認知症になったといって裁判に臨むも死刑です。殺された男はいずれも七〇歳過ぎの独り身です。危うく殺されかかった人（八〇歳）曰く「いい女でしたよ」…。筧千佐子曰く「人を殺めたときは私の中の鬼が出てきたね」彼女はもらい子だったとのこと。どこで鬼が心の中にすんでしまったのか…考え込みました。

葛西マンション泊。


「明日は天気に、なあれ」

二〇二〇年五月二四日（日）二万一四〇九歩。禁酒一八日目。


午前（九時～一二時）は大阪シーエムオーにて内務。六月の物流経営講座の準備等をする。

午後からは難波の街を散歩する。ボチボチ人が出ていた。夕方はいつもの風呂屋に行く。

夜は明日（五月二五日）の仕事の準備をする。

六月の引っ越しに向けて自宅の机の中を整理する。たくさんの文房具が出てきた。なんと盛装した生後一歳くらいの、母に抱かれた私の写真も出てきた。和服を着ていて実に可愛い。さらに小学校、中学校の頃の写真も出てくる。我ながらジャニーズ系の可愛さだと思った。

「光陰、矢の如し」とはよく言ったものです。今では髪の毛も薄くなった。ほとんどあるか無きかの状態です。「チャンスの神様は前髪しかつかまない」――後頭部は禿ているのでつかみたくてもつかめないのです。これは、幸運は向かってくるときにつかまなければならない。通り過ぎてから慌てて捕まえようとしても、前髪しかないからつかめない、という意味です。我ながら後髪も、チャンスの前髪もなくなった、と大昔の写真を見て思いました。人生は川の如く流れている。ひと時もとどまることはない。諸行無常です。

それでも「明日は天気に、なあれ」と祈ります。

「趣味はなんですか」

二〇二〇年六月三日（水）一万九七三四歩。禁酒二八日目。

七時半、健志社長とミーティング。一〇時大阪A社。一四時　B社。一七時シーエムオーグループのC社と巡回をする。

体重は昨年の秋と比して約七kgのダイエットをしている。ここのところの一定水準です。食事の質を考え、量として腹八分目を心掛ければ間違いなく減る。甘いものは食べても体重にはあまり影響しない。要は栄養バランスを心掛けて食べる量を減らすことです。一週間で私の場合は、その気になれば二～三kgは減ります。今は、普通に食べていますので一定の水準を保っています。そして毎日、必ず体重計に乗ることとプラス運動です。私の場合は一日一万歩を目標にしていますが、最近、大阪にいるときは二万歩です。距離にして約一五㎞。朝のジョギング約九〇分も続けています。公園ですれ違う人は女性が多く、せっせと歩いています。新型コロナウイルス太りを防いでいると思われます。

クライアントの社長に質問される、「趣味は何ですか」。一瞬の間を置き「朝、走ることです。朝九〇分、一〇㎞以上は走っています」と答える。一方、心の中では「これが趣味と言えるだろうか」とも思う。凄く楽しいという訳でもない。まるで修業者の如くです。スマートフォンのデータによると五月四日〜六月三日の平均の歩数は一万六八八九歩です。

「彩ちゃん」

二〇二〇年六月一三日（土）六三三一歩。禁酒三八日目。小雨時々降りしきる雨。

ここのところ雨です。いつもの朝のジョギングができませんでした。昼、公園の近くを歩いていると自転車のカゴに乗っている彩葉ちゃん（四歳二ヶ月）とバッタリ会いました。亡き息子川﨑晃弘の長女です。「じいじ」と声がするので振り向くと彩ちゃんがいました。彩ちゃんのママの妹さんが漕いでいる自転車に乗っていました。「ケーキの材料を買いに行くの」妹さんの子ども（女の子、八ヶ月）も一緒です。まるまる太っていてすごくかわいい赤ちゃんです。「男の子みたいですね」と言うと「髪の毛が少ないので男の子のように見える」と笑っていました。「髪の毛が少ないのは遺伝子ですね」。彩ちゃんも髪の毛が少なかったので、思わず言ってしまいました。わずか五分くらいの立ち話でしたが、本日、一番心に残った出来事です。「おいしいケーキが作れたらいいですね」と心の中で応援しました。「ケーキの材料を買いに行くの」と嬉しそうに言っている彩ちゃんを見て、「女の子だなあ」と思いました。それにしても彩ちゃんのママの妹さんも自転車に二人の子どもを乗せて、よくやっているなあ、とつくづく感心しました。彩ちゃんのママはシーエムオーグループのテレビ会議に出席しています。それぞれ懸命に毎日を生きていると実感しました。

八時にシーエムオーの役員会議、一〇時からは東京と大阪を結んでのシーエムオーグループのテレビ会議、一三時からも配車会議。山形まで行って中型免許を無事取得したA君も出席していました。「よく合格した」とテレビ会議参加メンバー全員で拍手してA君の健闘を祝福しました。

「〇対一二二の完敗」

二〇二〇年六月二八日（日）一万五二二四歩。禁酒五三日目。曇り、晴れ。

午前一〇時頃パスポートを取りに行く。せっかくパスポートを入手しても今はどこにも行けない。その足で久しぶりに大阪市北区の図書館に行く。ＤＶＤを二本と本二冊を借りる。新型コロナウイルスのため、図書館には一時間以上滞在してはいけないことになっている。取り敢えず一時間ばかり本を読んで過ごす。

青森の高校の物語で、甲子園の県予選の話です。今から二〇年以上前の深浦高校と名門東奥義塾との戦いです。深浦高校は全くのド素人集団であり、五回裏が終わって〇対九三で負けています。「もうここらでやめるか」と深浦高校の監督が選手に言います。ここでやめると記録は〇対九三で負けたことになります。ヘトヘトの選手、グランドを走りすぎて足腰がガクガク、唇も紫、それでも一人の選手が「やるべ」と言います。結果は当然ながら〇対一二二で深浦高校は負けます。試合時間一二時間、勝敗を度外視した内容です。何故、深浦高校の選手は続けたのか、謎ですね。青春というものかもしれません。これだけ負けると野球が嫌になると思いきや、超が付くほど大敗したことで、返って野球が好きになる。一生の思い出です。

それにしても名門東奥義塾の選手も偉い。手を抜くことなく、とことん戦い抜く姿、これも青春ですね。観客二五〇人は深浦高校がアウト一つ取るたびに大きく手を叩いて喜んだとのことです。この拍手に深浦高校の選手は励まされたのです。

借りてきた本は『慟哭　小説・林郁夫裁判』と『春に散る』という沢木耕太郎の小説、ビデオは劇団四季のミュージカル『赤毛のアン』と『川中島の戦いの講説』です。これから二週間かけて、読んだり、見たりすることになります。

「それぞれの人生の物語」

二〇二〇年七月一九日（日）一万八八三三歩、歩行距離一六・二㎞。禁酒七四日目。晴れ。

久しぶりに太陽が眩しかった。早朝六時頃、公園を蝉しぐれの中ジョギングする。今年も蝉しぐれの中走る。公園では若者が倒れたように寝ていた。近くに梅田の飲み屋があるので酔いつぶれたのだろう。新型コロナウイルスの感染者がこのところ大阪でもかなり増えている。それでも飲み屋では人が溢れつつある。バッタリと倒れている若者を二人見た。そんな公園も黄色のカトレアが満開です。

昼過ぎ大阪シーエムオーにて内務。明日（七月二〇日）からの一泊二日の関東出張の準備です。伊集院静氏の『海が見えていた窓辺——逗子なぎさホテル』という自らの青春（二〇代後半から三〇歳半ば）を綴った自伝物を読了。

今は亡き女優の夏目雅子の元旦那、近藤真彦が歌った『愚か者』の作詞者で直木賞作家、ただいま七〇歳、山口県防府市出身、在日韓国人、立教大学卒業です。元アルコール中毒者です。結婚は三回、初めの結婚で二人の子どもあり。「なぎさホテル」は、逗子市にあった、その名のホテルに七年間一人で暮らした物語です。

この七年間があるから今の伊集院静がある、とつくづく感じました。一人一人それぞれの物語がある、と感じました。

自宅に帰ると、次男健志の長男暉士《あきと》君（八ヶ月）の子守を、ばあばが一人でしていた。既にずり這いをしている。間もなく本格的なハイハイから、つかまり立ちをする予感がした。大きくお尻を上げてハイハイしようとするが、バッタリと這いつくばり、にじり寄ってくる。「ここまでおいで」とおもちゃを見せる。にじり寄ってくる。そのうち疲れて泣いていた。彩葉ちゃん（四歳四ヶ月）の動画も見る。バレエをしているところです。真剣に手を挙げて片足を上げていました。

これから暉士君も彩葉ちゃんも、それぞれの人生の物語を刻んでいくことでしょう。「ガンバレ」と心の中で励ましています。

「やること全てやり切ってください」

二〇二〇年七月二七日（月）一万五六八二歩、歩行距離一〇・一㎞。禁酒八二日目。曇りのち小雨。

本日は名古屋にて活動。A社、B社と巡回する。

今年の梅雨は長い。B社長（八〇歳）は「もう疲れた。息子（五〇歳）も継ぐ気がない」それに対して私は励ます。「いくところまでいくしかないです」と資金繰り対策をアドバイスする。「諦めるのはいつでも出来る、やることすべてをやりきって下さい」とアドバイスする。

A社長（五五歳）の会社は、新型コロナウイルスの逆風が全くない。「油断しないこと」と各種経営アドバイスをする。新規荷主の開拓を進めることをアドバイスする。一日一生、です。

夜は録画してあったNHK特集『シルクロード──絲綢之路《しちゅうのみち》──』を観る。夕日を背景に果てしなく続く砂漠をキャラバンが進んでいく。かくして人は生きていく。

まもなく梅雨も明ける。本格的な暑い夏が、いよいよやってくる。

「人生の旅」

二〇二〇年七月三〇日（木）一万三九一七歩、歩行距離一〇・一㎞。禁酒八五日目。曇り。

東京から新幹線にて高崎A社。車中備え付けの雑誌を見る。沢木耕太郎氏による旅のエッセイが載っている。

内容は、昼に周りは女性ばかりの喫茶店にて井上陽水氏と一緒に（共に七〇歳を超えた男二人で）コーヒーとケーキを食べながら世間話をしたというものです。世間話のひとつは、テレビのことで、最近は面白いテレビはないなあ、と共感する。それでもＢＳの旅番組は良い、と話し合う。無人の木造のＪＲの駅は良い、と話し合う。かくいう私も喫茶店（ドトールなど）でケーキを一人で食すことがたまにあります。テレビもＢＳのテレビ番組をよく見ます。

Ａ社は新型コロナウイルスの影響は全くなし。四月〜六月は過去最高の営業利益です。油断しないことです。銀行の金利をさらに下げることをアドバイスしました。

高崎から大宮、最後に世田谷Ｂ社。

この地は、私が一八歳で上京して下宿したところです。広さは三畳間の部屋に二年間暮らしました。母からもしもの時に使うように言われたお金（確か五万円）をわずか三ヶ月で使い切ってしまいました。下宿代が一万円、大学の授業料が年間八万円の頃です。まかない付きの下宿ですが、いつも朝食は食べませんでした。寝ていたのです。夕食も食べませんでした。どこかで食べていたのです。隣の部屋の人はいつも司法試験の勉強をしていました。彼は検事になりました。もう一つ隣の部屋の人は良い男でした。よく奢ってくれた上にお金も貸してくれました。一緒に質屋にも行きました。質屋に売ったのは父からもらった時計です。彼は二〇一五年に亡くなりました。あれから五〇年以上経って、今ここにいる。

Ｂ社は幹部会議です。いずれにしても人生の旅はまだまだ続く。

葛西マンション泊。

「生き方」

二〇二〇年八月一五日（土）一万五五二三歩、歩行距離一三㎞。禁酒一〇一日目。晴れ。

九時頃、モーニングサービスを食べる。帰宅して終日、どこにも行かず自宅で過ごす。借りてきたＤＶＤ二本を観る。一本目の『一リットルの涙』は、一五歳で脊髄小脳変性症を発症し二五歳で亡くなる女性の記録、精一杯生きた歴史です。二本目は『あなたへ』――高倉健主演。亡くなった妻の物語を軸とする家族の物語です。

二本とも、生き方がテーマです。『あなたへ』の中で種田山頭火の俳句が紹介される。放浪の俳人です。旅には、帰るという目的があります。放浪には、ありません。然しながら旅も放浪も紙一重です。人生の旅は、誰もが死に向かって歩んでいるとも言えます。

お盆の一日、考えさせられました。『一リットルの涙』の中で、川沿いの風景が出てくる。私には、これが愛知県の川だと分かりました。川はとどまることなく流れ続けていくのです。諸行無常ですね。

「人の生き方、死に方」

二〇二〇年八月一六日（日）一万五二一五歩、歩行距離一二・五㎞。禁酒一〇二日目。晴れ。

いつもの如く、公園を四周する。約六〇分。汗びっしょりとなる。

一〇時～一八時は大阪シーエムオーにて内務。原稿作成に精を出す。

夜は何気なく録画してあった番組の『ガイロク（街録）』と、よみがえる新日本紀行『豊年祭りのころ～沖縄県・竹富島～』を観る。『ガイロク』は、人生最大のピンチ――その時あなたはどうしましたか、とインタビューするものです。

よみがえる新日本紀行『豊年祭りのころ～沖縄県・竹富島～』は一九七六年のもので、その後二〇一九年に再度訪ねています。両番組ともいつものことながら人の生き方、死に方を考えさせてくれます

「老い」

二〇二〇年八月二〇日（木）一万六七八〇歩、歩行距離一三・五km。禁酒一〇六日目。晴れ。


大阪シーエムオーにて七時半より健志社長とミーティング。一〇時A社訪問。一三時より大阪シーエムオーにてシーエムオーグループのB社の経営会議、ついで給与査定会議。

『老乱』（久坂部 羊）読了。この本は大阪の図書館で借りた本です。認知症が進行していく老人と、その家族のそれぞれの内面が描かれた物語です。延長しようとしたら予約が入っているとのことで、急いで読んで返却する。認知症（ボケ）については皆、関心が高いということでしょう。徘徊を繰り返し、車は暴走させ、ケアマネジャーにはセクハラする、暴れる、老乱とは老いて乱れること……本の主人公の老人も、老いて乱れて徐々に大人しくなり体重も減り、痩せこけて八〇歳にてあの世へ行く。七八から七九歳にかけては毎日、日記を書いて、漢字の練習をし、リハビリもする。それが徐々に字が乱れていき書けなくなっていく。

「今日は何日ですか」とか聞かない方が良いと認知症の専門医は言います。本人のプライドが揺ら

ぐからとのことですが、その内に人の名前も出て来なくなるとのことです。然しながら周りの人が何を言っているかは分からなくても、怒っているのか、優しくしているのかは、死ぬギリギリまでは分かっているとのことです。

この本の主人公は、もう俺はバカになった、死にたい、帰るところもない、と介護している息子や嫁に毎日のように繰り返しながら徐々に終日何も言わなくなり、ついにロウソクの火が消えるように力尽きる。

老いということを深く考えさせられました。

「経営者の色々な人生」

二〇二〇年九月一六日（水）八七四二歩、歩行距離六・五㎞。禁酒一三三日目。曇り。

終日、関東にて活動する。神奈川のビジネスホテル泊。

経営者の考えもそれぞれです。立派な業績をあげているので「銀行の借入金の金利や連帯保証人なしでも大丈夫ですよ」と言っても、浮気はしない。この銀行で付き合っていく。連帯保証人も続ける。この方が緊張感もある、とA社長八〇歳の言葉。

あるいは株の取引で五〇〇〇万円の損を出した経営者もいる。五〇〇〇万円ぐらいどうってことない。また取り返すよ、と豪語する。一緒にホテルのラウンジで食事をしているとき、この経営者（七〇歳）はウイスキーをホテルのボーイに頼む。ボトルを一本キープする。割引はないのか。安くしてくれ、と強引に頼む。損をした五〇〇〇万円と目の前のウイスキーの価格は別物なのか、と思ってしまった。

あるいは息子の教育を巡って、C社長（七〇歳）は奥さんとケンカをする。この会社は超優良企業です。ケンカをすると、この奥さんはすぐ家出をする。ひどい時は三ヶ月も帰ってこない。その間どうしているのですか、と尋ねると、私は一人が全く苦にならない。一人で洗濯し食事も作る、と答える。それでも会社のことや奥さんのことで腹が立って腹が立って夜は眠れないらしい。睡眠導入剤はよく効く。これで助かっている、と言いながら睡眠導入剤のあれこれについてレクチャーをしてくれる。私に愚痴を聞いてもらってスッキリした、すこし元気が出てきたよ、と言っていた。

色々な人生がありますね。

「発心して進む」

二〇二〇年九月一七日（木）六七八六歩、歩行距離四・八㎞。禁酒一三四日目。曇り。

東京から静岡に移動、静岡にて活動し新大阪に着く。新型コロナウイルス禍の風景にも慣れてくる。マスク姿で溢れた風景のことです。

「発心《ほっしん》」という言葉がある。心が発する。今日から心を入れ替えて、何事か自ら決めたことに着手する、ということです。もともとは仏教の言葉です。新型コロナウイルスの風景の中でも、発心する。前へ向いて行くしかない。この言葉は、私の母がよく私を励ますために言っていました。

「過去は変わらない。未来は変えていくことが出来る。心を入れ替えなさい。発心しなさい」

「いわゆる親不孝の数々、という過去は過去として、前へ向かっていきなさい。未来を変えていきなさい」

そのたび私は、発心して進む。ところが上手くいかないこともある。母は、またよく「ケセラセラ」と言いました。「ケセラセラ」とはなるようにしかならないという意味のスペイン語です。新型コロナウイルス禍の中で、発心し、上手くいかないことがあっても、ケセラセラと、腹を据えて進むことです。

「継続していく力」

二〇二〇年九月二五日（金）五六九八歩、歩行距離四㎞。禁酒一四二日目。雨のち曇り。

関東日帰り出張。千葉まで行く。A社の主な経営指導のテーマは「事業承継」です。

車中、「事業再生」についての重い本（八四三ページ）を読む。

NHKテレビの『プロフェッショナル　仕事の流儀』に黒柳徹子さん（八七歳）の一〇〇日間密着ドキュメンタリーがある。番組の最後に、プロフェッショナルとは何ですか、と聞かれ、答えて曰く「高度な知識と技術に支えられて継続していく力」、そして「情熱をもって続けること」と付け加える。情熱を持ち続けることがプロである、という点に、私は同感する。

黒柳徹子さんは言う「私が一〇〇歳になったら、またカメラを持って来て、また撮影して下さい」

王貞治さんが引退を決意したのは三振しても悔しくない自分を発見した時とのことです。

戦い続ける中で、なにくそ負けるものか、と燃える心が薄れていくとき、プロではなくなっているのかもしれない。私は自問する「燃えているか」……戦いは続く。

「暉士くん」

二〇二〇年一〇月一〇日（土）四一三六歩、歩行距離二・五㎞。禁酒一五七日目。雨。

終日雨です。朝、ジョギングに出かけようとしましたが、雨の上に風も強い。無理することもない、と思って中止。思えばこの一週間は、五日間も雨でジョギングを中止した。そのため、終日自宅に籠る。

夕方、暉士くん（一一ヶ月）が来る。抱っこしようとしたが、ママの方を向いて泣く。ドラえもんのぬいぐるみはお気に入りで赤い鼻を口に咥えて遊ぶ。もう少しするとヨチヨチと歩きそうです。すくすくと育っています。

電話にて経営相談二件（A社、B社）対応する。

「超が付くほど最高のパフォーマンス」

二〇二〇年一〇月二四日（土）一万九八三三歩、歩行距離一六・五㎞。禁酒一七一日目。晴れ。

本日はシーエムオーグループの「経営方針発表会」が、東京プレジャーに約三五人集まり一三時から一七時まで開催されました。メインスローガンは「新型コロナウイルス感染症に負けるな、ファイトでいこう」とし、ファイト、情熱、勇気をもってやりぬくことを誓いました。

終了後の懇親会では、各グループ、個人がパフォーマンスを競い合いました。腹を抱えて笑うとはこのことか、というぐらい一年分は大いに笑いました。

中でも深く心に残ったのはグループ会社に出向して現場研修をしているK君（二六歳）のパフォー

マンスです。現場研修開始から約三ヶ月、鍛えられています。体重八六kgから七一kgへと一五kgの減量で大変身していました。最終目標は六五kgとのことです。実にハンサムになった、と参加者全員大いに感動していました。仕事の中でここまでダイエット出来るとは素晴らしい。もちろん並行して筋トレもやったそうだ。初めは腹筋の一回すら出来なかったのに、今ではハードな筋トレもこなし、颯爽と登場しました。人間、本気でやる気になれば出来るという生きた見本です。一人で登場し腹のへこんだ上半身を見せつけ、ラップのリズムに乗って、ブクブクに太った自分からの変身ストーリーを歌っていました。「これからも仕事に頑張り一人前となり拠点の配車係へとカムバックする」という歌詞です。超が付くほど最高のパフォーマンスは、勇気と感動を与えました。人間は本気になれば出来ると信じます。

懇親会終了後、新大阪へ向かう。二三時半着です。

「彩ちゃん」

二〇二〇年一〇月三〇日（金）二万七八八歩、歩行距離一六・九km。禁酒一七七日目。晴れ。

関東日帰り出張です。東京都内のA社に一一時です。労務トラブル（時間外手当未払い問題）の対応策がテーマです。

大阪シーエムオーに一七時頃帰ると彩葉ちゃん（四歳七ヶ月）が「出勤」していました。二〇一六年二月一三日急死した息子晃弘社長（三四歳五ヶ月）の子供です。手を繋いで一緒に商店街のお菓子屋さんに行きました。「好きな物買っていいよ」と言うと、せっせとカゴの中にお菓子を入れていました。お菓子といっても駄菓子です。トータルで七〇〇円でした。公園を通って大阪シーエムオーに戻りました。秋も一段と深まり、暗くなった公園の中でかけっこしました。活発です。

スマホのヘルスケアのデータによると一〇月一日～一〇月三〇日の平均歩数は一万六九〇八歩、走行距離一一・三kmです。禁酒も二〇二〇年五月七日よりスタートして一七七日目となりました。早朝、公園をジョギングしているとき、すれ違う犬の散歩をしている女性と「いつも躍動しているね」とか「公園を何周回っているのですか」と言葉を交わしています。

季節の変化を感じます。彩葉ちゃんも公園を歩いているとき、コオロギが鳴いている、と言っていました。

「新型コロナウイルスの第三波」

二〇二〇年一一月一一日（水）一万八六〇一歩、歩行距離一三・三km。禁酒一八九日目。

関東にて終日、活動する。

新型コロナウイルスの第三波がきている。ロックダウンのようなことにならなければいいが、と心配する。

東京の初冬も寒い。特に朝夕、はめっきり寒くなった。

新型コロナウイルス禍の日常、どこに行っても消毒や密を避けることが当たり前になっている。

一二月なのに忘年会はなし、クリスマスのイベントも縮小気味である。

「人生楽しいことはないですよ」ある経営者が言うのに対して「楽しいことがなくても生き抜くこ

とですよ」と私は言う。「生きていれば、その内良いこともあると信じて生き抜くことですよ」と励ます。

新型コロナウイルスの第三波に耐えていけば、二〇二一年はワクチンも出来るし、東京オリンピックも多分出来ると信じている。

「義足のヴィーナス」

二〇二〇年一一月一九日（木）一万五七七三歩、歩行距離一一・六km。禁酒一九七日目。

関東にて駆け回る。Ａ社、Ｂ社と巡回する。夜八時半頃、葛西のマンションに着く。

何気なくテレビをつけると、ビートたけし司会の『奇跡体験！アンビリバボー』という番組をやっていた。

右片足を切断した元キッズモデルの若い女性（一九歳）が「義足のヴィーナス」で義足モデルとして復活する内容だった。義足であることを隠して生きてきたが、「モデルになって写真を撮ってもらいたい」と夢を持つようになり、実現する。一九歳。「義足ということは私の個性です」と言い切れるまで復活（再生）していく。自らの弱点を個性として強みに変えていく。自分にないものや弱いものをいくら嘆いても、ないものはない。「ない」と開き直って自らの強みに変えていく力が人間には備わっていると実感しました。

「人生にイフ（ｉｆ）はない」

二〇二〇年一一月二五日（水）四八九〇歩、歩行距離三・五㎞。禁酒二〇三日目。

七時半 健志社長と面談。グループ会社の経営状況について確認とチェックする。

一〇時 A社（大阪市）にて経営会議。決算の着地予測、これに基づいて来期の経営計画づくりをすることとする。

一四時 B社（京都市）。一〇月の経営実績にて確認、来期の経営計画の作成をすることとする。

一七時 大阪物流経営講座（三六九回）。一八時～一九時、講師を務める。テーマは労務問題です。

本日一一月二五日は、五〇年前の一九七〇年、三島由紀夫が四五歳にて自決し、早稲田大学教育学部の学生、森田必勝（二五歳）も切腹した日です。あの当時の世相の中で自らの死を選んだのです。もしあのとき、二人が死を選ばなかったらどうなっていたであろうか。人は生きていくうえで、直進するか、あるいは、左右のどちらの道に進むか、何度も悩むものである。右に進んだけれど、もしあのとき左に進んでいたらどうなっていたであろうか。然しながらイフ（ｉｆ）は、あくまでもイフ（ｉｆ）である。

私も人生の節目、節目で選択を迫られてきた。私は早稲田大学教育学部を卒業して民間会社に就職し、任地である徳島県に行った。もしあのとき、別の道、例えば東京に留まっていたらどうなっていたであろうか。今とは違う別の人生を歩んだに違いない。イフ（ｉｆ）の方へは戻れないのである。人生にイフ（ｉｆ）はない。

何故、東京に留まる道の可能性もあったのに徳島の道に行ったのか。人知を超えた運に導かれていたのではなかろうかと思えなくもないが、それが現実である。

一九七〇年一一月二五日、私は二一歳です。同じ大学の森田必勝も早稲田大学の近くを流れる神田川を見ていたに違いない。同じ頃、神田川を見ていたのに、一人は自死し私は生きている。人生にイフ（ｉｆ）はない。

「父との最後の対面」

二〇二〇年一二月三日（木）一万八七五九歩、歩行距離一五㎞。禁酒二一一日目。


一〇時半過ぎの新幹線にて新大阪から小倉に行く。一三時頃着。

Ａ社での労務トラブルの対応のためです。一六時過ぎに終了。

明太子をお土産に買う。一六時半頃のぞみにて小倉から新大阪に向かう。

途中、広島駅に列車が止まる。広島は私の生まれ育ったところで一八歳までいました。広島の街並みを見ていて色々なことが頭をよぎりました。

父のことも頭に浮かびました。一九七六年一二月一六日に六七歳で突然死しました。当時、父は現役の大工で、朝仕事に行こうと玄関を出たところでバッタリと倒れました。病院に救急車で運ばれたものの、脳溢血で死去。私は東京にて、夜の一〇時過ぎに父死去の一報を聞きました。新幹線はすでに走っていなかったが、取る物も取り敢えず名古屋まで普通電車で行き、翌朝一二月一七日に広島へ帰って父と対面しました。

父とは一九七六年一一月三日に帰省して会っていました。今から思えば最後の対面です。父と二人で向かい合い、豆腐をつまみに、父は日本酒、私はビールを飲みました。私が「大学を卒業しても広島には帰って来ないけどそれでいいですか」と問うと、父は「好きにしていいよ」と言ってくれました。私は内心では、父が「広島に帰ってこい」と言ったら帰るつもりでした。そのとき父はタバコを吸っていました。父はタバコを吸いませんでしたが、そのときは、どういうわけか息子のタバコを一本取って吸っていたのです。この最後の対面のシーンが広島駅に新幹線が止まった時、頭に浮かびました。

思えば、私は父から「こうしろ、ああしろ」と圧迫を受けたこともなく、いつも、することなすこと全てをじっと見守ってもらいました。不肖の息子です。六七歳で仕事に行こうとしてバッタリと倒れたその死に様は私に強いインパクトを与えました。「人は死ぬまで働く」——父が死んで初めて父の人生の重さに想い至りました。

「生涯学習」

二〇二〇年一二月七日（月）九二六三歩、歩行距離六・六㎞。禁酒二一五日目。

朝六時過ぎの新幹線にて新大阪から品川へ。九時半　A社にてミーティング。終了後、一二時半霞ヶ関の東京地方裁判所に着く。B社の労働審判です。B社長と一緒に参加し、一五時半頃終了する。

本日は葛西泊です。いつもより早く一九時頃マンションに着く。窓を開け、空気の入れ替えをする。寒い風が入ってくる。

本日より「経営支援アドバイザー二級」の試験日に向けて学習をスタートする。試験日は、二〇二一年三月です。毎日、コツコツ一日も欠かすことなく取り組んでいく。「生涯学習」、学び続けることです。

人生に楽しいことがあるか、と問われれば、「特にない」と答えますが、ちょっとしたことで心が励まされることもあります。そのひとつが「生涯学習」です。好きなことを続けることは、心を強くします。好きなことは、人によって、ゴルフであったり買い物であったりと様々です。私の場合は本を読むこと、毎日歩くことでしょうか。他人から見れば、何が楽しいのか、となるでしょう。故に、楽しいことは「特にない」と答えることにしています。それでも「生涯学習」を続けていきます。

「としまえんの回転木馬」

二〇二〇年一二月三〇日（水）一万三四七六歩、歩行距離八・二㎞。禁酒二三八日目。

大阪シーエムオーにて九時から一二時頃まで内務。シーエムオースタッフも出勤していた。そのうちの一人Aさんに「来年からバースデーカードをシーエムオースタッフにプレゼントすることにしているよ」と声を掛け、「その第一号は一月生まれのAさんですよ」と告げる。するとAさんは、笑って「寂しい」と言う。年をとることが寂しいということであろうか。そんなことはない。年をとるということは良いことだ。これからも生きていれば良いことが沢山あるよ、と心の中で呟きました。

大阪の自宅に帰って録画してあった『ドキュメント72時間』のとしまえん（九四年の歴史を経て

二〇二〇年八月三一日に閉園）の回を見ました。としまえんといえば、『カルーセルエルドラド』と名前の付いた日本最古の回転木馬が有名です。エルドラドはスペイン語で黄金郷という意味です。時を超えて回り続けてきた回転木馬です。

閉園するということで、沢山のファンが詰めかけていました。その中の一人、どじょうすくいの師範を名乗る六九歳の婦人が心に残りました。まさに、どじょうすくいの格好をしていました。インタビューに答えて曰く「母とよく来ました。その母が七〇歳で認知症になり、面倒を見てきました。二五年間どじょうすくいを踊っています。この日々の中、としまえんの回転木馬に乗って救われてきました。九四年の歴史の中に母も私も入っています」満面の笑顔で最後のメリーゴーランドの馬に乗っていました。

そういえば、私は青春時代、西武池袋線の東長崎に住んでいたことがあります。としまえんも西武池袋線にあり、いつぞや回転木馬に乗ったことがあるかもしれない。思い出の中の楽しいこと、辛いこと、さみしいことや悲しいことも、もう一度思い出すことで明日に向かってのエネルギーになります。

ぐるぐる回る回転木馬は年の瀬にあって美しく見えました。

「商売繁盛、笹持ってこい」

二〇二一年一月一〇日（日）一万五一六〇歩、歩行距離九・八㎞。禁酒二四九日目。

一〇時～一八時　大阪シーエムオーにて内務。椅子に座りっぱなしのため、少し腰が痛くなる。

各社の「経営改善計画」のコンセプト、中身について作成する。

一月一〇日は戎さんの日です。一八時過ぎにシーエムオー事務所近くの堀川戎神社に行きました。「商売繁盛、笹持ってこい」の掛け声の中を歩きました。ベビーカステラや焼き栗などの様々な屋台がある中、芭蕉せんべいを一つ買いました（五〇〇円）。芭蕉せんべいは、その場ですぐ焼いてくれる薄く伸びるせんべいです。ところが、手に持って触っていると、ほぼ半分がポロっと欠けて地面に落ちてしまいました。思わず地面から拾い上げ、食べられるかどうか、一瞬迷いましたが、結局諦めました。みっともないことをしてはいけない、戎さんに笑われる、と思ったのです。「商売繁盛、笹持ってこい」の囃子が響く中で地面に落ちた芭蕉せんべい、心残りです。

「商売繁盛、笹持ってこい」の囃子を聞きながら、今年（二〇二一年）はどんな年になるか、思いを馳せました。おみくじは引きませんでした。一〇〇円の賽銭は投げました。一〇〇円では神様は満足しないでしょう。神頼みはしません。二〇二一年も全力で駆け抜けていきます。

「足利学校」

二〇二一年一月二六日（火）八二三八歩、歩行距離五・九㎞。禁酒二六五日目。晴れ。

六時三分発の新幹線で東京へ向かう。
九時半　世田谷区A社にて打ち合わせ。その後、公共交通機関を乗り継ぎ北千住へ行き、約二時間かけて東武特急りょうもうに乗って足利市まで行く。
一四時　B社の打ち合わせです。

待ち合わせの時間より早く着いたので、足利市を散歩する。日本最古の足利学校という教育機関が出来たところです。駅前にあるホテルの前に制服を着た女子高校生三人が横座りでたむろしている。煙草を口にくわえてぷかぷかしている。昼の一三時過ぎです。堂々と臆することなく、ホテルの前でマスクもせずにぷかぷかです。足利学校の精神はどこに行ったのか、と思いつつ、下手に注意することなく無視して歩きました。三〇分ほどしてホテルの前まで戻ってみると女子高校生三人の姿はありませんでした。それにしても都会ではめったに見ることのできない光景でした。田舎ならではの素朴なやんちゃ娘かと思いました。チラッと見た顔はＡＫＢ48の女の子みたいに可愛らしかった。足利学校の創立者は、この光景を見て何と言うか、ふと考えました。

Ｂ社の打ち合わせ終了後は、そのまま約五時間かけて大阪シーエムオーに帰り着きました

「MJ. THIS IS IT」

二〇二一年一月三〇日（土）一万七四三〇歩、歩行距離一四・五㎞。禁酒二一六九日目。晴れ。

一〇時　大阪シーエムオー出社。電話にて経営相談を二件受ける。一四時まで内務。録画してあったマイケル・ジャクソン（ＭＪ）の THIS IS IT を見る。ＭＪ（五〇歳）のプロの凄さに圧倒される。バックダンサーの迫力も良かった。

一つのことが思い出された。島根県Ａ社のことです。Ａ社は経営不振で、銀行の借入金の返済はできず、金利のみの支払いです。大阪から片道四時間かけて月一回、約二年通いました。Ａ社長（八五歳）は毎朝二時頃からハイエースに乗って市場に行き、蒲鉾を運んでいました。事務員Ｂさん（四〇歳）

が経理担当でした。Bさんがシーエムオーのホームページを見て連絡してきたのです。BさんはMJの大ファンで、生きがいはMJのダンスを踊ること、年に一回仲間とイベントをしています、と言っていました。

A社長は、金がない。四t車があればドライバーもいるので売上が上がる、と言います。今から七年前の話です。そこで晃弘社長に、名古屋のプレジャーにある四t車を売ってくれないか。A社は金がないので二年間の分割払いにしてほしい、と頼みました。晃弘社長は四t車を二〇〇万円で、分割払いにて売ることを承諾してくれました。

ところが、月々の返済が滞ってしまうのです。その都度、経理担当のBさんに連絡をするのですが、「払ってくださいよ」「すみません。社長に伝えます」の繰り返しで全く埒が明かない。

私は晃弘社長に相談する。「晃弘社長、なかなか入金が無い。諦めるか」

すると晃弘社長は「僕が車に乗って回収してくる」と六時間かけてA社に行きました。「今着きました。家には金がないとのことです。小銭をかき集めて一万円ばかりあります。この小銭どうしますか」

「小銭はもらわなくていい。くれぐれも払ってほしいと伝えてください」

晃弘社長は、蒲鉾をもらって大阪に戻ってきました。彼には小銭一万円を黙って受け取るほどの酷さはない。優しさをかんじました。

結局A社は二〇〇万の内の殆どを払ってくれましたが、その後力尽きて破産しました。

MJの大ファンだった、そのBさんから連絡がありました。「その節はありがとうございました」

今でもＭＪのダンスを踊っているのですか、と尋ねると「もちろんです。鬱の薬も飲んでいます」…ＭＪの THIS IS IT を見ながら「人生とは何か」と考え込みました。ＭＪは薬の飲みすぎにより五〇歳で亡くなりました。

「鬼は内、福は内」＝節分の日

二〇二一年二月二日（火）一万六二二七歩、歩行距離一二㎞。禁酒二七二日目。小雨のち曇り。

九時　京都Ａ社。経営ミーティング。
一四時　大阪シーエムオーにて銀行と打ち合わせ。
一六時　大阪市Ｂ社。経営ミーティング。
一八時　大阪シーエムオーにて内務。

大阪シーエムオーに戻ると節分の儀式が終わったところだった。聞くところによると、シーエムオーの男性スタッフが鬼の面をかぶってパフォーマンスをして盛り上げたとのこと。長男晃弘の娘、彩葉ちゃん（四歳一一ヶ月）は思い切り豆を投げており、次男健志社長の息子、暉士君（一歳三ヶ月）はちょこちょこと歩きながら泣いていたとのことです。彩葉ちゃんやシーエムオースタッフが「鬼は外、福は内」と言い、笑い転げながら仮面の鬼に向けて豆を投げたそうです。

鬼は本当に悪いのか。鬼にも善いところがあるのではないか。「鬼は内、福は内」でもいいのではないか。鬼子母神のこともある。

「鬼子母神は、夜叉毘沙門天（クベーラ）の部下の武将八大夜叉大将（パーンチカ、散支夜叉、半支迦薬叉王）

の妻であり、五〇〇人（一説には一〇〇〇人または一万人）の子を持つ母であった。これらの子を育てるだけの栄養をつけるために人間の子を捕まえて食べていた。そのため、多くの人間から恐れられていた。それを見かねた釈迦は彼女が最も愛していた末子を隠し、わが子を失う悲しさと命の大切さを説いた。改心した鬼子母神は全ての子ども達と釈迦の教えを守ることを誓い、出産・育児の神となった」

鬼子母神の話を伝えた人は優しく、人の心が分かる人ですね。鬼にも善いところがあります。「鬼は内、福は内」ですね。

「心と体の健康」

二〇二一年二月六日（土）一万九六七七歩、歩行距離一三・九㎞。禁酒二七六日目。晴れ。

一〇時　A社にて労務トラブル解決に向けての打ち合わせ。

一五時頃散髪に行く。待ち時間にヘアーガイドなるパンフレットを見ると味噌の健康効果を再認識とある。大豆に含まれる成分がコレステロール低下に効果的で、味噌汁を飲む人ほどガンにかかりにくく、特に厚生労働省の調査によると乳がんや胃がんになりにくいとのこと。ただし、一日一～二杯に留める（塩分を控えめにする）とある。さらに味噌には抗酸化作用があり、老化の原因となる酸化を抑制し、ストレス耐性を高めるとある。なるほど、私は豆腐をよく食べるので、大丈夫、納得して安心する。

ストレス耐性を高めるには心の疲れを和らげることとある。必要以上に考え込まないこと。ストレスはストレスと割り切ること、そしてコミュニケーションを高めることとある。コミュニケーションは、何気ない雑談でも良いとのことで、昼食時やおやつ時に会話するのもストレスを和らげる。さらに映画やテレビを見たり、落語などを聞いて涙を流したり、笑ったりするのも良いとのことです。さらに、疲れたと思ったらコーヒーを一杯飲んで五〜一〇分でも昼寝をするともうひと頑張りでき、エネルギー不足にはバナナが即効とのこと。散髪の待ち時間も色々勉強になります。心と体の健康を保って日々を過ごしていきたいですね。

『心に狂いが生じるとき――精神科医の症例報告』（岩波明、新潮文庫）読了。正常な精神と狂気の境目はごくごく薄い、紙一重です。人はいつ、如何にして心を病むのか、考え込んだ。これからも豆腐を食べて心と体の健康を保っていこう、と誓いました。

「運動シューズ」

二〇二一年二月一五日（月）一万二九二二歩、歩行距離七・四㎞。禁酒二八五日目。雨のち晴れ。

五時頃、大阪の自宅を出る。二〇〇歩くらい歩いたところで、いつもと感じが違うことに気付く。ふと見ると運動シューズを履いている。すぐさま引き返し、普通の靴に履き替える。スロージョギングに行く朝の習慣の所為で、何気なく運動シューズを履いたのです。今日はネクタイを締めてこれから東京に行く。外は大雨です。六時の始発で東京に向かいました。埼玉A社で九時半より会議です。終了後は、とんぼ返りです。

一五時半京都に着くと雨は上がっており、晴れ間が見えました。京都にて銀行交渉です。終了後、阪急電車に乗って梅田まで帰りました。

それにしても何故、運動シューズを履いたのか。ちょっとひっかかります。習慣とはいえ、今までになかったことです。六時の始発で東京に向かうということで気が急いて、足元まで気が回らなかったからだと思います。女の人が口紅を付けるのを忘れるぐらいのことではないか。そもそも女の人は口紅を付け忘れるということがあるのだろうか。朝運動シューズを履いて外に出たことについて、ちょっともやもやしました。

「卒業式は出発式」

二〇二一年三月一日（月）一万六三九三歩、歩行距離一一・七㎞。禁酒二九九日目。晴れ。

終日大阪にて活動する。

卒業式の高校生と父兄の姿をちらほらと見かけた。卒業式か、人生はこれからや、と心の中でエールを送る。卒業式は出発式でもあります。出口をくぐると入口がある。終着駅は始発駅でもあります。恥ずかしながら、私は高校の卒業証書を失くしています。卒業式に出ることが出来ず、あとで卒業証書を学校まで取りに行ったのです。その帰り道、本屋に寄ってそこで落としたか忘れたらしい。一八歳のときのことです。あれから人生においていろんな卒業と出発を繰り返して、今日に至っています。

街ですれ違う卒業生を見ると「人生」というものを感じます。いろんな人生がある。負けるが勝ちという人生もある。挫折によって学ぶこともある。勝ち続けることは不可能です。倒れることもある。七転び八起きです。街ですれ違う卒業生に、体は大事にしてくださいよ。次の入口が待っているよ、と心の中で呟きました。

「風の又三郎」

二〇二一年三月一一日（木）一万六六二〇歩、歩行距離一一・八㎞。禁酒三〇九日目。晴れ。

九州宮崎へ日帰り出張です。日向市まで行きました。宮崎空港から日向市まで列車で約一時間、駅に降り立つと菜の花が黄色く華やいでいて、遠くには日向の青い海が広がっていました。春の黄色と青色が目に染みました。

A社にて経営実績のチェックです。日帰りで帰ると言うと、あわただしいですね、と言われる。私は別名、風の又三郎と言われています、と冗談を言う。その心は風の如くやってきて風の如く去っていくからです。宮沢賢治の名作『風の又三郎』はいい話です。一つ所に定着しないのです。漂泊――漂っていくのです。風が吹いて風が去っていく。まるで私の生き方、コンサルタント人生の如くです。

漂泊といえば、有名な俳人種田山頭火という人もいます。「分け入っても分け入っても　青い山」「鴉啼いて　わたしも一人」「ついてくる　犬よおまへも　宿なしか」行けどもただ一人。寂しさのにじみ出る俳句です。人生の寂しさを感じます。

風の又三郎の如くかっこよく人々に記憶を残して去っていく。これもまた一つの生き方ですね。

「楽しみにしていることは何ですか」

二〇二一年三月一八日（木）一万三一四歩、歩行距離七・五㎞。禁酒三一六日目。晴れ。

一〇時東京A社、一五時埼玉B社と巡回する。

埼玉に行くと桜の樹が一本咲いていた。「桜咲く」です。辺りを見渡すと色鮮やかなピンクのレンゲソウが絨毯の如く田んぼ一面に広がっていた。東京の駅ですれ違う人の中には、カラフルな赤色や黄色の和服を着た若い女性。たぶん卒業式です。いよいよ卒業と入学の季節がやってきました。本格的な春がついにやってきました。

楽しみにしていることは何ですかと、クライアントに尋ねられました。私の楽しみとは何か、春になって満開の桜の下を歩くこと、そして桜吹雪の中でも歩くこと、と答えました。ささやかなものです。小さな楽しみを積み重ねていくことが人生にとっては大事なことです。

「M＆Aは茨の道」

二〇二一年四月二日（金）一万一二〇〇歩、歩行距離八・二㎞。禁酒三三一日目。曇り。

高尾まで行く。A社。次いでA社の営業所がある相模原と川崎まで行く。各営業所には配車係他数人の内勤者がいます。A社長は約一五年前のM＆Aにてこの会社の経営権を取得する。車両一〇台から今では一〇〇台近くになっている。

「苦しかった時期はいつですか」

「それは三〇歳頃、会社を買って一人で乗り込んだ時です。あるドライバーが仕事をボイコットすると言って謀反を起こしたのです。来る日も来る日も、毎日二時間近くやりとりをし、言い合いになりました。こちらも必死です。一歩も引かずに相手の要求を跳ね返しました。

「このドライバーは自らの要求を会社に飲ませようと仲間のドライバーに呼び掛けて集団でボイコットしようと画策したのです。結局は彼だけがボイコットしました。彼の代わりに私が大型車に乗って穴を埋めました」

この激闘の間、A社長は毎夜眠れず、汗をびっしょりかく日々でした。A社長が会社に乗り込んでいって、この激闘を乗り越えたことでA社の今がある。M&Aは、する前よりした後の苦労の方が遥かに大きいものです。

私も初めて運送業の経営を二〇〇七年一一月名古屋にてスタートしたときのことを思い出しました。長男晃弘社長（当時二六歳）が乗り込みました。当時のドライバーは約一五人ばかりです。労働組合がありました。わずか一五人なのに労働組合は三つありました。給与改革を断行しようとすると、大変なことになりました。給与改革をするならば全員辞める、とドライバーが言っているというのです。「一歩も引くな。ドライバーがゼロになってもやれ！」と私は晃弘社長に檄を飛ばしました。結局、ドライバーは辞めず労働組合は解散しました。この激闘は今でも私の心に深く刻まれています。

M&Aは、する前よりもした後の方が遥かに茨の道なのです。シーエムオーグループの実働部隊は二〇二一年三月末で車両二三六台、ドライバー二一九名になっています。これからも茨の道を進みます。

「彩ちゃんの家庭教師デビュー」

二〇二一年四月一四日（水）二万二一四七歩、歩行距離一六・八㎞。禁酒三四三日目。曇り。

九時半　A社長と一緒に銀行回り。資金繰りのためです。

一三時半　B社にて労務研修。

一七時頃、大阪シーエムオーに戻って彩葉ちゃん（五歳）と合流する。第一回の家庭教師デビューです。「あいうえお」の勉強です。勉強するよ、と声をかける。ところが心の準備があるのか、なかなか勉強モードに入らない。お菓子の粒を、床に落ちた粒まで丁寧に拾って食べる。なかなか机に向かって座らない。ようやく座ると「あ」の書き方を筆順に沿って教える。なかなか筆順通りにいかないが、書き続ける。まだ筆順通りに書けるところまでいっていない。

今度は「あいうえお」の絵本を読むことにする。たどたどしいものの読むことはできる。「あひるさんがありさんにありがとう」「いぬさんいちごをみつけたよ」…「が」とか「ご」の濁音もしっかり読む。

「誰に教えてもらったの」と聞くと「ママに教えてもらった」そこですかさず「すごいね。彩ちゃんは偉いね」と褒める。そのうち小さい声で、もう遊ぼうよ、としきりに訴え始める。それではここまで読んで終わりにしよう……この間約三〇分。第一回の家庭教師デビューでした。

これから週一回のペースで天国のパパの代わりとして彩ちゃんの家庭教師をします。一〇〇回ぐらいとなると、彩ちゃんは見違えるほどお勉強のできる子になるでしょう。勉強は五歳の小さな子でもあまり好きではないようです。もう遊ぼうよ、の声が耳に残ります。いつの日か、好きで勉強できる人になってもらいたい。彩ちゃんはきっと好きで勉強する人になると信じています。

「元気玉」

二〇二一年四月二三日（金）一万一五歩、歩行距離七・二㎞。禁酒三五二日目。晴れ。

終日関東にて活動。

一〇時　東京シーエムオーにてA社と面談。

一三時　東京シーエムオーにてB社と面談。

B社長とは一〇年ぶりです。「先生がセミナーで言っておられた〝入るをはかって出ずるを制す〟この言葉を胸に刻んでいます。先生からいつも元気をもらっています」一〇年前のことを覚えて頂いていて、私としては面映ゆい。「私は一〇年前も今も変わらない。元気を発信する仕事を続けていますよ」と答える。

ふと「元気玉」という言葉が浮かぶ。健志社長の小学生頃の愛読書『ドラゴンボールZ』の主人公、孫悟空の必殺技です。木や星、雲などそれぞれの物質から小さな元気をもらって「元気玉」に成長させる。B社長の「入るをはかって出ずるを制す」を胸に刻んでいますよ、の一言は私に元気を与えた。私の言葉をこうして覚えてくれる人がいた、と励まされる。触れ合う人から色々な元気をもらって、私は必殺技の「元気玉」を手に入れる。

私には、もう一つの「元気玉」があります。森山良子の歌う『この広い野原いっぱい』（作詞 小薗江圭子）という歌です。

この広い野原いっぱいさく花を　ひとつ残らずあなたにあげる　赤いリボンの花束にして

この広い夜空いっぱいさく星を　ひとつ残らずあなたにあげる　虹にかがやくガラスにつめて

…

だから私に手紙を書いて

この歌の「あなた」はもういないと思います。私のとっての「あなた」は川﨑晃弘社長です。二〇一六年二月一三日、三四歳五ヶ月で突然死した私の息子です。川﨑晃弘社長は私の「元気玉」でもあります。私にとって『この広い野原いっぱい』の歌詞は、切なく、辛く、悲しく、そして淋しい。それでも何故か必殺技の「元気玉」となります。晃弘社長の分まで頑張ろう、と励まされるのです。これからも勇気とやる気を出して頑張っていこう、と誓いを新たにするのです。

人は生きていくうえで何気ない一言や心に沁みる歌、俳句、短歌、そしてちょっとした風景などで「元気玉」をもらって励まされているのです。願わくば、ドラゴンボールZの孫悟空のようになりたいものです

「知らないところで私を見ている」

二〇二一年五月一〇日（月）一万四二三三歩、歩行距離一一・二㎞。禁酒三六九日目。

一〇時　大阪A社。資金繰りのチェック。
一四時　京都B社。「経営計画」作成の打ち合わせ。
一七時　大阪シーエムオーにてC社。給与改革について。

C社長は私の本二冊を携えてくる。「悩んでいるときはいつもこの本を読んで参考にしてきました」一冊は一〇年前に出版したものです。ありがたいことです。私の知らないところで愛読者が存在している。知らないところで私を見ている人がいる。応援してくれる人もいる。自らの生き方を貫いていくことが、ささやかながら勇気と励ましのエールに繋がることを心していきたい。

「リンゴの気持ち」

二〇二一年五月二八日（金）六二二一歩、歩行距離四・五㎞。禁酒三八七日目。晴れ。

七時五五分発の飛行機にて青森空港へ。九時二五着。弘前市A社にて経営相談。
一八時一五分発の飛行機にて伊丹空港へ戻る、一九時五〇着。二一時　自宅に着く。
弘前ではお岩木山がくっきりと見えました。弘前の「道の駅」にも立ち寄りました。地元でとれた野菜――ウド、ミズ、フキノトウ等がありました。人の数は、まばらでマスク姿一色です。
リンゴを探しましたが、シーズンではなかったため、ありませんでした。ふと見ると店の片隅でリンゴのソフトクリームを売っており、買って食べました（一つ三〇〇円）。店のおばちゃんが「カップにするか、コーンにするか」と私に尋ねましたが、おばちゃんは弘前弁で話すので聞き取れません。「え？　今何と言いましたか」と聞き返すと漸く標準語で言ってくれました。コーンにしてもらいました。リンゴの唄が思い浮かびました。

赤いリンゴに　くちびるよせて　だまってみている　青い空
リンゴはなんにも　いわないけれど　リンゴの気持ちは　よくわかる
リンゴ可愛や　可愛やリンゴ

（サトウハチロー作詞）

「リンゴは何も言わないけれどリンゴの気持ちはよくわかる」。明るいメロディです。弘前でもコロナ一色です。リンゴのソフトクリームを食べながら、いつの日かコロナが去っていくことを祈りました。ソフトクリームを舐めているのは私一人、口の周りが少々べたつきました。「リンゴの気持ち」は何でしょうか。元気を出して幸せになってくださいね、と励ましてくれていると思います。遠くに見えるお岩木山に向かって「コロナよ、コロナ早く消えてくれ」と心の中で叫びました。

「全国浴場新聞」

二〇二一年五月三〇日（日）一万四七七六歩、歩行距離一〇・三㎞。禁酒三八九日目。晴れ。

九時～一三時　大阪シーエムオーにて内務。各社の経営改善計画の作成や六月セミナーの内容チェック等を行う。

夕方はいつもの銭湯「クラブ温泉」に行く。風呂上りは牛乳一本（一二〇円）とオロナミンC一本（一五〇円）をゆっくりと飲む。ふとテーブルを見ると『全国浴場新聞』（令和三年五月一日）なるものが置いてある。各地の銭湯の入浴料金が書いてあり、大人で大阪四五〇円、東京四七〇円。一番高い県は神奈川県で四九〇円です。どういうわけか群馬県は四八〇円、宮崎県は三五〇円です。「浴場業の実態と経営改善の方策」というコーナーがある。利用者のニーズやライフスタイルの変化に対応した施設づくりの取り組み事例が掲載されている。一人暮らしの人が多いので話し相手になる、ウォーキング銭湯とか社交の場をつくる、東京都では不定期に落語の寄席や音楽コンサートを開催している。世の中の変化に対応したニーズをつかむことで生き残っていくことですね。

銭湯絵師や東浴信用組合なるものがあることを初めて知る。江戸川区の亀の湯の紹介記事もあった。そういえば、晃弘社長も東京にいるときはよく銭湯に行くのを楽しみにしていたなあ、と思い出す。マイナーな『全国浴場新聞』ですが面白く読みました。

『銭湯に行くと幸福になれる⁉』とその秘密をYouTubeで公開している人（お風呂研究二〇年‼）や銭湯女子が幸福銭湯談義（ゆっポくんチャンネルで検索）している、などの記事もありました。世の中には色々な人がいるものですね。

「アリとキリギリス」

二〇二一年六月二一日（月）一万八三三五歩、歩行距離一三・三km。禁酒四一一日目。晴れ。

七時半　健志社長とミーティング。
一〇時　大阪市A社。資金繰りの打ち合わせ。
一三時　大阪シーエムオーにてB社の経営ミーティング。給与査定会議。
一八時　業界団体の総会に出席。

日米とも株式市場が暴落局面に入っている。アメリカで二年後（二〇二三年）には公定歩合の金利を上げると発表される。二年後なのに敏感に反応する。日本も長く続いたゼロ金利の終わりが近づいている予感がする。おそらく二〇二三年には、はっきりするだろう。二〇二一年の夏から秋にかけてはどうなるか。コロナの終息と共に消費が持ち直し、活況していくと思われる。あちこちへ旅行（海外も含む）も始まり、二〇二三年ショック（金利の上昇とインフレの進行）の前の、束の間のミニバブルとなるのではないか。

アリとキリギリスの童話がある。アリは来るべき冬に備えてコツコツと働き、キリギリスは浮かれて遊んで暮らす。やがて本格的な冬が来て、アリは今までの準備のお陰で悠々と冬を過ごすが、キリギリスはホームレス状態となり、よたよたと彷徨うことになる。アリとキリギリス、どちらの道を選ぶか。アリの道を選びなさい、と童話は教えている。二〇二三年ショックはやってくる。いまからコツコツと足元を固めていくことである。足元を固めるとは、個人的には貯金をして健康的に暮らすことである。企業としては不況に強い経営体質を作っていくことである。アリの道を行くことである。

「桃の花灯り」

二〇二一年六月二六日（土）一万六八九九歩、歩行距離一五km。禁酒四一六日目。曇り。

一〇時～一二時　大阪シーエムオーに豊橋からA社長来社。経営相談。

一五時～一八時　大阪市B社。リーダー会議。

『銀の雫文芸賞』第一五回の最優秀作品『桃の花あかり』（矢野一）を読む。桃源郷の持つイメージに憧れ、定年後の夫が妻と一緒に田舎で桃の果樹栽培を始める。少しずつ桃源郷に近づいていると夢見る日々の話です。老いていくなかでの様々な生き方を描いています。桃の花あかりは命を蘇らせると言い、桃の花の明るさに向かって溶けていきたい気持ちを表現しています。

通りがかった寺院の標語に「何気ない日常を過ごす幸せ」とありました。人生は何気ない日常ばかりではありません。さらに「耐えて花咲く美しさ」ともありました。桃の花も冬の寒さに耐えて花開いているのです。

「浅草キッド」

二〇二一年六月二九日（火）一万一一五八歩、歩行距離八・二km。禁酒四一九日目。曇り。
九時　大阪市A社。経営実績のモニタリング。

一一時　大阪シーエムオーにてB社長と資金繰り面の対策打ち合わせ。
一四時　名古屋市にてC社長と打ち合わせ。
一八時　大阪市にてD社長と会食。
北野武の浅草キッドという歌は心に沁みます。新幹線の階段を、息を切らしながら登っているときに、ときどき思い出します。売れない芸人の悲しさ、それでもいつか見ておれ、との想いが伝わってきます。タケシの不遇時代を忍ばせます。人間は誰しもつらい時代があります。色々な人に助けられて支えられていくものです。

お前と会った仲見世の　煮込みしかないくじら屋で　夢を語ったチューハイの
泡にはじけた約束は　灯の消えた浅草の　コタツ一つのアパートで
同じ背広を初めて買って　同じ形のちょうたい作り　同じ靴まで買う金は無く
いつも笑いのネタにした　いつかうれると信じてた
客が二人の演芸場で　夢をたくした一〇〇円を　投げて真面目に拝んでる
顔にうかんだ　おさなごの　むくな心にまたほれて　一人たずねたアパートで
グラスかたむけなつかしむ　そんな時代もあったねと　笑う背中がゆれている
夢はすてたと言わないで　他にあてなき二人なのに

この歌をNHKの紅白歌合戦でタケシが歌ったとき、深く感動したものです。二〇一九年の紅白歌合戦ではなかったかと思います。そのとき、新型コロナはありませんでした。今の新型コロナの時代に『浅草キッド』の歌を思い出すと心に沁みてきます。いつかはきっとよくなると希望が湧いてくるのです。

新幹線の車中で『ゴミと呼ばれて』（中林和男）を完読しました。前科一一犯。覚せい剤の常習犯で一七歳から四五歳まで入出所を繰り返した獄中生活二〇年の男の告白です。今は五八歳です。きっぱりとクスリをやめて立派に更生しています。この人も獄中生活でタケシの『浅草キッド』を聞いて涙を流したとのことです。心に沁みて、人間の情を感じるとのこと。『浅草キッド』はいい歌ですね。

「雨晴海岸とサンダーバード四二号」

二〇二一年七月二日（金）一万七七三六歩、歩行距離一四・六km。禁酒四二二日目。晴れのち大雨。

二回目のワクチン接種（七月一日）の翌日に北陸富山への出張です。

八時四〇分　大阪駅からサンダーバード九号に乗って金沢へ。そこから北陸新幹線に乗り換えて新高岡駅に一一時四一分着（約三時間）。A社長と合流し、昼食に名物のカレーうどんをごちそうになる。北陸も暑く快晴です。雨晴海岸を見物する。目の前の日本海は、キラキラと輝いており美しい海です。雨晴海岸は源義経が東北に落ち延びていくとき雨宿りしたことで有名です。道の駅の前に『奥の細道』で有名な松尾芭蕉や大友家持の句の石碑があります。この道の駅でA社長より「お孫さんに渡してください。このがま口でお小遣いを貯めて、ドラえもんのマジックを使って大金持ちになってください」とドラえもんのがま口財布をお土産として頂く。ドラえもんの作者、藤子・F・

不二雄は、高岡出身とのことです。その後、A社へ行き経営指導をする。

一七時六分　新高岡から金沢へ。そして一七時五四分発のサンダーバード四二号に乗る。福井まで行くと列車が止まる。大雨のせいです。しばらくして動き出すが、敦賀で止まる。記録的大雨です。大阪には日付が変わった〇時過ぎに漸く辿り着く。ここまで来るのに約七時間。行きは良い良い帰りは恐い、です。昼間いた快晴の雨晴海岸と夜の大雨で立ち往生するサンダーバード四二号の中、人生を暗示していますね。良いことはいつまでも続かないし悪いことも続かない。晴れの日もあるし嵐や大雨の日もある。人生色々です。生きていることをありがたく思うことです。

ドラえもんのポケットは、お金だけでなくいろんなものも飛び出してきます。彩ちゃん（五歳三ヶ月）の夢もがま口に入れておくと、いつか飛び出して叶うことがあります。せっかくのお土産なので大事にしてほしいと思います。

「セミの一生」

二〇二一年七月一〇日（土）一万六七六四歩、歩行距離一四・八km。禁酒四三〇日目。曇り。

八時　シーエムオー役員会。

一〇時　シーエムオーグループテレビ会議。

一二時　業務配車会議。

公園にて今年初めてセミの鳴く声を聴く。セミは地上に出て鳴くまで六〜七年かかる。地上に出たら約二週間精一杯鳴き続けて力尽きる。いつも七月初旬に公園のセミは鳴き始める。木々の間を通ると時雨の如くセミの声が降り注いでくる。いよいよ本格的な夏がやってくる。セミ時雨の中を通るとき儚さを感じる。わずか二週間の生命は、実に切なく儚い。その一方で、セミの晴れ舞台とも感じる。六～七年も地中にいて漸く地上に出てくる。思いっきり悔いのないように輝いてほしいと思う。

セミの鳴き声を耳にすると何故か元気がでてくる。今年もまた鳴き声を聞けたと思ってホッとする。また一年経ったのです。去年の夏は力尽きて木にしがみつく力もなく、地面で動き回るセミを何匹も見ました。ジョギング中、そのセミを拾って、飛べ、と気合を掛けても地面に落ちます。今年も八月の終わり頃には地面でもがくセミを見ることでしょう。これがセミの一生です。自然界の掟です。生きている以上は全力を尽くせ、とセミの鳴き声が励ましているように感じるのです。

「重い本」

二〇二一年七月三〇日（金）一万五三八六歩、歩行距離一三・六km。禁酒四五〇日目。晴れのち曇り。

午前中、関東出張。

一〇時　千葉県松戸市A社。終了後、大阪シーエムオーに取って返す。

一七時　大阪シーエムオーにてミーティング。

八〇〇ページもある『企業再生の法務』（定価八〇〇〇円）をカバンに入れ、東京へ向かう。重い本です。新幹線の車中にて、せっかくこの重い本をカバンに入れているのに読まないといかん、と眠気と戦いつつまず一ページ目を開く。読み出すとすらすらと頭に入ってくる。六〇ページまで読む。試験勉強のつもりで、この夏の八月一五日までには完読するつもりである。今まで実践してきた企業再生のあれこれと本に書いてある知識を比べつつ読む。

この本も八〇〇〇円と高額ですが、購入した中で一番高かった本は、今から二五年前（一九九五年頃）に買った一〇万円の大塚製薬グループを創業した大塚正士氏の書いた本です。厚さは昔の電話帳の五冊分くらいはありました。「この本一冊は一〇万円ですが、決して高くない。人生の成功のためのノウハウのあらゆることが詰まっている」との宣伝文句に惹かれたのと、大学を卒業した一九七七年頃大塚グループに就職して大塚正士氏をよく見かけていたという昔のよしみで一〇万円で買いました。読破はできませんでしたが、お守りの如く保管していました。ある日ふと気が付くと、この本は高い所にあるものを取るための踏み台代わりになっていました。一〇万円もした本を足で踏みつけるとは勿体ないことですが、重い本にも色々と使い道があるものですね。

「ためこみ症」

二〇二一年八月二日（月）一万八三五三歩、歩行距離一五・六㎞。禁酒四五三日目。曇りのち晴れ。

七時半　健志社長とミーティング。

一〇時　大阪シーエムオーにてA社長と面談。

一四時　門真市B社。役員会議。

『潜入・ゴミ屋敷』（笹井恵理子、中公新書）を読む。家に物が溢れて生活できなくなる「ためこみ症」という精神疾患があるとのこと。遺伝的な要因が大きく、心理的ショックによって発症するとのことで二〇人に一人の確率でいるらしい。物の過剰な収集や整理整頓が苦手といった点を除けば普通に仕事をして、コミュニケーションも取れるので「ためこみ症」とは周りも本人も気が付かないという。「ためこみ症」の家は、足の踏み場もなくなる。立派な病気とのことです。他人にはゴミの山にしか見えなくても、この病気を患っている本人にとっては宝の山である。

喪失体験など、何らかの心理的ショックによって抑鬱状態になり、症状が出てくる。人によっては物だけではなく、動物も溜め込む人もいる（多頭飼育崩壊）。こうした「ためこみ症」の人には関わらないことが一番であり、そうすれば本人が、自分は病気だ、と自覚して立ち直るきっかけが生まれる場合もあるとのこと。下手に近づくと、その人にも被害が及ぶとのことです。私も本を溜め込んでいます。お盆期間中は整理整頓をしなくてはと思いました。

「人生の金メダル」

二〇二一年八月五日（木）一万一三二二歩、歩行距離八km。禁酒四五六日目。曇りのち晴れ。

終日関東にて活動。終了後、新幹線にて大阪へ向かう。

一〇時　茨城県A社。経営会議。

一四時　埼玉県B社。役員会議。

今日も暑い一日です。この暑さの中でオリンピック選手は頑張っています。レスリングの川井梨紗子さん二六歳。金メダルに輝く。「こんないい日があっていいのかな」川井梨紗子さんの勝利者インタビューでの言葉です。人類最強女子と言われた伊調さんを二〇一九年七月の世界選手権で、プレーオフの末破りオリンピックの切符を手に入れたのです。

私にもこれからの人生で「こんないい日」がくるのかと、ふと思いました。誰も金メダルをくれないので一度でいいから、よくやった、と「人生の金メダル」を貰いたいものです。その金メダルは、天国の晃弘社長に会ったときに貰えるかもしれない、と思いましたが、それよりも私の方が晃弘社長に金メダルをかけてやりたいと思います。三四歳五ヶ月という短い人生でしたが、本当に全力で人生を駆け抜けていったことを讃えて「人生の金メダル」を首にかけてあげたいと思います。

もうすぐお盆です。あの世に行った人を供養する季節です。我々生きている者は、どんな苦しいことがあっても生き続けていくことが最大の供養であると思います。心の中で生き続けているのです。今年の夏もまた晃弘社長の墓前にて「しっかり日々頑張っています」と報告します。そして「見守っていてください」とも言います。「人生の金メダル」を獲得できるように、これからも頑張ります、と誓います。

「完走することの大切さ」

二〇二二年八月八日（日）一万三八五三歩、歩行距離一二・四㎞。禁酒四五九日目。曇りのち晴れ。

一〇時～一五時　大阪シーエムオーにて内務。

早朝六時頃、いつもの如く公園を約六〇分スロージョギングする。激しく蝉が鳴く。それにしても暑い。木陰を走ると、いくらかホッとしますが、着ているシャツは汗びっしょりとなります。顔見知りの行きかう人が声をかけてくれます。多分六〇歳は過ぎていると思われるおばあちゃん達です。「体に気を付けてね」「今日も頑張っているね」「後ろから近付いているのは足音でわかるよ」「ワクチンは済みましたか」……励まされています。生きている限り完走します。自宅に帰ってシャツを脱ごうとするが、びっしょりの汗で貼りついていて、うまく脱げない。

テレビでは東京オリンピックのマラソンをやっていた。大迫選手は六位入賞、両耳のピアスが光る（ブランドはどこだろうか。ブルガリか？）。終了後のインタビューは一言で言うとかっこよかった。「やるだけやりました。自分に一〇〇点満点をあげたい」と顔の汗と涙をぬぐう。ピアスがぴかりと光る。顔もイケメン、ホストもやれそうだ。次いで中村選手がゴールする。六二位です。涙でインタビューに答える。「スタートラインに立てたこと、全ての支えてくれた周りの人に感謝します」そして七三位（後ろから三番目）で服部選手が文字通り満身創痍でよたよたとゴールする。ゴールした後は車いすに乗せられていた。個人的には服部選手の勇気に拍手喝采を送りたい。途中何度も棄権したいと思ったに違いない。無様な姿を見せたくないはずである。一〇六人エントリーして三〇人も棄権するほどの過酷なレースを服部選手は完走した。

約二五年前の夏の暑い中、私も滋賀県にある飯道山のバイアスロイン山登りのコースを、よたよたになりながらビリで完走したことがある。そのときは、晃弘社長（当時一四歳）が一緒に走ってくれた。応援の健志社長（当時七歳）は専務と一緒にハイキングで参加していた。何度も辞めようと思ったが、山の中である。もうリタイアしますか、と掛けられる声を振り切り、よたよたとゴールを目指したものです。ゴールの手前一〇〇mぐらいを先に走り終わった晃弘社長が伴走してくれた。優しい少年だった。そのときのことを、服部選手の姿を見て思い出した。「完走することに意義がある場合もあるのだ」と思った。勝ち負けを超えて諦めずにやり抜くことが大切なこともある、と思った。

「毎日が旅行」

二〇二一年九月一六日（木）一万七四五〇歩、歩行距離一五・七㎞。禁酒四九八日目。曇り。

関東出張。

一〇時　東京商工会議所。

一四時　埼玉県A社。リーダー会議。

A社にて雑談する。「先生はいつもお元気ですね」「まあ、なんとか日々元気ですよ。ありがたいことですよ」「今はコロナなのであちこち移動できなくてじっとしているしかないですね。それなのに先生は、あちこちへ移動していて大丈夫ですか」「まあ大丈夫だと思っています。ワクチン接種も二回しました。私の場合は『毎日が旅行』みたいなものですよ」。世間では県境をまたぐ移動は自粛ということになっている。それなのに「毎日が旅行」とは当然常識外である。大阪の自宅を基点として九月七日富山、九月一二日東京、九月一三日京都、九月一四日関東、九月一五日丹波、九月一六日関東と移動している。世間ではテレワークを叫ばれているのに、なんたる行動パターンの日々であろうか。きつい言い方をする人からは「非国民」と言われかねないが、コロナどこ吹く風とばかりに「毎日旅行している」……確かに常識外である。私の仕事のパターンは一ヶ所に留まっていません。移動の連続です。様々なクライアントの会社（定例巡回先は月二五社。スポット会社は一〇社ほど）を訪問する日々です。一口に「経営コンサルタント」といっても、経営指導のテーマは様々です。時々、山を登っているような、東海道五十三次を歩いているような錯覚を覚えます。いろんな風景や人情に出会います。修行僧の托鉢のよう、と言えるほどのものではありませんが、旅の空をひたすら歩いているイメージです。楽しいですか、と聞かれると「…」沈黙します。それでも「毎日が旅行」という人生もまんざら捨てたものでなく、いいものですよ。

「紙風船」

二〇二二年九月二三日（木）一万七二二八歩、歩行距離一五・一㎞。禁酒五〇五日目。曇りのち晴れ。秋分の日。

何気なくＮＨＫのみんなのうた（子ども番組）を聞く。「紙ふうせん」というフォークデュオが歌う『わたしの紙風船』。これはいい歌だなあ、と思った。心の中でぺしゃんこになった紙風船に息を吹きかける。すると、まんまるくなり、風に乗って飛んでいく。空高く、夢を乗せて飛んでいく。紙風船は子ども一人一人の夢を乗せて飛んでいく。『わたしの紙風船』は、明るくほのぼのと子供を勇気づけている。

一方、『人情紙風船』と言うのもある。人の情けは紙のように薄く、儚い。いつしか人情は空高く飛んでいく。江戸の時代劇でよく耳にする言葉である。同じ紙風船でも捉え方によっては様々である。夢を乗せて飛んだり、人情が飛んで消えたりする。

本日は川﨑晃弘社長の墓参りをする。墓の前には青い空が広がっていた。珍しく良い天気である。

幻の紙風船が飛んでいる。みんなのうたの『わたしの紙風船』のメロディと歌詞が頭に浮かんできた。

わたしのこころの　紙風船
叱られたってさ　踏まれたってさ
おもいきり　息を吹きこんだらね
まんまるくなるよ　そうらポン
ポポポポン　めそめそしないよ　もひとつポーン

晃弘社長の夢（＝紙風船）は空高く飛んでいるよ、と手を合わせて心の中で語りかけた。

「法律の世界」

二〇二一年九月三〇日（木）一万三二五九歩、歩行距離九・七km。禁酒五一二日目。曇り。

一〇時　高崎市A社。経営実績の確認。

一五時　都内B社。来期（二〇二一年一〇月～二〇二二年九月）経営方針の確認。

二泊三日の関東出張を終えて、大阪の自宅に帰り着く。東京の空は台風接近のため重苦しく、雲に覆われていた。

『事業再生と債権管理』（No・一五九、二〇一八年一月五日号）を一読する。「中小企業社長のための事業再生入門」のところは物語風で、すらすらと頭に入った。法律の条文だけだと、どうも頭に入りにくい。とはいっても世の中は法律で成り立っている。法律の裏をかくことは、なかなか大変である。

かつて私が勤務していた民間企業のオーナー、一代で一万人以上の従業員を擁する大会社を築いた創業者曰く、男の約束は法律に優先する、とのこと。一旦やると約束したことは、どんなことがあってもやり抜けとの意味である。メモを取らない人であった。重要なことは頭に入れておけ、と恐るべき記憶力の持ち主であった。メモを取らなくなったきっかけは何か。「川﨑君、メモは取らずに頭に叩き込むことだよ。私は創業して、朝鮮戦争で大儲けした。その金を脱税した。ばれたきっかけはメモだった。靴下に隠していたメモが見つかったのだ」なるほど、と当時は妙に感心し、国税当局も鋭いと思った。

法律の世界では、書面、メモが大いにものを言ってくる。実業の世界は、阿吽の呼吸がものを言うときもある。「俺の目を見ろ、何も言うな」と目で確認することがある。とにかく、法律の世界は幅広く、奥行きもあり、深いものである。

「落語を聞く」

二〇二一年一〇月三日（日）一万七八五一歩、歩行距離一五・四km。禁酒五一五日目。晴れ。

一〇時〜一四時　大阪シーエムオーにて内務。

五時過ぎ　恒例の早朝スロージョギング。公園を四周回る。吹き渡る秋風が心地よい。「川﨑さん、いつも元気ですね」「〇〇さんもいつも元気ですね」と言葉を掛け合う。いつの間にか顔見知りが増えている。そういえば、いつもすれ違っていたあの人はどうしたのであろうか、ふと気になる。その人は八〇歳くらいの男性で、いつも杖をついていた。リハビリのために歩いていた。脳梗塞で倒れたとのこと。何か大変なことになってなければいいが、と思う。この男性はいつも、雨の日も風の日もリハビリで歩いていますよ、と言っていた。それこそ雪の降る日、桜の咲く日、雨が降っても傘をさして歩いていた。それが夏の蝉の声がする頃から、ぱったりと見なくなった。……あんなに頑張っていたのに、もしや、と不安が頭をかすめる。

自宅にて約三〇分、落語を聞く。三遊亭金遊の『小言念仏』である。家の主が念仏を唱えながら小言を言う噺である。念仏を唱えることでリズム感がある。一本調子ではなく、起伏がある。大きい声を出したり、間をとったりすることで絶妙のリズムが生まれ、思わず聞き惚れる。庶民の暮らしを題材にした「可笑しみ」が滲み出ている。こういう語り口を、味がある、というのだ。どじょう売りとの掛け合いは絶妙である。どじょう売り相手に、念仏を唱えながら、一二銭のどじょうをまけさせていくのである。二銭まけさせて、一〇銭で交渉成立。まくらに振った宗教の勧誘とのやりとりは、本題の伏線になっている。「あなたは心が貧しい」と言われて「心は貧しくない。生活が貧しいだけだ」と返す。なるほど『小言念仏』の世界の人は、心は貧しくない。日々懸命に生きていて心豊かなのである。独特の可笑しみがある。

それにしても人生とは一体何なのか。一寸先は闇、とも言います。だからこそ目の前の一日一日を大切にして生きていきたいものですね。

「叶わない約束」

二〇二一年一〇月八日（金）六四四八歩、歩行距離四・六km。禁酒五二〇日目。曇り。

関東出張。

一〇時　茨城県A社。

一五時　神奈川県B社。

緊急事態宣言は解除となっている。それでも人流は以前とあまり変わらない。新幹線の乗客もまばらである。

川に浮かぶ月を取りたい、と言っても…。ある幼児が親にせがんでいた。

「川に浮かんでいる綺麗なお月さんを取ってよ」

「もう少しお月さんがまんまるになったら取ってあげるよ」

「本当に取ってくれる？　指切りげんまんしてよ」

「指切りげんまん、嘘ついたら針一〇〇〇本飲ます」

叶わない約束をしている。人生にはわかっていても、叶わない約束をすることがある。

「ダルマさん、七転び八起き」

二〇二一年一〇月二四日（日）一万五九〇七歩、歩行距離一四・二km。禁酒五三六日目。くもりのち晴れ。

八時〜一四時　大阪シーエムオーにて内務。明日からの仕事の段取りをする。学習の方も『事業再生と債権管理』を読む（約二時間）。

シーエムオーグループの経営方針発表会も終わり、また心新たに来期（二〇二一年一一月〜二〇二二年一〇月）に向かって出発進行です。一日一日を確実に刻んでいきます。新たな旅立ちです。いままでも、ひとつの区切りをしては、次のページをめくるという旅立ちを繰り返してきました。挫折もありました。その都度立ち上がってきました。『七転び八起き』のダルマさんです。ダルマさんに込められている人々の気持ち、あるいは信仰は、どんなことがあっても立ち上がりたい、との祈りだと思います。片目に黒い墨の丸印を入れて、もう片方の目は白くしておきます。私の心の中にいるダルマさんの片目は、白いままです。白い目がいつ黒くなるのでしょうか。まだまだです。

夜、テレビで『ガイロク（街頭）』という番組を見ました。街行く人々のリアルな声から人生を学んでいくというものです。「『人生で一番のピンチは何でしたか」人それぞれです。それぞれ、ピンチに直面し、乗り越えているのです。ダルマさんの如く「七転び八起き」で立ち上がっています。

一〇月二三日に開催した経営方針発表会のスローガン「アフターコロナの時代を生き抜く――ピンチはチャンスなり、スピードは力なり――」、ダルマさんの如くピンチを力にして、新たな旅立ちへ出発進行です。

「幸せな一日」

二〇二一年一一月二一日（日）一万六三六三歩、歩行距離一四・一㎞。禁酒五六四日目。晴れのち曇り。

九時〜一〇時半　大阪シーエムオーにて内務。

一〇時半〜一八時　彩葉ちゃん（五歳八ヶ月）と過ごす。

近くの公園に行くと保育園のお友達が二人いた。早速一緒に公園の中を駆けずり回る。鬼ごっこでは、私も鬼になって子ども遊びに参画する。子ども用の自転車に乗り、公園中を走り回る。ブランコも三人乗りをする。「もっと押して、もっと」とせがまれてブランコを押す。自宅から持ってきたラジコンでも遊ぶ。「彩ちゃん、お友達にもさせてあげて」と何度も諭し、独り占めしていたリモコンを漸くお友達にも渡す。

お昼はお友達のママに「彩ちゃんも一緒にお弁当を食べよう」と誘われる。自然な感じで彩ちゃんはお弁当仲間になる。ポリポリとお菓子ばかり食べていた。鳩が寄ってくるとお菓子をばらまいていた。お友達も一緒に鳩遊びをする。

一三時を過ぎたので、もう帰ろう、と言っても「ダメ」の一言。一四時頃、漸くお友達と一緒の遊びが終わる。さようなら、と口々に言い手を振り別れる。私は、お友達のママに「一緒に遊んでいただきありがとうございます」とお辞儀をされた。それなのに、「彩はまだ帰らない。お日様が沈むまで遊ぶ」とお友達のママに宣言していた。彩ちゃんは活発な女の子ですね、とお友達のママは感心していた。しかし、一旦私の自宅に連れ帰る。

私は、疲れたのでちょっと寝る、と言ってウトウトする。すると彩ちゃんは、三〇分もしないのに「起きて、起きて」と体をゆすり起こしてくる。一五時過ぎに再び外に出る。今度はシーエムオーの八Ｆの事務所へ行ってかくれんぼ遊びをする。

ちょっと休もう。おとぎ話を聞かせてあげるよ、と『花咲じいさん』の話をする。この『花咲じいさん』の話は私の創作で、おじいさんが枯れた木にバラの花を咲かせるという話である。ふと見れば、彩ちゃんはスヤスヤと眠っていた。一六時半頃、彩葉ちゃんのママが迎えに来たとの連絡が入ったので、彩ちゃんのママが迎えに来たよ、と声をかけ起こす。

自宅に帰ると健志社長の長男暉士君（二歳）が来ていた。彩ちゃんと二人、おもちゃで遊ぶ。彩ちゃんは暉士君を子分の如く従えていた。暉士君はちょこちょこと歩きまわり、ちょっと強気な男の子。どういうわけか私を叩きに来たりする。暉士君も元気である。今は、アンパンマンとおもちゃの車に「ブーブー」とか「カー」と言っている。

さすがに今日はクラブ温泉に行く気力はなかった。夜、ちあきなおみと藤圭子の歌を、ボーっと聞く。疲れはしたが、今日は『幸せな一日』であった。

「千日回峰行」

二〇二一年一一月二七日（土）一万八九二四歩、歩行距離一三・二km。禁酒五七〇日目。晴れ。

八時～一〇時　大阪シーエムオーにて内務。

一一時　名古屋駅前にてA社長と打ち合わせ。

一六時　大阪市B社。リーダー会議。

スマホのヘルスケアデータによると二〇二〇年一二月～二〇二一年一一月の一日平均歩行距離は一一・五km（年間約四二〇〇km）。一日平均歩数は一万四九一九歩です。基本的に毎朝公園を四周し、日中はあちこちに行っています。一年間で約四二〇〇km歩いており、これはおよそ三〇年間続いています。そうすると、四二〇〇km×三〇年＝一二万六〇〇〇kmとなります。

天台宗大阿闍梨酒井雄哉師（二〇一三年八七歳にて死去）は「千日回峰行」を二回行っています。五四歳の時と六一歳の時です。「千日回峰行」とは約七年かけて四万kmを歩く荒行です。毎朝毎朝わらじを履いて出て行って登り道一〇km、平坦な道一〇km、下り道一〇kmの比叡山の中を歩くのです。酒井雄哉師は生き仏として崇められています。

私は今まで約一二万六〇〇〇km歩いてきました。私にとっての「千日回峰行」を三回行ったことになります。もちろん私の「千日回峰行」は酒井雄哉師の足元にすら及びません。酒井雄哉師曰く「草履はボロボロになる。今日の自分は草履を脱いだ時におしまい。そこから明日生まれ変わる」……今日を大切にしなかったら明日はないよ。今が一番大切だよ、と言っているのです。毎日の積み重ねです。私の「千日回峰行」は一年間四〇〇〇km歩くとして、一回に一〇年かかります。毎日コツコツと歩き続けることです。生きることそのものが修行です。人は誰でも生き続けることでそれぞれの「千日回峰行」をしているのです。

「新幹線ホームの売店」

二〇二二年一一月二九日（月）一万六〇八二歩、歩行距離一〇・八km。禁酒五七二日目。晴れ。

関東出張。

一四時　横浜にてA社長と面談。

新大阪の売店で面白いものを見つけた。売店でありながら、薬がある、と思った。「アンラッキーなあなたに　シアワセニナ〜ル」。何だ、これは、と思わず手に取る。イイコトオキルンとナンカ

Aが配合されている。使用上の注意には「このようなときは服用を避けてください。①幸せすぎて怖いとき②怒られている最中③地位も名誉もお持ちの方」とある。さらに「ニヤけてしまう方はマスクの着用をおすすめします」「若干、空気が読めなくなる可能性があります」ともある。手に取ってしげしげと見る。なんとなく効き目がありそうに思えてくる。私は頭が痛くても、腹が痛くても『正露丸』を服用すれば、すっきりしてきた。私が幼児の頃、亡き母が「これを飲んで」と、いつも正露丸を三粒くれていたからだ。大人になってからは、三粒ではなく五粒にしている。

シアワセニナ〜ルは一箱五四〇円。購入する。正体はラムネ菓子。効能には「ピンチの時でも『不幸中の幸い』になる」「四つ葉のクローバーが見つかりやすくなる」「なぜか小鳥が肩にとまる」……大阪らしい。おちゃらけているが、どことなくウイットに富んでいて、つい笑ってしまう。隣の棚には「スべる諸症状の緩和　オモシロクナ〜ル」これも一つ購入（五四〇円）。病は気からともいう。シアワセニナ〜ルを一粒飲むとスカッとするかもしれない。気持ちの働きは大きい。ストレスで体を壊す人もいる。こんなものが新幹線ホームの売店で堂々と売っていることが実に面白い。その他にも様々な面白グッズが沢山置いてある。「みっくちゅじゅーちゅ」とか「大阪名物タコ焼きせんべい」等々。

葛西マンション泊。

「流転の海」

二〇二一年一二月八日（水）一万三五〇四歩、歩行距離九・六㎞。禁酒五八一日目。雨のち曇り。

五時頃、強い雨の中三〇分かけて東京シーエムオーの事務所まで歩いて行く。途中にはお寺があり、小さな川が流れている。すれ違う人もいない。七時過ぎに東京シーエムオーの事務所を出る。てくてくと、一人傘をさして葛西駅に向かう。そこから東西線で大手町駅へ。そして北陸新幹線に乗り東京から富山へ。移動時間は約三時間。

富山に着き、A社長と打ち合わせをする。北陸の空は重くどんよりとしている。いまにも大雨が降り出しそうな空模様である。終了後、金沢から特急サンダーバードに乗って大阪へと向かう。約二時間四五分。大阪に着くと曇りであった。本日、私が遭遇した天気は大雨から小雨そして曇り。移動時間は約七時間の旅。

『流転の海』第一部（宮本輝）を読了。宮本輝氏の半自伝的小説である。なんと九部も続くという大作である。完成までに一〇年かけている。流転とは人生のさまを指している。運命の波に時には逆らい、時には流されていく。人生の儚さ、そして深い悲しみ、人間の業がたっぷりと書き込んである。九部も続く『流転の海』を書ききった宮本輝氏の執念に恐れ入る。約七時間の車中で『流転の海』第一部を読み切る。人それぞれが、流転の人生を生きている。自らの人生についても考え込まされる。……暗い夜の中でも、海で溺れたり遭難したりしないように空に輝く星を目印に生きていく。

一八時頃、大阪シーエムオーに戻る。彩ちゃんのピアノの練習が終わったとのことで迎えに行く。

大阪は曇りである。星は見えない。二人で手を繋いでトコトコ歩く。「彩ちゃんのこれからの人生に幸あれ。流転の海を泳ぎきれ」と見えない星に向かって祈る。

「暗い公園」

二〇二一年一二月二一日（火）一万五九五三歩、歩行距離一一㎞。禁酒五九四日目。くもりのち晴れ。

七時半　健志社長とミーティング。
一一時　愛知県西尾市A社。幹部ミーティング。
一三時半　日本政策金融公庫岡崎支店にて打ち合わせ。
一七時　第三〇回彩葉ちゃん勉強会。約四〇分。

終了後、すっかり暗くなっているいつもの公園に、彩ちゃんと行く。空に星が一つ見え、「あの星はパパよ」と彩ちゃんが指をさし、「あの星は遠いねえ。もっと近くだと良いのに」とも言う。「パパの名前はなんというの」と聞かれたので「晃弘」と教える。……「露の世は　露の世ながら　さりながら」小林一茶の句である。一茶も、さと、という娘を亡くしている。人の命は露のように儚い。無常である。分かってはいるが、さりながら、である。どうしても悲しい、つらい、苦しいとの気持ちを、さりながら、に込めている。暗い公園の空の星一つが晃弘星としても、さりながら、である。やはり諦めきれないし、つらい。「思ひ切りがたきは恩愛のきづななり」（小林一茶）――彩ちゃんはこうして元気でブランコ遊びをしているよ、と晃弘星に向かって呟く。

それにしても彩ちゃんは勉強しているときよりも公園で遊んでいる方が生き生きしている。空中ブランコを真似て空高くブランコを揺らし、横にも揺らす。隣の無人のブランコを蹴飛ばしたりもする。

「彩が勝った？　勝ったと言って！」

「川﨑彩葉の完全勝利です」とパチパチと手を叩いて褒めると彩ちゃんは嬉しそうにする。

そして、もう一回とか、あと一〇秒、と言ってはブランコを揺らす。

「木下大サーカスの空中ブランコみたいだね」と言うと、実に嬉しそうにする。彩ちゃんは大きくなったら木下大サーカスに入りたいみたいです。

「やせ蛙　負けるな一茶　これにあり」（小林一茶）。必死に柳の木に飛びつこうとして何回もチャレンジしている痩せた蛙の姿を見ての一句。彩ちゃんも、これからの長い人生の中で負けるな、とエールを送る。そろそろ冬至（一二月二三日）。一年で一番夜が長い季節です。暗い公園での彩ちゃんの姿、「晃弘パパ。見ていますか。彩ちゃんを守ってください」

「ギターは弾かなきゃ音が出ない」

二〇二一年一二月二九日（水）一万六二〇五歩、歩行距離一〇・九㎞。禁酒六〇二日目。くもり。

一〇時～一六時　大阪シーエムオーにて内務。シーエムオーグループの「経営改善計画」の作成をする。

「ギターは弾かなきゃ音が出ない」――この言葉はエレキギターの天才である寺内タケシ（今年八二歳で死去）の名言である。

一九六〇年代にエレキギターを使用したコンサートが教育委員会によって完全に禁止される。約一〇〇組あったエレキバンドは全て潰れる。唯一生き残ったのが寺内タケシとブルージーンズである。三年間にわたって一回もコンサートができなかった。活路を見出したのはなんと高校で正式に「音楽鑑賞」として取り上げてもらったことである。初めに母校の高校で採用された。それ以降年間一八〇回もステージに立つ。そのステージで生徒たちへ発したメッセージが、「ギターは弾かなきゃ音が出ない」…何事もまず一歩。やらなければ始まらない。やると思ったらまず一歩進むことである。三年間もコンサートが出来ない逆境に耐えての名言である。

「ギターは弾かなきゃ音が出ない」

「たこ焼き屋」

二〇二二年一月一五日（土）一万四六九一歩、歩行距離一三・四㎞。禁酒六一九日目。くもり。

八時　大阪シーエムオーにて役員会。一〇時　テレビ会議（東京とオンラインと結ぶ）。一一時半大阪シーエムオーにてシーエムオーグループのA社について給与改定のために打ち合わせ。その後、一五時まで大阪シーエムオーにて内務。

私の携帯にメールが入る。私の東京での学生時代の友人A君からである。「たこ焼き屋を一月一〇日で廃業した。久しぶりに会いませんか」というものである。私の学生時代というと約五〇年前のことである。A君は私より三つ上で七五歳である。七〇歳を過ぎて、たこ焼き屋を起業する。

息子と一緒にスーパーの一角のたこ焼き屋で精を出す。それなりに繁盛していた。それにしても七〇歳を過ぎて商売を始めた気力と体力には感心する。起業の動機は「息子と一緒に働く」とのこと。新宿高校を卒業、あと一歩のところで東京大学に入り損ね、中央大学の法学部に入る。それから人生いろいろ、山あり谷ありである。

学生時代A君とはハチャメチャなこともした。その一つとして、焼き鳥屋に行ってすっかり酔っ払い、どこかの大きな家の池で、泳いでいた大きな鯉を捕まえたことがある。この鯉どうする、と相談すると、A君は鯉を調理し、当時住んでいた寮の住民に何食わぬ顔でふるまった。「美味しいよ。ごちそうだよ」と言いながら住民はパクパク食べていた。今となっては完全に時効である。そのA君が七〇歳にして器用にもたこ焼き屋の主人となる。廃業は残念でもある。再会してよもやま話をしてみたいものである。

「気に入った手袋」

二〇二二年一月二六日(水) 一万五八二五歩、歩行距離一一・七㎞。禁酒六三〇日目。晴れのちくもり。関東出張。東京ワンルームマンション泊。一一時に蒲田A社で打ち合わせ。一三時半東京シーエムオーにてB社長と経営相談。一四時～一五時半 関東経営物流講座「ドライバーの給与改革」。一九時～二〇時 シーエムオースタッフA君と個人面談。

何気なく向田邦子の『手袋をさがす』というエッセイを読む。寒さを我慢しながら好きな手袋を探し続ける話です。「今、ここで妥協して手ごろな手袋で我慢したところでそれは自分自身への安っぽい迎合の芝居に過ぎません。いえ、かえって不満を隠していかにも楽しそうにふるまっているように見せかけるなど二重三重の嘘を吐くことになると思いました。」気に入った手袋を探すという話が今まで結婚せずに生きてきたことを前向きに受け止めて「このままゆこう」と決める展開となります。手袋を探すことが自分の生き方への「このままゆこう」と繋がるところが女性の感性ですね。向田邦子は五一歳にて台湾行きの飛行機の墜落で事故死します。

それにしても『寺内貫太郎一家』のテレビドラマでは家族の団らんがほのぼのとしていて良かったです。この作品の脚本家向田邦子は、寒さの中で手袋を探して結婚しない道を選ぶのです。「このままゆこう」…向田邦子の気に入った手袋は、文章を書いて暮らす道だったのかもしれません。私にとって、手袋は寒さから手を守るものです。そもそも手袋を選ぶということはしません。手を守ってくれさえすればいいのです。向田邦子は寒さの中で気に入った手袋を探すという話で、自らの人生について語っているのです。「このままゆこう」……。

今日は寒い。コンビニで焼き芋を一つ買いました。既に袋の中に入っているので、選ぶこともせず目の前の焼き芋を買いました。おいしかったです。

「一枚の写真」

二〇二二年一一月二七日（木）一万二二六二歩、歩行距離八・八㎞。禁酒六三一日目。くもりのち晴れ。関東にて終日活動。一〇時より群馬県高崎市A社で役員会議。私の座る目の前の壁に先代の写真が飾ってあります。喧々諤々すると「先代が見ているよ」と言って場の空気を和らげます。

一四時神奈川県藤沢市B社で打ち合わせ。B社には一人のドライバーの写真が飾ってあります。長年（三〇年以上）勤務して昨年亡くなったとのことです。

写真には見る者にとってインパクトを与える力があります。写真を見ていると色々な思い出が蘇ったりします。時には、知らず、知らず語りかけることもあります。

私にとって長男川崎晃弘の写真はそういう一枚です。プレジャーグループの各社に額に入れて飾っています。自宅の机の上にもあります。自宅を出る時には写真に向かっていつも無心で手を合わせます。特に言葉はかけません。シーエムオーの一三階にある事務所の私の机の前にも写真があります。一三階の写真には語りかけるときもあります。「どうして死んだのか」とか「こちらは寒いけれどそちらはどうか」とか「つらい日々が続いているよ」等々……独り言です。すると、「会長はいつも走っているのか」とか「最近は怒っていないのか」とか「ママや彩ちゃんは元気でやっているか、専務は元気か」「健志はしっかりやっているか」などと写真が語りかけてきます。一枚の写真には物語があります。晃弘の息遣いや在りし日の姿が思い浮かぶのです。

じっと写真を見るときは、つらい日のことが多い気がします。そして一枚の写真に「晃弘の分までこれからも生きていくのだ」と励まされます。

「大志」

二〇二二年二月四日（金）一万二七六五歩、歩行距離九㎞。禁酒六三九日目。晴れのちくもり。関東にて終日活動。上野のビジネスホテル泊。一泊六〇〇〇円と安かった。一〇時　埼玉県所沢市A社で経営会議。一四時　新宿のホテルにて青春時代（二〇代の頃）の懐かしい友人とアフタヌーンティーを共にする。一七時より埼玉県行田市B社で経営ミーティングをする。

アフターヌーンティーを一緒にしたA君、男二人のおしゃべりタイムです。A君は二年前に大病をするが、脳の大手術を成功させ、奇跡の復活を遂げている。このときは知り合いや縁のあった人に辞世の句を送ったという。貝原益軒の辞世の句を参考にする。「いま思えばオギャーと生まれて今日までわずか三日ぐらいしか経っていない」という意味の句です。この句には私もしみじみと納得する。術後わずか二週間で退院し、『一日一生』という言葉を胸に刻んでいるという。

ストレッチの効用についても大いに共感する。A君は毎日ストレッチをしている。さらに毎日歩いている。そして毎日机に向かって少なくとも三時間は学者としての仕事をしているという。『一日一生』と日々努力をしている。A君の大志は、娘と一緒にタイの国民的作家のチャート・コープチッティ氏の全集を、生きている限り翻訳出版することにあるとのことです。娘さんも同じタイ語の学者です。

面白い話でも、盛り上がりました。例えば六〇歳で大学の先生を辞めて自らの女装写真集を出版した人の話です（A君も元大学の先生です）。A君も勤めていた大学のイベントで女装をして大いにうけたとのことです。極めつけは、持ち歌が都はるみの『大阪しぐれ』とのことで、これまた私と一緒です。『大阪しぐれ』は味があるなあ、と盛り上がりました。ふらふらと人生を歩いている男に寄り添っていく感じの女の人の歌です。「このホテルのアフタヌーンティーはいいなあ。今度は嫁さんを連れてくるよ」とA君は言っていました。A君と私はこれからも「大志」を持って生きてゆこうと約束しました。「大志」とは大きな志であり、明日を信じて生き抜くことです。

「失ったものを数えるな。残されたものを最大限に生かせ」

二〇二二年二月九日（水）一万七二三一歩、歩行距離一五・一㎞。禁酒六四四日目。晴れのちくもり。

一一時名古屋市にてA社長と面談。一三時に西尾市B社。一五時三河安城にてC社長と面談。

「失ったものを数えるな。残されたものを最大限に生かせ」パラリンピックの父と呼ばれるルートヴィヒ・グットマン博士の言葉である。まもなく三月四日に冬季パラリンピックは北京でスタートする。北京パラリンピックが開幕する頃にはオミクロン株の猛威が過ぎ去っていることを信じる。

キリスト教の伝道師パウロは「なすべきことはただ一つ。後ろのものを忘れ、前のものに全身を向けつつ、目標を目指してひたすら走ることです」と言っている。ふと目にしたキリスト協会の掲示板に書いてあった言葉である。「そうすれば神は必ず見えないメダルを与えてくださる」と書いてあった。

「前のものに全身を向けよ」「残されたものを最大限に生かせ」……いい言葉である。

「流転の海」

二〇二二年二月二六日（土）一万七五六四歩、歩行距離一五㎞。禁酒六六一日目。曇り、晴れ。

五時　公園四周、約六〇分。六時半　大阪シーエムオー出社。すぐに出発準備をして西尾市へ向かう。七時一五分に新大阪から名古屋を経由し、西尾駅（名鉄）へ。一〇時にA社にて給与改定の説明会。一人一人と雇用契約書を締結する。結果としては、ほぼ順調にいく。すぐさま大阪に取って返す。一四時　散髪屋へ行く。いつも散髪してくれている九〇歳の人はいなかった。代わりに息子が散髪をしてくれる。世代交代である。「親父は入院しました」「そうですか。復活すると良いですね」と声を掛ける。

本日、ついに宮本輝の大河小説『流転の海』第一部から第九部（合計七〇〇〇ページ）を完読する。読み始めてから三ヶ月（二〇二一年一二月〜二〇二二年二月）かかった。

散髪屋の親父も世代交代した。人生は流転の海である。それぞれの人生がある。傍から見て平々凡々に見えようと、生きるということは激動する。流れていく。小説の舞台は大阪〜富山〜大阪〜四国の宇和島〜大阪〜尼崎〜大阪と目まぐるしく流転する。宮本輝の半自伝的小説である。彼は関西大倉高等学校から追手門学院大学へ進学した。大阪は扇町、曽根崎、梅田、福島、西九条が舞台となっており、私のよく知っているところである。

小説のテーマの柱は父と子である。父と子の切っても切れない血の繋がりを感じる。宮本輝はこの小説を三四歳の時に書き始めて三七年かけ七一歳の時に完成させた。書き続けていく執念、作家のプロ根性には脱帽するものである。

「オンライン」

二〇二二年三月二日（水）五九〇九歩、歩行距離四・二㎞。禁酒六六五日目。曇り、晴れ。五時に大阪シーエムオーに出社。関東出張に向けての準備をする。六時二四分新幹線にて一路東京へ。一〇時より埼玉A社で経営会議。一四時より埼玉B社長と面談をする。終了後、大阪へ取って返す。二〇時着。

途中、経営相談の申し込みがある。後日、大阪シーエムオーとオンラインで繋いで行うこととする。オンラインの活用は便利である。しかし、対面でないと伝わらないものもある。息遣いとか、ちょっとした表情の変化で心の動きを察することが、オンラインでは難しい。とは言ってもコロナ禍である。コミュニケーションの取り方も変化してくる。コミュニケーションの取り方の一つに手紙がある。直筆の手紙は味があり、心に響く。動画や写真もある。他にもいろいろあるが、対面のコミュニケーションがやはり良い。そうは言ってもオンラインは便利である。

「反省」

二〇二二年三月八日（火）七三二六歩、歩行距離五・二㎞。禁酒六七一日目。曇り、晴れ。

六時始発の新幹線にて一路東京へ行く。秋葉原を経由し、つくばエクスプレスにて茨城へ。一〇時に着き、A社にて経営ミーティング。終了後、久喜を経由し古河へ。一五時にB社長と合流。古河労基署へ行く。無事終了。

一八時　電話にて経営相談を受ける。JR上野駅のベンチに座り三〇分対応する。二〇時に葛西駅着。大まかな一日の流れである。葛西マンション泊。

つくづく「一日一生」と噛みしめる。目の前のひとつひとつを乗り越えていく。今のところ、駅の階段の上り下りはスタスタと楽にできる。スクワットをしているみたいである。活動することが足腰を鍛えている。ごくたまにだが、階段の途中で息切れはすることもある。

電車に慌てて飛び乗ったりもする。扉が閉まりかけてもカバンを差し込み無理やり乗ったりする。反省すべき行為だ。かつて、新大阪駅で新幹線の発車ベルが鳴る中、エスカレーターを駆け上ってこけたことがある。その際に手をついて右手の親指の爪を痛め、完治するまで一ヶ月ぐらいかかった。それにもかかわらず、いまだに扉が閉まりかけてもこじ開けるがごとく乗り込もうとする。反省が足りない上、どうも懲りない性格である。本日もエスカレーターを駆け上ってギリギリ電車に乗り込んだ。ラッキーと思いつつ、ふと反省した。

日々の戦いの中では、まるで下りのエスカレーターを逆走して駆け上っていくようなこともある。逆境も逆風もある。それでも「一日一生」。ファイトである。

「道草」

二〇二二年三月二八日（月）二万八二二二歩、歩行距離一七・八㎞。禁酒六九一日目。曇り、晴れ。

七時半より健志社長とミーティング。一〇時　京都市A社にて業務ミーティング。一四時　京都市B社にて経営ミーティング。一七時に大阪シーエムオーにてオンラインでC社（千葉県）と経営ミーティング。

昼間、スケジュールの合間に隙間時間ができる。約二時間。京都の川沿いをうろうろと散歩する。桜が咲く中、写生している人もいれば、ジョギングしている人もいる。のんびりとベンチに腰かけている人もいる。春の、のどかな昼時の風景です。

隙間時間の道草、道草もいいものです。一直線ばかりの人生ではなく、ときどき道に迷ったり、うろついたりするのもいいものです。ある意味、人生とは道草を食って生きているようなものかもしれません。特に意味もなく川沿いを歩く。「川は流れる」とふと思ったりする。

途中、ベンチに腰かけ、読みかけの本を読む。三〇分ばかりうとうとする。どこでも寝られる。はっと目覚め「さあ、昼から仕事!」と気合を入れる。昼時の道草タイムでした。

「一番風呂」

二〇二二年四月二日(土)一万四六八〇歩、歩行距離一三・五㎞。禁酒六九六日目。曇り。

六時半　公園四周、約六〇分。九㎞。九時~一五時　大阪シーエムオーにて内務。その後「一番風呂」を目指し、五〇〇円玉を握りしめてクラブ温泉(風呂屋)に行く。

風呂代四九〇円。靴箱は「一番」、衣類を入れるロッカーも「一番」をゲットする。一種の縁起担ぎです。そのうち宝くじでも当たれば良いと思って「一番」にしています。などと言いながら、宝くじはここ二年間買っていません。「どうせ当たらない」と思っているからです。宝くじは「ひょっとして」という夢を買うものです。

実は、風呂屋で「一番」にこだわるのには理由があります。そのうち、これぞということで「一番」になりたいからです。これぞとは何か。日本一の物流の経営コンサルタントです。自分で決めるものではなく、他人の評価によって決められるものです。自らの特徴を生かして、伸ばしていく道の中に「一番」が見えてくると思います。熱い風呂に無念無想で浸っています。無念無想の片隅に「一番」になるぞとの思いが湧いてきます。そういえば、水泳の池江璃花子選手も日々「一番」を目指して冷たいプールに浸かっている、とふと思いました（私は池江璃花子選手のファンです）。こちらは熱い湯です。「一番風呂」での見果てぬ夢です。

「アル中の人」

二〇二二年四月一二日（火）九五三六歩、歩行距離六・八㎞。禁酒七〇六日目。晴れ。

六時　始発の新幹線にて一路成田へ。九時四二分　京成成田駅着。A社長と合流する。一〇時過ぎにA社にて経営会議。テーマは給与改革です。一六時に東京シーエムオーに着いてB社長と面談。終了後新大阪へ戻る。二一時着。

酔いどれクライマー永田東一郎伝を読む。東大のスキー山岳部で活躍し、エベレストのK七まで登頂する。彼は強烈なアル中で、四六歳で死去。父親もまたアル中で、五六歳で逝っている。父親は家に酒が無くなると台所のみりんまで飲む。息子の東一郎は、あんなふうになりたくない、と思った。ところが彼もまたアル中になる。毎晩ビールのロング缶五本、それから一人で外に出て朝まで飲み続ける。一九九一年頃は一ヶ月の酒代が三〇万。妻とも離婚する。東大時代の友人（大企業に勤めている）に借金を重ねる。サラ金にも行く。そして四六歳で逝く。

「飲みに行く金もない」って言うから、電車のある時間に帰ってきてね、ってお金を渡しても朝まで飲んでくる。もう悔し泣きです。どうして人のお金でそんなに飲めるんだって。そのうちに言っても無駄だと悟りました。

離婚した妻のセリフです。

「永田東一郎よ、そこまで飲み続けるのは何故か」――東大を出て建築家になって順調コースを歩んでいたのに、父と同じアル中になるなんて……。

それにしても酒は怖い。私は二〇二〇年五月七日から禁酒している。別にアル中ではなかった、と思っている。

それでも酒に酔って二〇一九年一〇月二一日は雨の中、公園でこけて腰を強打し圧迫骨折をした。その時かかった整形外科のドクターに「あなたの寿命は何かの事故で尽きるかもしれないよ。何も病気であの世に行くばかりではないよ」と脅かされた。それ以来ドクターのセリフが頭の片隅に残っている。そして六ヶ月後の二〇二〇年五月七日に禁酒した。永田東一郎が飲み続ける訳は人生の友が酒しかなく、孤独な性格であったからだと思う。アルコール依存症は怖い。

「闘いはもうこれまでと思ったところからが本当の闘いだ」

二〇二二年四月一六日（土）一万二七九三歩、歩行距離一二・一㎞。禁酒七一〇日目。晴れ。

五時過ぎに公園四周、五六分。いつもよりスピードを上げて走る。八時～一五時大阪シーエムオーにて内務。事業再生に関わる本を読む。

クラブ温泉に行くと一五時一五分の開店を待つ高齢者が二〇人ばかり並んでいた。このペースの人数だと二四時閉店までに利用客はせいぜい四〇〇人だろう。四〇〇人×四九〇円＝約二〇万。一ヶ月を二五日として五〇〇万の売上となる。電気代も石油代も値上がりしている。いつも番台はお母さん（八〇歳くらい）と娘二人で担っている。家族主義経営である。風呂掃除もある。なかなか大変である。家賃がかからない分なんとかやっていると思われる。

「家族企業はつらいよ」

夕方、録画してあった『プロジェクトX』を観る。ヤマト宅急便の物語である。小倉昌男氏の決断のすごさを実感する。大正八年（一九一九年）創業の親から引き継いだ運送会社が倒産寸前に追い込まれる。そこで、今までの大型貨物から小口へと事業再構築をする。役員は全員反対するが、小倉昌男氏は「これしか生き残る道は無い」と決断する。そして「宅急便」という物流革命を成し遂げる。当初は行政の壁もあり苦戦するがそれでもやり抜く。北海道では一日一〇個しか荷物が集まらない。当時の担当者は撤退を覚悟する。ところが小倉昌男氏曰く「今日一〇個だったら、明日は一一個になる方法を考えよ。一一個になったら一二個になる方法を考えるのだ。そうすればコストダウンするよ」。なるほど、「ちりも積もれば山となる」である。今では「宅急便」は、優に一兆個を超える。

自らを省みる。まだまだ努力が足りない。闘いはもうこれまでと思ったところからが本当の闘いだ。『プロジェクトX』のヤマト宅急便の闘いから学ぶ点である。

「沖縄の海」

二〇二二年五月三日（火）二万一七五五歩、歩行距離　一五・一㎞。禁酒七二七日目。曇り。

五時半にホテルを出る。漸く沖縄の雨も止む。一人ジョギングで那覇フェリーターミナルまで行く。ホテルから三〇分かかる。ターミナルの待合室は、人が五～六人とまばらである。七時発のフェリーに大型トラックが乗り込んで行く光景を見ながら那覇空港を目指しジョギングを続ける。「空港通り」という一本道のロードをひたすら進む。米軍基地（陸軍）の有刺鉄線に囲まれた所で基地の中を見ると、トレーラのヘッドが数十台並んでいる。トラックも約三〇台も停まっている。いずれも「〇〇運輸」であり、Gマークシールが貼ってある。この「〇〇運輸」は米軍基地に食い込んでいる。かなり大きな運送会社と思われる。さらにひたすら一本道を行く。道端の赤いハイビスカスや名も知らない黄色やピンクの花が目に留まる。モンシロチョウにも出会った。五月の沖縄の風を感じる。

沖縄は、太平洋戦争の傷跡が今も色濃く残っている。沖縄戦は一九四五年六月二三日まで続く。本土決戦の防波堤として徹底抗戦する。あれから七七年経っても、いたる所に米軍の施設がある。那覇の中心部は行政関連の立派なビルが立ち並んでいる。恐らく国の助成を得て建てられたものであろう。人口は一四〇万人。出生率は一・七人――日本でトップ。コロナ前の観光客は年間で約一〇〇〇万人。沖縄の経済は軍関連と観光で成り立っている。一九七二年に本土復帰して、五月一五日で五〇年となる。……最低賃金は全国ワーストで時給八二〇円、東京の一〇四一円と比して七八％である。

七時過ぎにホテルに戻り、那覇空港一三時四〇発の飛行機にて伊丹に帰る。一六時着。五月一日〜五月三日の沖縄の旅、この三日間でよく歩いた。一日平均一万八〇〇〇歩である。私個人としては、土産はひとつも買わなかった。

「ゲゲゲの鬼太郎」

二〇二二年五月二二日（日）一万七〇一一歩、歩行距離　一四・三㎞。禁酒七四六日目。晴れ。

六時　公園三周、約四五分。いつもは四周のところなんとなく短縮した。

八時〜一〇時　大阪シーエムオーにて内務。

一〇時　シーエムオー大阪に来客。シーエムオーグループA君夫婦の結婚の挨拶である。

一二時　バスにて倉敷に行く。業界組合の旅行である。一年に一回の総会を兼ねた旅行である。一四人の男、それも平均年齢約七〇歳の集団である。二泊三日の旅行である。私は一泊して翌日には帰宅予定としている。バスガイド（女性）付きである。バスの中からビール、焼酎を飲みまくる宴会である。私は一人本を読んでウーロン茶で過ごす。当然サービスエリアでの休憩は、予定では一回のところ二回となる。ビールを飲むとトイレが近くなるからである。一五時　倉敷に着く。夕食は美観地区の超老舗料亭（一七七三年創業）「鶴形」である。ホテルからアヒルの行列の如く一四人がぞろぞろと歩いていくこと、約一〇分。「俺は三〇〇m以上歩かない。タクシーは無いのか」一人がガイドに談判する。美観地区では車の乗り入れは禁止となっている。いよいよ宴会、実によく飲む。ビールはもちろんのこと、ワイン、焼酎、ウイスキー、日本酒（地酒）、約二時間。六

〜七人のコンパニオンも「飲め、飲め」と言って勧めまくる。中には宴会終了後にも「付き合え」と口説くものもいる。「私は車で来ています。岡山市に帰るのです」「タクシー代は出してやるよ。三〇〇〇円くらいか」平均年齢七〇歳の集団とはいえ実にパワーがある。私は一人ノンアルコールビール、次いでウーロン茶で過ごす。「こんな盛況な宴会は久しぶりです」とコンパニオンの一人が言った。明日は私を除いてゴルフとのことです。なんとなくゲゲゲの鬼太郎のメロディが頭に浮かぶ。ゲゲゲの鬼太郎には色々なお化けが出てくる。一四人の中には八〇歳を超えている人もいる。恐ろしいほどのパワーである。私は二〇時半頃一人さっさとホテルに帰り、大浴場に入る。一人で「ゲゲゲの鬼太郎（水木しげる）の漫画は面白い」と思いつつゆったりと風呂に入る。

「上を向いて歩こう」

二〇二二年五月二五日（水）一万八三六五歩、歩行距離　一五・九㎞。禁酒七四九日目。晴れ。

五時　公園四周、約六〇分。七時半　健志社長とミーティング。九時より大阪市A社で役員会議。一一時より茨木市B社で役員会議。一五時より大阪シーエムオーにてC社ミーティング。一七時より大阪物流経営講座（第三八六回）。

『父「永六輔」を看取る』（永千絵）を読む。二〇一六年七月七日死去、享年八三歳、永六輔の娘の著書である。千絵さんはほとんど化粧しない。「オンナおじさん」と呼ばれているそうである。永六輔が「おとこおばさん」と言われていて、顔がそっくりの娘とのこと。夫、息子二人、犬一匹、猫三匹と同居している。永六輔、本名永孝雄の血が千絵さんには色濃く流れている。親子というものはどこかしら似ているものである。『上を向いて歩こう』は永六輔作詞である。涙がこぼれないように上を向いて歩こう、と言っている。涙はうれし涙ではなく悲しみの涙である。一人ぼっちの寂しさが滲み出ている。軽快なメロディに乗せて、一人ぼっちの夜でも、悲しい事や辛い事があっても上を向いて歩こう、と言っている。この歌のメロディと歌詞には「人生は基本的には悲しく辛いものですね。それでも歩いていこう」というメッセージが流れています。

一九時過ぎ、大阪物流経営講座が終わって外に出れば、まだうっすらと明るい。

ふと空を見上げて、上を向いて歩こう、と呟く。

「心残り」

二〇二二年六月四日（土）一万一二九二歩、歩行距離 八・二km。禁酒七五九日目。曇り、晴れ。

早朝五時過ぎに館林駅前を散歩する。近くのお寺に行く。ここに私の学生時代の友人（二〇一四年一二月六五歳にて死去）の墓がある。墓を探したが分からなかったので、本堂に向かって手を合わせる。一八歳で上京したとき、暮らした三畳の下宿先の隣に彼がいた。それ以来の親友である。肺癌で亡くなった。死去する前の二〇一四年八月にお見舞いに行った。まさか死ぬとは思わず二時間ばかり気楽に会話した。もう少しじっくりと彼の話を聞けばよかった。彼は自分の息子のことを心配していた。「俺の息子が生活に困らないようにもう少しお金を貯めておけばよかったよ」。彼の息子は大学院を出てフリーターをしていた。彼は息子のためにお金を貯めようと、六〇歳で定年退職、その後デイトレードで毎日株の取引をしていた。損はしなかったがお金はたいして貯まらなかったと言っていた。彼との会話で、自分の息子の話が出たのは、このときが初めてであった。心残りであったと思う。思えば人生で心残りでないことがあろうか。人はこの世に心を残す。無念の想いや果たすことのできなかった夢のこと等、心を残して旅立って行く。

ウロウロとお寺で墓の間を歩き回って探したが、彼の墓は見つからず、結局諦めた。それでも手を合わすことが出来てよかった。

一八時より大阪にてシーエムオーグループA社の「がんばろう、発起大会」と題する懇親会に出る。

「パーっと明るくする」

二〇二二年六月一〇日（金）一万六七五九歩、歩行距離 一四・三km。禁酒七六五日目。晴れ。

五時 公園四周。七時より大阪シーエムオーにて内務。一〇時半より名古屋駅前の喫茶店にてA社長と面談。一三時より愛知県西尾市にてシーエムオーグループB社の経営ミーティング。終了後B社の取引銀行に行く。一六時より三河安城駅より新大阪に戻る。一七時着。

「パーっと明るいことでもないか」今のところパーっと明るいことは無い。A社長は「うつ」に沈んでいる。「うつ」ばかりは、時の流れゆくままに身を任せるしかない。

阪急梅田駅にて宝塚歌劇団のポスターを見ると、花組公演『巡礼の年』とある。主演は柚香光、カリスマ性があり花組トップスターである。悲劇の音楽家リストの生涯を描いたものとある。有名なショパンの影に隠れてパッとしなかったリストの、魂彷徨う人生を描いている。幕が開けると主演スターの柚香光がリストの曲をピアノ演奏する。このパフォーマンスがすごいとある。パーっと明るくするには、柄にもなく宝塚歌劇団でも見に行こうかと一瞬思ったものの、観客は恐らく女性客中心で、おじいは一人もいないだろうということに気付く。宝塚歌劇団のポスターでも見て一瞬癒されるくらいが関の山である。しかし、たまには華やかな宝塚の舞台を見るのは「パーっと明るく」でいいかもしれない。

「歩行数二万六〇〇五歩　よく歩き回った一日」

二〇二二年六月一二日（日）二万六〇〇五歩、歩行距離　二一㎞。禁酒七六七日目。晴れ。

六時　公園四周。八時～九時半　大阪シーエムオーにて内務。一〇時～一七時　彩葉ちゃん（六歳三ヶ月）と終日過ごす。午前中は暉士君（二歳七ヶ月）も加わり一緒に遊ぶ。

彩葉ちゃんは恐らく一万歩以上、距離にして一〇㎞以上は歩いた。「タクシーに乗りたい」とか「休憩する」と言いつつも、モンシロチョウを見つけると凄いスピードで駆け回る。公園の坂道も手を振って駆け上る。友達に会うと「〇〇ちゃん」と言いながら一緒に駆け回る。商店街の一〇〇円ショップでおもちゃを買う。「妖怪のお面を買って友達をビックリさせたら」と言うと、「友達が可哀想」と優しいことを言っていた。

更に別のおもちゃ屋に行く。大工セットを買うように勧めても気乗りしないようで、結局おもちゃのメイクセットを買った。やはり女の子です。「小学校の担任の先生はどうですか」と聞くと「優しくない」と答えた。「勉強はしっかりと頑張りますか」と聞くと「うん」と頷いた。楽しみです。「水泳は潜れるようになった、四級や」と鼻高くしていた。そこでもっと上のランクにいけるのかと聞いてみると「……」返事はなかった。

　午前中は暉士君と手を繋いで公園を駆け巡りました。まるで暉士君が家来のようです。暉士君は「彩ちゃん、彩ちゃん」と言って嬉しそうでした。彩ちゃんは公園の鉄棒でグルっと回転したとき、顔の右側を鉄棒の柱にゴツンとぶつけた。痛い、と半泣きになるが、特に傷はなく赤くもなっていなかった。暉士君は彩ちゃんについて行こうと、一生懸命ちょこちょこと走っており、何度もバタンと転んでいたが、泣きもせず、すぐ立ち上がっていた。二人は仲良しコンビです。

　一七時過ぎにヘトヘトに疲れた体を引きずって、いつものクラブ温泉（風呂屋）に行く。よく歩き回った一日でした。

「ホノルルより無事に帰りました――七月六日　二一時頃関空着」

二〇二二年七月一日～二〇二二年七月六日

ハワイ時間	歩行数	スイミング時間
七月一日（金）	九七七八	六〇分（ワイキキの海）
七月二日（土）	一万八七七六	六〇分（プール）
七月三日（日）	一万五九四二	六〇分（プール）
七月四日（月）	二万二〇四一	六〇分（プール）
七月五日（火）	一万八五七九	六〇分（プール）
合　計	八万五一一六	三〇〇分
一日平均	一万七〇二三	六〇分

予定通りよく歩きました。毎朝五時過ぎにカピオラニ公園（カラカウア通り）を一周しました。時間にして一日約九〇分、ウォーキングの日々です。スイミングも一日平均約一時間やりました。

本は三冊読了。

①『魂がふるえるとき』（宮本輝・編）

②『事件の年輪』（佐野洋）

③『引き継いだ赤字企業を別会社を使って再生する方法』（高山義章）

一、印象に残ったこと

①こけたこと——池ポチャ事件

ホノルル空港で、動く歩道が途切れる所で、六〇代くらいの女性がドスンと大きな音をたててこけていた。こりゃ痛そうや、と他人事として見た。ところが七月一日に張り切ってワイキキの海へ行き、ひっきりなしに打ち寄せてくる波に足をさらわれてドスンと尻もちをつく。起き上がろうとしても、次々と波が来るのでなかなか立ち上がれない。見知らぬ五〇代くらいの男性（アメリカ人）が手を貸してくれ、なんとか起き上がる。こりゃ海はアカン、と次の日からプールにする。そこで池ポチャ事件（七月三日）である。夕方一七時ごろロイヤルハワイアンセンターの入口にある池のほとりで「よいしょ」と立ち上がろうとしたものの、ヨロヨロと池にポチャリである。周りの人が一斉に「オゥ」とびっくりする。私もびっくりする。池ポチャで左腕と肩の三か所に擦り傷ができる。これくらいの怪我で済んでよかった、とつくづく思う。二〇一九年一〇月二一日雨の公園で自転車に乗って、こけたショックを思い出す。こけることは他人事ではない。

②ハワイに行く前より体重が一kg減る

朝食はハレクラニホテル（二回）とハイアットリージェンシー（一回）でビュッフェを食す。七月二日の夕食はワイキキウォークでステーキを食し、小瓶のキリンビールを一本飲む。禁酒は七八五日目にしてピリオドとなる。七月四日は千房にてお好み焼きを食す。あとの朝食はローソンでおにぎりを一つ、夕食はフードコートで焼きそば等で簡単に済ます。その結果帰ってから体重計に乗るとハワイへ行く前より一kg減っていた。ハワイではコロナ前よりあちこちにフードコートが出来ている。アメリカ本土からの観光客が大勢来ているためと思われる。日本人目当ての寿司屋や和食屋は閉店していた。道行く人はほとんどマスク無しである。

二、ハワイの現状

コロナ前と比して、ハワイの景気は回復している。消費税徴収もコロナ前の二〇一九年と比して回復している。アメリカ本土からの観光客が殺到している。

ところが日本人観光客はチラホラしかいない。帰りのハワイアン航空で私が座ったところの四席のうち二席は空いていた。三つ分の席を利用して体を横にして寝ることができたほどである。

三、プールでのこと

毎日ひたすらプールを歩く。すると七月四日にナンパ（?）をされそうになる。アメリカ人の女性(四〇代)でドッジボールのような巨乳である。一緒に歩こう、と二〇分ばかりプールを一緒に歩く。ビールでもどうか、と勧められる。「NO」と答える。年はいくつか、と聞かれて「六三歳」とサバを読む。誰と一緒に来たのか。息子か、娘か、「ワイフ」と答える。どこから来たの、に「大阪」と答える。なんとなくしか分からない英語での会話が苦痛になり、早めにプールから上がる。思うに、変なジャパニーズのおっさんが、ひたすら歩いている姿を見て、ナンパ（?）をしかけられたのかもしれない。

四、毎日ワイキキの海を見て考えたこと――「生々流転」

泊ったシェラトンワイキキホテルはオーシャンビューである。青い海と空が広がっている。ダイヤモンドヘッドも見える。「生々流転」という言葉が浮かぶ。はるか大昔にこの海を渡ってきた人がいる。人が生きるということは「生々流転」、人の一生は生まれてから死んでいくことの繰り返しである。

ハワイの天気は日本と違い涼しい風が吹く。ときどき小雨が降る。日本の猛暑よりはるかに過ごしやすい。結局、私個人としては、写真の一枚も取るわけでなく、お土産を買うわけでもなく、ウォーキングとスイミングに明け暮れた毎日であった。

人生は「生々流転」です。

「長旅」

二〇二二年七月二一日（木）五〇一六歩、歩行距離　三・六㎞。晴れ、曇り。

宿泊していた神奈川のビジネスホテルから約五〇分かけて新横浜へ。八時二九分発の新幹線にて約五時間かけて久留米へ。一三時半着。そこから迎えの車で約四〇分。A社着。一四時よりA社にて面談。「経営改善」がテーマです。さらに労務トラブルも抱えています。一六時よりメインの取引銀行に行き、金融支援についての協力を求める。一八時一二分に久留米を出発。二一時六分に約三時間かけて新大阪に到着、長旅です。新幹線に座ること合計約八時間。先日お尻のクッションを無くした（置き忘れた）ことが改めて残念です。流石にお尻が痛い。新潮八月号の『天路の旅人』（沢木耕太郎）を車内にて読む。主人公（西川一三）は第二次大戦末期に敵国である中国の大陸の奥深くへ、ラマ教の巡礼僧に成りすまして潜入したスパイです。一九四五年に戦争が終わってもチベットからインドまで足を延ばす。四〇〇字の原稿用紙四六〇枚の大作で「旅」の真髄を明かしていく足掛け八年にも及ぶノンフィクションです。

「困難を突破しようと苦労しているときが、旅における最も楽しい時間なのかもしれない」（『天路の旅人』より）主人公の西川氏に比べると、一日で新幹線八時間の旅は、旅とは言えないちっぽけなものです。それでも流石に長旅でした。人生も旅です。困難にぶち当たってもがく時は人生にとって一番楽しいときかもしれない。

「ハンデは力になる」

二〇二二年七月二八日（木）九三六七歩、歩行距離　六・七㎞。晴れ、曇り。

六時　新大阪始発の新幹線にて東京へ行く。朝食はサンドイッチです。

九時　葛西駅に到着し東京シーエムオーまで約三〇分歩く。

一〇時～一一時半　A社長来社。経営相談です。昼食は抜きです。

一一時半～一二時半　シーエムオーの配車スタッフ二名と面談する。

一二時半～一三時半　B社来社（三名）。B社は一六年前に無一文で創業し、優良会社に成長する。銀行の借入金には連帯保証はしていない。借入金は全てプロパーで金利も一％以下。成長の秘訣は何かと問うと「無一文だったからですよ。金が無いから経費をとことん抑えたのですよ」更に、「それと営業力ですよ。今では約一社の直荷主ですよ」と続く。B社長は四九歳で創業し現在六五歳、やる気満々です。ハンデは力になるのです。「金が無い・人がいない・信用が無い」というハンデを、営業力という力に変えたのです。「やるぞ」と、燃えるような闘志を持ち続けることです。B社長とは一六年ぶりの再会でした。

一四時～一五時半　東京シーエムオーにて「関東物流経営講座」開催。

一五時半～一六時半　健志社長以下東京シーエムオーグループの管理メンバー（二名）と面談する。

そこから歩いて葛西のマンションまで行く。途中で夕食を食べ、ブックオフに寄る。夕食は卵かけご飯、豚とチーズを混ぜたコロッケのようなフライ二つ、ホウレン草のお浸し（八六〇円）です。

ご飯は小盛りなので卵をかけると、しゃばしゃばになりました。本日は、ハンデは力になる、ということを実感しました。ナニクソという闘志が道を開くのです。世界のホームラン王である王選手が、確か引退を決意した瞬間をこう述べています。「三振しても悔しくなくなった。ここが潮時と思ったのです」……確かに闘志こそが道を開きハンデを力に変えていくのです。マンションでは洗濯、トイレ掃除をし、ゴミを片付けました。私の日々の闘いは続きます。

「読書室」

二〇二二年七月二九日（金）一万七〇五八歩、歩行距離　一二・四㎞。

水中ウォーキング六〇分、一㎞。晴れ、曇り、通り雨。

五時半～六時半　東京シーエムオーにて内務。

七時　葛西駅近くのジョナサンにて朝食をとる。オプションでオニオンスープ（二三〇円）、ミニヨーグルト（一一〇円）を追加して約一〇〇〇円、目玉焼き二個とトーストの朝食です。葛西から電車を乗り継いで、美空ひばりの『港町一三番地』（一九五七年コロムビア・レコード）で有名な京急大師線の港町駅に行き、A社長と合流する。

九時～一〇時半　A社にて経営相談。その後A社のメインの取引銀行に同行する。

新型コロナ感染者数が全国で連日二〇万人を超えています。あまりウロウロしても良くない。

一二時半　品川から新幹線で新大阪に戻る。昼食は車中にてサンドイッチ二切れ。

一五時　大阪シーエムオーに辿り着く。関東出張で溜まった案件の対応をする。

一六時半　プールに行く。水中ウォーキング六〇分、一㎞（二五ｍのプールを二〇往復）。夕食はレストランさとのうどんすき一人前（二〇〇〇円）です。

車内にて『錆びる心』（桐野夏生、文春文庫、五〇円）を読む。五〇円で購入した古本でも、重い内容のストーリーです。本のタイトルになっている『錆びる心』という短編は、一〇年間耐え忍んだ夫との生活を捨てて、家政婦になった女の物語です。夫に囚われた生活から脱出し、家政婦になって何を見たのか。人間の心の奥の暗さ、静かな狂気を実に巧みに表現しています。読んでみて人間の心の奥底に眠る怖さを知りました。更に学習本『再生 M&Aの教科書』（久禮義継、中央経済社、四〇〇〇円）を読了。二〇二三年六月の認定事業再生士の資格試験に挑戦するため、この本は三回繰り返して読むこととする。車中は私にとって読書室です。

「褒めることの大切さ」

二〇二二年八月三日（水）一万八四二七歩、歩行距離　一五・七㎞。晴れ、曇り。

四時半　公園四周。すれ違う人との挨拶は「暑いですね」「本当に暑い」。

七時半　健志社長と経営ミーティング。

九時半　猛暑の中、大阪シーエムオーを出発。てくてくと三〇分かけて徒歩で移動。

一〇時　梅田のお初天神（曽根崎）の近くの銀行にて打ち合わせ。帰りも同様に歩く。行き交う人々の中でマスクをせずに歩いているのは私一人でした。マスクをしていないことにクレームをつける人がいたら、熱中症予防です、と答えるつもりでしたが何も言われず、非難の視線を投げる人もいませんでした。気付いていないだけかもしれません。
一四時　大阪シーエムオーにて来客対応（銀行員）。
一七時半　オンラインでA社と経営ミーティング。
幼児教育の本を読む。朝食を食べている子の学習力は高いというデータがあるとのこと。そこである小学校では朝、学童保育室にて朝食サービスまでしている、というケースが紹介されていた。ご飯をしっかり食べる子は成長力、学習力があると幼児教育専門の先生が言っています。「褒めた分だけ子は成長する。褒めることを日課にしなさい」「褒めることが無い場合は無理にでも見つけ出して褒めてあげることを日課にしなさい」とも述べています。叱られて気付くこともあるが、人の成長の支えとなるのは、自分という存在を肯定してもらえたときの記憶です。褒められた分だけ子どもは伸びていく。褒めようが無くても、とにかく褒めることです……そういえば手前味噌ですが、私は何かにつけて母に褒めてもらったものです。期待通りではなくとも、挫折しても「依ちゃんは何があっても大丈夫」と励まされたものです。自分という存在を丸ごと肯定して受け止めてくれる人がいることで子どもは困難に直面しても乗り越えられるのです。

「ひまわり」
二〇二二年八月六日（土）一万六〇〇五歩、歩行距離　一三・五㎞。水中ウォーキング六〇分。晴れ、曇り。
四時半　公園四周。
七時　大阪シーエムオーにて内務。

八時〜九時半　シーエムオー役員会議。
一〇時〜一一時　シーエムオーグループ各拠点（東京、名古屋、大阪）を結んでオンライン会議。
一三時　プールにて水中ウォーキング一㎞。プールに約二〇人いる中で一人かなりの高齢女性（八〇歳は超えていると思われる）がマスクをしてウォーキングをしていた。このマスク姿はプールでは「おや？」と思わせる。ボケて、マスクを外すのを失念したのかもしれない。ボケでなければ、かなり慎重でコロナ感染症にかかるのを極度に恐れているものと思われる。世の中には色んな人がいるとつくづく思いました。プールでは水しぶきがかかります。マスクするぐらいならプールには来ない方がいいと思う。

夜、テレビでソフィア・ローレン主演の『ひまわり』（一九七〇年作）を観る。確かにソフィア・ローレンの人気が高いのも頷ける。キリリとしてしかも演技が上手い。相手役のイタリアの役者も単なるイケメンではなく本当の男前である。日本の高倉健のような味や渋さがある。第二次世界大戦という戦争（時代）がもたらした男と女の悲哀の色濃い愛の物語である。この男は戦争によりソフィア・ローレン演じる新婚の妻と引き裂かれ、極寒のソ連で命の恩人である女性との間に娘をもうけて別の家庭を作る。この女の人の包容力は凄い。ソフィア・ローレンが演じる旦那の昔の妻が出現しても「会いに行っていいよ。私はいつまでも待っているわ」と伝える。男は昔の妻に会いに行く。彼女も待っていた。二人の女が待っている。彼女にも息子がいた。「一緒に逃げよう」と男は彼女に伝える。激しく心を揺さぶられながら昔の妻は「子どもがいるのよ」結局この男は今の彼女のもとへ帰っていく。二人の女性の包容力と葛藤に心打たれる。ラストシーンの「ひまわり」の花が印象的である。「ひまわり」の花言葉は何であろうか。折しもロシアと戦争しているウクライナは「ひまわり」で有名な国である。

「猛暑」

二〇二二年八月七日（日）一万四五八一歩、歩行距離　一二・五km。水中ウォーキング六〇分。晴れ、曇り。

六時半　公園四周。

九時～一二時　大阪シーエムオーにて内務。

一三時半　プールにて水中ウォーキング一km。

一五時　クラブ温泉に行く。一番乗りです。ロッカーも靴箱も一番の所に入れる。風呂に入るとこれまた一人。広い湯舟にゆったりと浸かる。その内一人入ってきた。年は九〇歳という。「暑い日は熱い湯に限りますね」。「そうですね」と返す。「それにしても猛暑が続くね。この一週間は週二回ぐらい風呂でも入ってあとは家でじっとするよ」。風呂屋の客のほとんどは高齢者で、一五時過ぎに入りに来る客は老人ばかりです。「お墓参りはどうするんですか」と尋ねると「とにかくじっとしているよ。コロナも熱中症も怖いしね。酷い世の中になったもんですわ。長生きはしたくないもんですよ」とのこと。長生きはしたくないと言いつつも家でじっと身を守るというのも変ですが……どちらも本音でしょうね。

それにしてもここのところの日中三五度を超える猛暑は流石に暑い。風呂上がりの牛乳はいつも二本飲むところを一本（一二〇円）にし、代わりにロッテのアイスクリームを食す。ハーゲンダッツのアイスクリームより約五〇％安い。しかもボリュームは風呂屋のアイスクリームの方が一・五倍はある。……猛暑と言いつつも早朝の公園では既に虫が鳴いている。確実に時は流れています。

「出産ドラマ」

二〇二二年九月九日（金）二万八四五歩、歩行距離　一四・二㎞。
水中ウォーキング六〇分（三七回目）。曇り、時々小雨。

四時半過ぎ　公園四周。
七時～九時　大阪シーエムオー内務。
一〇時　大阪市A社にて役員会議。
一四時　大阪市B社長と一緒に取引銀行に行く。
一六時過ぎ　プールにて水中ウォーキング六〇分。

A社取締役（経理・管理部門担当）は八月一六日に第二子を出産して間もないのに出社している。出産予定日が約二週間延びて三八〇〇ｇの女の子を出産する。しかも八月一六日、陣痛がまさに始まる時、念のために受けたPCR検査でコロナの陽性が判明する。「早く出そう」との想いから病院も慌てて陣痛促進の注射を打つ。それでも一〇数時間掛かる。「痛いのなんのってこんなに痛いとは……死ぬ思いでしたよ」しかも、コロナのため、我が子は見ることも抱くことも出来ず、一〇日間の隔離となる。誰とも会わせて貰えず悶々と一〇日間過ごす。隔離期間が終わり、やっと我が子を抱くことができる。ところが、第一子（三歳）が赤ちゃんに戻る。ようやく会えたママは見知らぬ赤ちゃんを抱いているのである。第一子は必至にママにしがみ付き、寝ている間を除いてずっと抱っこをすることになる。腕が痺れる。出産は誰でも経験することとはいえ、まさに命を賭けたドラマである。「コロナになって、しかもあんなに痛く死ぬような思いをしたら、これから先どんなことがあってもやっていけるわ」A社取締役の言である。「そうですよ、男にはその痛さは分かりませんが、命からがらのドラマでしたね。これからは何があっても大丈夫ですよ」スマホの写真で第二子を見せて貰った。まるまるとしていて、髪は生えていないが、心なしかニッコリしていた。さすが三八〇〇gである。今は四〇〇〇gを突破しているとのこと。生命はかけがえのないものである。赤ちゃんの写真に思わず見とれてしまった。

「勇気・やる気・元気、それと、少々のリスク」

二〇二二年九月一四日（水）一万五五八九歩、歩行距離一一・四㎞。晴れ、曇り。

五時　東京シーエムオー出社、六時過ぎに葛西駅に向かう。葛西駅→北千住駅、急行にて館林駅着九時頃。約二時間かかる。途中、早朝七時過ぎの北千住駅の車内で二〇代と思われる若い女性が突然バタッと倒れる。すると車内の女の人がすぐかけよって首のところに手を当てて脈をとる。「まだ脈がある」「早く駅の人呼んで」約五分後に駅の人が担架を持ってくる。すると「気がついたよ」と応急処置をしていた女の人が告げる。「大丈夫だから動かないで」車内でバッタリと倒れたまま女の人は両手で顔を隠す。その両手がブルブルと震えている。私を含めて皆、この有り様を呆然と見守る。駅の人は担架に乗せて一〇mはある長い階段を駆け上っていった。バッタリと倒れた女の人の手提げ鞄も持って駆け上がる。通勤途中の出来事であろう。電車は止まったまま。「ご迷惑をお掛けします。車内で急病人が出ました」車内アナウンスである。

九時過ぎ　A社にてA社長と打ち合わせ

一四時　千葉県常盤平にて、B社のバンクミーティング。館林から常盤平まで約二時間かかる。

一六時頃　浅草に行く。ブラブラする。着物姿の二人連れの日本人、たまに中国人、欧米人が歩いていた。日本語と中国語と英語のやり取りである。ここには元気な楽しそうな女の人がいる。朝の女の人はどうなったであろうか。

一七時頃　「十和田」という蕎麦屋に入る。盛りそばとミニ天丼（一三〇〇円）を食す。天丼には大きなエビと大きなサツマイモと大きな茄子が溢れんばかりにご飯の上に乗っている。盛りそばはシコシコとし噛み応えがある。「うまい」。蕎麦湯を飲んだ。「十和田」は大正一五年（一九二六年）創業で名物女将さんがいて四代目。名物女将さん（八五歳）は接客（注文取り）と会計をしていた。会計をするところに一冊本が置いてある。ふと手に取ってみると「おかみの凄知恵　生きづらい世の中を駆けるヒント」（二〇二一年九月発売　富永照子）とある。一冊一二〇〇円購入する。葛西までの帰りの車中パラパラとめくる。人生のお守りなる合言葉「勇気・やる気・元気、それと少々のリスク」……生きていくには色々あります。苦労は付き物ですね。朝の女の人もきっと元気になっているでしょう。

二〇時　葛西マンション着。

「行けるところまで行くんだ」

二〇二二年九月一七日（土）一万五〇〇一歩、歩行距離一一・五㎞。
水中ウォーキング六〇分（四一回目）。曇り、晴れ。

六時　公園四周。
七時半～八時半　健志社長とミーティング。
八時半～一〇時　大阪シーエムオーにて内務。
一〇時～一二時　大阪シーエムオーにてA社の経営相談。
一三時過ぎ　プール、水中ウォーキング六〇分（四一回目）。
一五時　温泉（風呂屋）に行く。
一七時半　梅田にて外食。『梅の花』。

早朝の健志社長とのミーティングは、シーエムオーグループの来期の経営方針について打ち合わせ。ウィズコロナの中でいよいよ新展開していく。失敗を恐れずリスクを賭けて行けるところまで行くことを確認する。コロナの約三年間は概ね踏み堪え、シーエムオーグループは持ち堪えてきた。いよいよウィズコロナの時代がやってくる。晃弘社長（二〇一六年二月一三日死去三四歳五ヶ月）の志を共有して更に更に進んでいくことを確認した。ウィズコロナの時代はどうなるか。確実なことは誰にも分からない。それでもリスクを賭けて勇気を振り絞って生きていく。失敗を恐れるな！

温泉の湯舟に浸かって二人の老人が会話している。「ボケてきたよ。今日朝何を食べたか思い出せないよ」もう一人の老人（多分ドクターらしい）が言う。「何を食べたか思い出せないのは単なる物忘れだよ。年を取ると避けられないことだよ。朝ごはんを食べたという行動そのものを忘れているなら、ボケが始まっているよ。まだまだボケていないよ」さらに続ける。「ボケてくると好きだったものや趣味に全く興味を示さなくなったり、夏なのに冬服を着たりするよ。掃除や片付けもできなくなるよ。大体、好きな風呂にこうして来ているじゃあないか。心配することないよ」「そうか、安心したよ。風呂屋に行けるところまで行くよ」

それぞれこうして一日一日生きている。行けるところまで行くんだと噛みしめる。

「赤い傘」

二〇二二年一〇月七日（金）二万五五七三歩、歩行距離一八・一㎞。

水中ウォーキング六〇分（五四回目）。雨、曇り。

朝五時前自宅を出ると本格的に雨が降っている。今日は走るのは…無理かな、との思いが頭をよぎる。右手に持つ赤い傘を広げる。せめて二周は回ろう。土砂降りになると引き返そう、と結局降りしきる雨の中、公園を四周する。約六五分かかる。さすがに公園では犬の散歩の人も、いつも声を掛け合う人もいなかった。文字通りカラフルな赤い傘を差して一人黙々と進む。このカラフルな赤い傘は拾ったものです。小学生二～三年ぐらいの女の子の傘です。

七時半大阪シーエムオー出社。なか卯で朝定食を取る。白いご飯二分の一に明太子が乗っておりその上から生卵をぶっかけてかき回して食べる。ご飯が少ないのでジャブジャブする。とろろは三口ぐらいで飲み干す。味噌汁は貝は全て食べて汁は半分残す。漬物は二切れ口に入れる。しめて五六〇円。

赤い傘を持って大阪シーエムオーを出発する。「今日は傘を忘れないようにしよう」

一〇時　姫路市A社。給与について打ち合わせ。

一四時　姫路市B社。経営改善について打ち合わせ。

一六時過ぎ　JR新快速にて姫路から大阪に向かう。ふと気づくと赤い傘がない。あれ、どうしたか。どこで置き忘れたか、姫路駅前の男子トイレで赤い傘を忘れたことに気付く。トイレですっきりしてうっかり赤い傘を忘れた。雨の中スロージョギングで役に立った赤い傘。今日こそは忘れない、と誓った赤い傘……いつもながら反省する。どうせ拾ったもの、と自らに言い聞かせる。幸いにも大阪に着くと雨は上がっていた。梅田からとことことプールに行く。公園にも白いビニールの傘が捨てられていた。雨も止んでいるので拾わなかった。

赤い靴はいてた女の子
異人さんにつれられて　行っちゃった
横浜の埠頭から船に乗って
異人さんにつれられて　行っちゃった
今では青い目になっちゃって
異人さんのお国にいるんだろう

赤い靴見るたび考える
異人さんに逢うたび考える

口ずさみながら公園を歩く。
一七時半過ぎ　プールにて水中ウォーキング六〇分（五四回目）。トイレに置き忘れた赤い傘はどこにいったのだろう。いい人に拾われていたらいいと思う。

「脱皮しないヘビは死ぬ」

二〇二二年一〇月二二日（土）一万六二五四歩、歩行距離一三・九㎞。
水中ウォーキング六〇分（六二回目）。晴れ。

五時過ぎ　公園四周。六一分。
七時～九時　大阪シーエムオーにて内務。
九時過ぎ　プール水中ウォーキング六〇分（六二回目）。
一二時　シーエムオーグループの経営方針発表会のため会場に行く。
一三時～一七時　シーエムオーグループ「経営方針発表会」終了後、懇親会。
来期はシーエムオーを中軸としてシーエムオーグループは運送会社一〇社の体制となる。
二〇〇七年一一月、名古屋にて運送会社一社からスタートして一五年である。一五年の歴史で継続不能となった運送会社は二社ある。それでもよくぞ今までやり抜いてきたものである。私は運送会社を専門とする経営コンサルタントであり、運送会社の経営者である。経営コンサルティング業は一九八八年九月に創業し今年で三四年である。それから二〇〇七年一一月運送会社の経営者となる。私は元々運送会社の経営コンサルタントを目指していた訳ではない。元々二〇代や三〇代前半の頃は経営コンサルタント志望ではなかった。夢にも思っていなかった。それが一九八八年九月独立する。そして運送会社の経営者にもなる。生きていくために目の前のことに力を尽くしていく中でいつの間にか「経営コンサルタント」としての立ち位置となり「経営者」へと成り上がっていったわけである。性格において変わらないものもあるが、変わることもできる。自己変革していく力は自らの内部にある。周りの評価によってこれからもシーエムオーグループは変化を恐れず成長していく。自らをマイナス思考に落とすことなく自己の内部のエネルギーを信じていく。自らの立ち位置は自然に周りの評価によって定まってくるものである。私が「経営コンサルタント」と自覚したのは三〇代前半（三四〜三五歳頃）お客様から、経営コンサルタントの先生、と呼ばれたからである。「そうか、自分は経営コンサルタントか」と自覚したものである。私が「運送会社の経営者」と自覚したのは五八歳（二〇〇七年一一月）の時、当時の労働組合の団体交渉に出た時である。経営者は会社の生命線を握っているし、全責任を負っていると自覚したものである。人は変わるものである。変化にたじろいではならない。「脱皮しないヘビは死ぬ」との格言がある。

「生涯現役」

二〇二二年一〇月二九日（土）一万三八八〇歩、歩行距離九・三㎞。
水中ウォーキング六〇分（六五回目）。晴れ。

五時　公園四周。六三分。
八時～九時　大阪市A会長と面談。健志社長と一緒に行く。
一〇時～一四時　大阪シーエムオーにて内務。
一四時過ぎ　プールにて水中ウォーキング六〇分（六五回目）。
一六時過ぎ　温泉（風呂屋）に行く。

A会長は私にとって、経営コンサルタントへの道を歩むことのきっかけをくれた人生の師であります。健志社長と一緒に行く。A会長が率いる企業集団は、今では年商三七〇億、経常利益二五億、現預金九〇億、銀行借入金一〇〇億、社員一八〇〇人パート一〇〇〇人＝二八〇〇人です。私より五つ年下、六八歳です。

A会長と初めてお会いしたのは約四〇年前。私三四歳、A会長三〇歳の時です。A会長が上司、私が部下です。A会長から学んだことは数え切れません。中でも特に学んだのは、A会長の人間力、包容力、懐の深さです。今回A会長からは健志社長に対し「右腕、左腕を作りなさい」「親分、子分のような関係を作りなさい」「困った時に力になってくれる人材を作りなさい」と教示があり、そして「京セラフィロソフィを深く学びなさい」と段ボール箱一箱分の京セラフィロソフィの本をくれました。A会長が重い段ボール箱を抱えて「持てますか」と健志社長に渡した時、健志社長が言った。「大丈夫です。これでも運送会社の社長です」「これからの経営目標はどうですか」と聞くと「六〇〇億。経常利益六〇億です」「いつまでにその目標を達成するのですか」「私が引退する時までです」……生涯現役を続ける宣言と、受け止めました。私も生涯現役を続けていきます。「川﨑さんには目力があるよ」と褒められました。いつまでも目力を持って人生の師の背中を遥か後ろから見ながら、生き続けていきます。

「ハードワーク」

二〇二二年一一月二〇日（日）一万七二六九歩、歩行距離一一・五㎞。
水中ウォーキング六〇分（七九回目）。小雨、曇り。

六時　公園四周。
九時～一三時　大阪シーエムオー内務。
一三時過ぎ　プールにて水中ウォーキング六〇分（七九回目）。
一五時　風呂屋に行く。
夕方、百貨店（梅田の大丸）にて紳士靴購入。日々よく歩くので靴が傷む。
ツイッター社をM＆Aで買収したイーロン・マスク氏（買収金額約六兆四〇〇〇億円）は経営者として強烈にすごい。ツイッター社のCEO（最高経営責任者）になった途端、前の取締役は全員解雇する。社員は半分解雇する。ツイッター社員にはYES、NOを迫る。「週八〇時間のハードワークをするか、嫌なら会社を去ってほしい」ツイッター社は一日一日赤字を垂れ流している。赤字からの脱出のため、「ハードワークをせよ！」と社員にYES、NOを迫っていく。日本では労基法がある。簡単に社員をクビにすることはできない。それどころか二〇二四年四月より一ヶ月八〇時間の残業時間をすると罰則が適用される。過労防止のためでもある。これで果たして日本の企業は逞しくスピードをもって成長できるのだろうか。経営者には労基法は適用されない。いつの時代になろうと心と体の強い経営者はハードワークをものともしない。誰にも負けない努力をして誰よりも働く。このことが企業と人を成長させていく。私も移動時間や内務時間を含めると、週八〇時間は仕事に没頭している。月～日週七日一年三六五日は働く。仕事そのものが私の人生である。イーロン・マスク氏（南アフリカ出身の移民出身者）のような企業家を生みだしていくアメリカ社会の威力、バイタリティはすごい。イーロン・マスク氏は一九九〇年頃大学時代一台のコンピューターと小さなアパートで弟と二人で起業する。それが今では世界一の大富豪である。総資産約三六兆円と言われている。年齢は五一歳である。宇宙ビジネスにも進出し、テスラは世界一の自動車メーカーである。ハードワークの力を発揮して、ツイッター社を蘇らせてほしいと期待する。きっとできると信じている。

「タクシーに乗って得をする」

二〇二二年一一月二五日（金）一万八八〇九歩、歩行距離一三・一㎞。晴れ。

五時　公園四周。六七分。
七時半～九時半　大阪シーエムオーにて内務。
一〇時半　大阪市A社にて役員会議。

一五時半　姫路市B社にてミーティング。

本日タクシーに乗って得をする。朝九時半過ぎ大阪シーエムオーからJR京橋までのコース、タクシーの運転手と会話が弾む。タクシーに乗り込んだ途端「おたくはオーナーですか」と聞かれる。「そうです。どうしてオーナーとわかるのですか」「目の輝き、オーラですよ」「運転手さんはいくつですか」「七四歳です」さらに会話が続く。「楽しみは何ですか。毎日の一杯の酒ですか」「それよりギャンブルですよ。競馬です。これぐらい三連単で勝ったことあるよ」これぐらい、と右手で三㎝ぐらい隙間を作る。「その幅だと三〇〇万円ですか」「イヤ、八〇〇万円です」「その八〇〇万円の金は何に使ったのですか」思わず尋ねる。「毎日毎日キャバクラで、あらかた消えてしまったよ」「今まで一回で最高どのくらい勝ちましたか」「一三〇〇万円です」「その金はどうしましたか」「この京橋のキャバレーで全て使い果たしました」「キャバレーではモテたでしょうね」「モテまくったよ」「それは良かったですね」「今ではタクシーの運転手ですよ。ささやかに生きていますよ」……破天荒な人である。ギャンブルで破産しても懲りていない。ささやかに、今でもギャンブルは止められないとのこと。「一生、命のある限り馬にかけていきますよ」タクシーを降りて料金を払おうとしたら「一〇〇〇円でいいよ」「え、メーターはどうしたの」「メーターは切ったよ」「ありがとう。それではタクシーチケットで一〇〇〇円と書いて渡すよ」いつもだと一五〇〇円コースです。どうして、一〇〇〇円でいいよ、と気前が良かったのか。多分、タクシーの運転手さんは自らのギャンブル人生を「すごいね」と褒めてもらったのが嬉しかったのかもしれない。自分の生きてきたギャンブル人生を、興味津々で聞いてくれた客（私）にチップをくれたのかもしれない。自らの人生を「よくやった」と肯定され、褒めてもらうのは、嬉しいものである。タクシーに乗って得をしました。

「一一〇番であり続けたい」

二〇二二年一一月二九日（火）一万五三一歩、歩行距離七・六㎞。曇り、雨。

六時三分発新大阪→東京へ。

一〇時　埼玉県A社にてリーダー会議。当面する経営議題と対策について打ち合わせ。ドライバー不足は深刻である。

一四時　東京シーエムオーにて関東物流経営講座（第三二三回）開催。出席者の中に山形県の運送会社の経営者がいた。「実のあるリアルな話ですね」とお褒め（お世辞かもしれないが、気分が良かった）の言葉をいただく。更に、東京の経営者には「五年前の八月二一日に同じテーマ（M&A）で話を聞きました。いよいよです。経営相談に乗って下さい」と言われる。五年前の日付まで覚えていることに驚いた。五年前の事が参加者の心の中に深く残っている。講演者としてはありがたくも、不思議ですらある。一つ一つの講演を大切にしていこうと改めて思う。一二月に入ってゆっくりと会社に訪問して経営相談（無料）を受けることとする。山形県の経営者には「交通費を出していただければどこでも行きますよ」と答えると、びっくりされていた。私は運送業の経営コンサルタントとして一一〇番でありたい。一一〇番は、すぐ駆けつける。困った時、悩んだ時、あるいは話を聞いてほしいだけでも一一〇番です。私は野戦病院の院長みたいなものです。一人一人の経営者に伴走していく。

一五時半　東京シーエムオーにてシーエムオーグループの実務担当者会議。東京、埼玉、京都、大阪、名古屋と一〇人でオンラインを結んで行う。一二月の斗《たたか》い方について共有する。勝負はこれからだ、と檄を飛ばす。

一七時頃　外へ出てみると雨が降っていた。先週駆け付けた秋田は雪かもしれない。しんしんと降っているかもしれない。あいにく傘がないのでそのまま約三〇分歩く。引き返して傘を取りに行こうと思ったが、引き返す時間がもったいないので雨に打たれてそのまま歩く。葛西駅まで辿り着くと雨は止んでいた。宮沢賢治の「雨ニモマケズ」の詩が好きです。

雨にも負けず　風にも負けず　雪にも夏の暑さにも負けぬ
丈夫な体を持ち　欲はなく　決して怒らず
いつも静かに笑っている
一日に玄米四合と　味噌と少しの野菜を食べ
あらゆることを　自分を勘定に入れずに
よく見聞きしわかり　そして忘れず
野原の松の林のかげの　小さな萱ぶきの小屋にいて
東に病気の子どもあれば　行って看病してやり
西に疲れた母あれば　行ってその稲の束を負い
南に死にそうな人あれば　行ってこわがらなくてもいいと言い

北に喧嘩や訴訟があれば　つまらないからやめろと言い
日照の時は涙をながし　寒さの夏はオロオロ歩き
みんなにデクノボーと呼ばれ　ほめられもせず　苦にもされず
そういうものに　わたしはなりたい

中小企業の経営者にとって、一一〇番であり続けたい。
葛西のワンルームマンション泊。

「一念発起の力」

二〇二二年一二月一日（木）一万八一六七歩、歩行距離一二・九㎞。曇り。

五時　公園四周。六六分。顔見知りの人と挨拶をする。「元気ですね」と声を掛ける。
八時～一〇時半　大阪シーエムオーにて内務。
一一時〇九発の新幹線にて新大阪→品川へ行く。
一四時半　川崎市にてA社ミーティング。その後、一緒にA社の取引銀行に行く。伴走支援について金融支援をお願いする。
一九時　葛西マンションに辿り着く。
一二月に入ると寒さを一段と感じる。分厚いコートを着て歩く。これから一日一日と寒くなる。月日の経つのは早いものです。師走です。一二月を一日一日乗り越えていくことです。

夕食は栄養をつけるため、すき焼き定食。すき焼きは増量を食す。ご飯は六穀米です。
葛西マンションでは『弁護士の格差』（秋山謙一郎）を読む。アディーレ法律事務所の創業者石丸幸人氏は興味深い。彼は酒に溺れ、悪質な飲酒運転で一九九五年冬二二歳の時、留置所に入る。そこから、弁護士になる、と一念発起する。二度目の挑戦で、二九歳の時合格する。誓いを立ててから合格するまで七年かかる。弁護士になり、三〇代にして年収五〇〇〇万円、弁護士三〇〇人を抱える大規模事務所の代表になる。業界の風雲児となる。ところが二〇一七年、アディーレ事件（広告のやり過ぎ）で、景品表示法違反に問われる。業務停止三ヶ月の処分となる。今は、アディーレ法律事務所は完全に復活している。石丸弁護士は医者免許を取得しているとも聞く。ビジネスとしては凄い男である。かつてのホリエモンみたいな男である。一念発起の力は凄い。留置所から「よしやるぞ」と人生を再スタートしたわけである。人は、いくつになっても、いくらでもやり直せる。「よしやるぞ」と一念発起して道を開いていく。

「雪が降る」

二〇二二年一二月二三日（金）一万五七三一歩、歩行距離一一・一㎞。曇り。

七時半　大阪の新事務所に出社。九時まで内務。
九時半　A社（東大阪市）に行く。A社長と資金繰りについて打ち合わせ。その後一緒に年金事務所に行く。
一三時　大阪シーエムオーにてB社経営会議。三〇分で退席し一路姫路市に行く。

一五時半　姫路市C社着。途中の大阪、兵庫と雪が降る。歩いていて頬が千切れるようである。空はどんよりとして、パラパラと白いものが降りてくる。雪である。ホワイトクリスマスである。

一七時　C社の会議終了。一路大阪の梅田へ戻る。一八時半頃着く。

車中、明石の海に舞い散る雪を見ながら物思いにふける——ホワイトクリスマスがやってきた。海に降る雪は積もることはない。しんしんと降って消えていく、儚い、それでも美しい。新潟では大雪で車が何十台も立ち止まっているらしい。「トラックの運転手さんも大変だなあ」生きていくことは辛いことでもある。

大阪の梅田に戻ってみると人混みで溢れていた。どこからともなくジングルベルのメロディが聞こえてくる。もう今年もあとわずかである。来年は良い年でありますようにと降る雪に祈りを込めた。

「一二月は闘病の日々」

二〇二二年一二月三一日（土）一万五六五三歩、歩行距離一一・二㎞。

ウォーキング六四分。曇り、晴れ。大晦日。

六時過ぎ　いつも通り公園四周。六四分。

一〇時～一三時　大阪シーエムオーにて内務。

一五時過ぎ　温泉（風呂屋）に行く。「今年の正月はどうしますか」「寝正月ですよ」湯舟に浸かっている人達の会話が耳に入る。「テレビも面白くないし、録画してある昭和の歌番組を見て過ごすよ」八〇歳過ぎの人の言です。

　私のこの一ヶ年、スマホデータによると平均歩行数一万五一五三歩、歩行距離一一・七㎞でした。我ながらよく歩いたものです。一二月のデータは歩行数一万二一七六歩、歩行距離八・五㎞です。一二月の一ヶ月は帯状疱疹と格闘の日々です。額の右側と右目の横にぶつぶつが出ました。ズキズキ、時には締め付けてくるように頭の右側の痛みと一緒の日々です。額のぶつぶつは、ほぼ消えてなくなりました。頭の右側の痛みは和らいできました。ちょっとした弾みに、痛いと感じる程度になりました。この一二月は、めったに病院に行ったことのない私が色々行きました。歯医者一回、内科二回、皮膚科一回、眼科三回です。病院代も一回当たり四〇〇〇～五〇〇〇円かかりました。更に脳ドックにも行きました。三万円ぐらいかかりました。一二月三日（土）、右の頬辺りが痛いので歯が悪いと思い、歯医者に行く。翌一二月四日は日曜日で休日急病診療所に行く。ここで帯状疱疹と分かる。一日分のみ薬を貰う。一二月五日（月）、関東出張先の埼玉で内科に行く。一週間分の薬を貰う。一二月六日（火）、関東出張先の埼玉で、今度は眼科に行く。目薬二種類と塗り薬を貰う。大阪に帰って一二月一〇日（土）、脳ドックに行く。同じ日、大阪の内科にも行く。埼玉で貰った薬と同じものを一週間分貰う。一二月一二日（月）、大阪の眼科に行く。右目が斜視となっている。大病院で精密検査をすることとなる。一二月一九日（月）、大病院にて精密検査をする。二〇二三年一月一一日に眼鏡外来に行くこととする。さすがに一ヶ月でこれだけ病院に行くと「闘病」の日々です。大好きな本もこの一ヶ月は二冊しか読めませんでした。それでも一二月の歩行数一万二一七六歩、歩行距離八・五㎞です。通常ペースの八〇％ぐらいでした。帯状疱疹にかかる前は、優に一〇〇歳までは生きられる、と思っていました。今は、人生何があるか分からない、文字通り一日一生である、と実感しています。私にとって一二月は、人生初めての「闘病」の日々でした。来年は右目が良くなりますように、心から祈っています。

二〇二三年一月八日（日）一万七三一七歩、歩行距離一二㎞。

ウォーキング六六分。水中ウォーキング六〇分（八五回目）。晴れ、曇り。

「自然治癒力」

五時半過ぎ　公園四周。六六分。
九時～一四時　大阪シーエムオーにて内務。
一五時過ぎ　プールにて水中ウォーキング六〇分（八五回目）。
一六時過ぎ　温泉（風呂屋）に行く。牛乳を二本飲む。

斜視による眼のずれが続く。眼のずれは、帯状疱疹による頭の右側の痛みが続いたせいである。頭の痛みは色々なところに来る。私の場合は眼に来た。読書が思うように進まない。不便である。右目をつぶって読んでいる時もある。字を書く時も不便である。右目が痛くなると冷たい水で顔を洗っている。本当は温水がいいが、事務所の水は冷たい。「顔を洗って出直してこい」とのケンカ言葉がある。確かに冷たい水で顔を洗うと瞬間スッキリする。頭の痛みが消えていくにしたがい、自然治癒力によって眼のずれ、斜視は回復していくと信じる。今は、ピーク時ほどではないが、それでもズキズキと痛い時が続く。頭の神経伝達の働きによって眼のずれを矯正していく自然治癒力が発揮されると信じる。二〇一九年一〇月二一日雨の公園にて自転車から転げ落ちた。腰を圧迫骨折した。翌年の一月頃には圧迫骨折は消えていた。不思議なことである。まさに自然治癒力である。今回の眼のずれもかくありたいものである。

「真剣になること」

二〇二三年一月一二日（木）八七三〇歩、歩行距離六・一㎞。曇り、晴れ。

五時半　大阪シーエムオー出社。
七時頃　新大阪↓新横浜へ。ＪＲにて鶴見駅へ。更に京急にて鶴見市場駅へ。
一〇時　Ａ社長と合流する。一緒に取引銀行に行く。
一三時　埼玉県草加市、Ｂ社に行く。事務スタッフ四名と個人面談。
一四時～一六時　経営会議。
和光市一八時着。Ｃ社長と面談。一時の経営不振を乗り越えつつある。Ｃ社長もやる気が出てきている。
二〇時　葛西駅に辿り着く。なか卯にて牛丼＋生卵を食す。葛西マンションにてチーズタルトを食す。何気なくＮＨＫテレビをつける。レジェンドということで元プロ野球選手の張本が出ていた。プロの中で最高の安打（約三〇〇〇本）を放った人である。二〇〇〇本安打で「すごい」と言われる中で、桁外れの安打製造機である。張本云く「バッターボックスに立って一度も楽しいと思ったことはないよ」。かつてダイエーの創業者中内功が「私は経営していて一度も楽しいことはなかった」とインタビューに答えていたのを彷彿とさせる言葉であった。真剣勝負の場で楽しさを感ずることはない。必死である。それこそ生きるか死ぬかの斗いの場で死に物狂いの表現として「楽しさを感ずることはなかった」がある。木刀で斗うのではなく本物の刀にて斗いの現場に立つことである。必死になることで必ず道は開けていく。自らはまだまだ本気、真剣さが足りないと反省した。

「辛さ、悲しさがあるからこそ楽しさ、喜びもある」

二〇二三年一月二七日（金）二万一三七一歩、歩行距離一五・四㎞。ウォーキング六五分。曇り、小雨。

五時過ぎ　公園四周。六五分。

一〇時　姫路市A社にて経営ミーティング。

一五時　大阪シーエムオー事務所にてB社とミーティング。

姫路市の街を歩く。とある教会の掲示板が目に入る。「毎日毎日楽しい事ばかりあるとつまらない。楽しいことは辛いことがあるから楽しさを感ずる。甘いだけの饅頭は美味しくない。そこに隠し味として塩が入っていることで味が引き立つ。塩という辛さが、甘さの味をいっそう引き出していく。そこで辛いことがあってもめげないでほしい。いつか必ずこの辛さが役に立つ日が来る」このような意味のことが記してあった。なるほどと思った。毎日が日曜日だと本当の日曜日の良さが分からない。一週間働いて日曜日がやって来る。ホッとする。あるいは病気になって健康のありがたみが分かる。人生には辛さ、悲しさがあるからこそ楽しさ、喜びもある。目の前の事に困難が襲いかかってもいつか困難は去っていく。前向きに生きていく。楽天的に生きていく。とある教会の掲示板は味のあるものであった。

「マスクのない日が来るのを待つ」

二〇二三年二月一日（水）一万九七歩、歩行距離七・一㎞。曇り、晴れ。

関東出張。

六時の新幹線にて東京へ行く。雪のため、東京着が二〜三分遅れる。

一〇時　所沢市A社。役員会議。

一四時　草加市B社。経営ミーティング。

本日は葛西マンション泊。

関東は大阪と比して寒い。風も冷たい。道行く人はほとんどマスクをして歩いている。私は原則として戸外ではマスクをしない。マスクをすると眼鏡が曇る。海外ニュースでの人々を見ると、欧米ではほとんどマスクをしていない。日本人の特質か。多分五月頃になっても半分ぐらいの人はマスクをしているかもしれない。三年間に及んだコロナの時代も変わりつつある。ようやく時代の転換が来ている……とは言ってもこの冬の寒さをじっと耐えて春を待つ。そしてマスクのない日が来るのを待つ。

「壁に立ち向かっていく」

二〇二三年二月二二日（水）一万七六〇五歩、歩行距離一一・八㎞。
ウォーキング六七分。曇り。

四時　起床。
四時半～五時四〇分　公園四周六七分。
七時　大阪シーエムオー出社。
一一時　大阪シーエムオーにてA社（愛知県）とＺｏｏｍ会議。経営実績のチェックをする。
一四時　大阪物流経営講座（第三九五回）開催。
一六時　大阪シーエムオーにてB社来社（三人）。給与改訂について打ち合わせ。
大阪物流経営講座のテーマはＭ＆Ａ、会社のたたみ方、辞め方です。事例に基づいて三つの壁について話す。一つ目は心の壁。心が悩み、揺れて踏ん切りがつかない。二つ目はスピードの壁。会社を売りたいあるいはやめたいと思ってもズルズルと時間が経つ。Ｍ＆Ａ仲介会社に依頼しても一年や二年はかかる。三つ目はＭ＆Ａの手数料が高いこと。こうした三つの壁を乗り越えるために、川﨑依邦は伴走者として活動してきた実績や具体的ノウハウを紹介する。「とてもとてもためになった」と参加者の一人が感想を述べていた。生きる上で壁に直面することは珍しいことではない。寧ろ順風満帆の方が珍しい。良いことばかりの人生はない。前に進もうとしていく手を阻まれる。そこを突き破っていく。回り道するか突き進むかその時その時の判断である。私もこれまでの人生で様々な壁に直面してもがいてきた。これからも壁に立ち向かっていく。

「感謝」

二〇二三年二月二五日（土）二万二〇四二歩、歩行距離一五・七㎞。

ウォーキング六七分。水中ウォーキング六〇分（一〇五回目）。曇り。

五時過ぎ　公園四周。六七分。ぐるぐるひたすら回る。

八時半～九時半　日本経営名誉会長 小池由久氏と面談（健志社長同席）。京セラの稲盛会長の本一冊を健志社長に贈呈していただく。日本経営の創業者、菱村和彦氏（九〇歳）は健在とのこと。毎朝小池由久氏は感謝の念を伝えているとのこと。「感謝の気持ちを忘れないことです」「菱村和彦創業者に五一年仕えています。こん畜生と思ったこともあるけれど、心からありがたく思っています」更に、「右腕、左腕の経営幹部を育成することです」現在、日本経営は五〇〇人、アルバイト一五〇人、フィリピン、インドネシアにも拠点があるとのことです。私が在籍していた三五年前は五〇人ぐらいでした。一九八八年のことです。早朝会議、幹部合宿をはじめとする様々なコミュニケーションの場で鍛えられました。経営コンサルタント魂を育てていただきました。ここまで日本経営が成長、発展した原動力はフィロソフィ（経営理念）の力が大きいとも言われていました。シーエムオーグループとしても経営の芯にフィロソフィを確立していかねばと決意しました。京セラフィロソフィ手帳は体に染み込むまで一〇〇回ぐらいは読み続けたいと思いました。

一〇時　大阪シーエムオーに戻る。

一一時過ぎ　プールに行く。水中ウォーキング六〇分。黙々と水をかき分ける。プール二五ｍを四〇回行ったり来たり一㎞の水中ウォーキングです。
一六時～一七時半　A社にてリーダー会議。大阪駅から自宅まで歩く。約三〇分かかる。
小池名誉会長の言が頭に残る。今までこうして生きてこられたこと、活動出来たことについて小池由久氏に感謝する。「本当にありがとうございました」

「いばらの道＝困難の克服」

二〇二三年三月二二日（水）二万一六七〇歩、一五・四キロメートル、晴れ。

四時半　公園四周、六三分。
七時半　健志社長とミーティング
九時　大阪シーエムオーにてA社長と面談、打ち合わせ。
一〇時　大阪シーエムオーにてB社（秋田県）スタッフとズーム会議、給与改訂がテーマ。
一四時　名古屋にて物流講座（二六六回）開催。
　名古屋の街は暑かった。
一七時半～一九時半　大阪市にてC社長と面談。事業継続がテーマ。
車中にて日経新聞（三月二二日付）を読む。スタートアップ（起業）企業へ向けてのカレーハウスCoCo壱番屋を創業した宗次徳二氏の特別講演を読む（一四面）。
　宗次氏は児童養護施設出身である。石川県で生まれ生後間もなく尼崎市の施設に預けられた。
「ビジネスを通じて様々な困難に直面するが、それでも経営は最高に面白い。困難の克服が社員や家族、取引先、地域の方々など多くの人の幸せに繋がるからだ」と言う。

なるほど、困難こそ人と企業を鍛えていくのだ。

「元々地上に道はない。歩く人が多くなれば、それが道になるのだ」（魯迅の言葉）

いばらだらけの所が開拓されて道ができていくのだ。いばらの道＝困難こそが企業と人を成長させていくのだ。「チャレンジ精神を奮い起こせ」と自らに言い聞かせる。「艱難辛苦をものともするな」と自らを鼓舞する。

WBCでは日本がアメリカに三対二で勝ち世界一となった。MVPは大谷である。

いつの日か私もいばらの道を切り開き困難を克服して人生のMVPを天国の川崎晃弘社長から貰いたいものである。

「富士山」

二〇二三年三月二九日（水）七〇二九歩、五㎞、晴れ。

六時　始発の新幹線にて東京へ、そこから更に高崎へ行く。
一〇時　高崎市A社の役員会議。経営実績のチェックと三月着地の確認。
一五時　横浜市の本牧まで行く。B社にて打ち合わせ。ドライバー三名を採用し、新車二台も入って前向きに進んでいる。
一七時半　町田市にてC社長と面談。
新横浜から新大阪へ帰り着く。時刻は二一時頃になっていた。

朝の新幹線にて新大阪から九〇分経った七時半頃、進行方向左手にくっきりと富士山が見える。山頂は雪一色である。麓にある整備工場の煙突からは白い煙が立ち昇っている。晴れた空にそびえる富士山に向かって深々とお辞儀をする。自然に頭が下がる。約五分間じっと富士山を見つめる。やがて見えなくなった

今日は富士山が見られた。良かったなぁ、と心で呟く。私が生まれる遥か大昔——何万年も前より富士山は存在している。いつ噴火してもおかしくない活火山である。

高崎からの帰り、地元群馬のローカル紙『上毛新聞』を見る。一ページを使っての死亡記事欄に二〇人程の訃報が載っている。概ね八五歳から九〇歳で亡くなっている。朝、新幹線から見た富士山を思い出す。

富士山に比べて人間の一生はあっという間である。それでも一人で生まれて、一人で死んでいく人生は重い。

「免許返納記念日」

二〇二三年三月三〇日（木）二万一七〇四歩、一五㎞、水中ウォーキング六〇分（一一九回目）、晴れ。

四時半　公園四周、満開の桜の下を歩くこと六四分。歩き始め外は未だ暗く見えなかった桜も、五時半を過ぎる頃にはその姿が目に飛び込んでくる。

一〇時　姫路市A社「働き方改革」について対策を協議する。

一三時　姫路市B社長と面談。経営実績のチェックをする。

一五時　大阪に戻る。

運転免許の返納に曽根崎警察へ行く。係の警察官（女性）が「免許の返納をするとお得ですよ。葬式代も割引がありますよ」とにっこり笑って冗談っぽく言いながら、各種割引先が載っている厚さ一〇㎝位の分厚いパンフレットを渡してくれる。メガネ屋、タクシー会社、レストラン等ズラリと載っている。平均一〇～一五％の割引である。それにしても実に大阪らしい警察官である。冗談とは言え「葬式代が安くなる」とは、まるで漫才の如く面白い。思わず「死ぬのは未だ早い」とばかり笑ってしまった。

一六時　警察署を出る。「一九七三年に免許を取得して五〇年か……。ここまで来たことは、めでたいことだ」。近くのコーヒーが美味しい喫茶店に入りケーキセットを奮発する（一三〇〇円）。ケーキはカーディナルシュニッテン、黄色と白の二色生地を特徴とするウィーンの伝統菓子である。「ここまで来た自分へのご褒美」とばかりにケーキセットを一人食す。

一七時　プールにて水中ウォーキング六〇分、一一九回目となる。

夜自宅にて免許返納について物思いに沈む。吉田拓郎の歌『今日までそして明日から』を聴く。

私は今日までいきてみました
時には誰かの力を借りて
時には誰かにしがみついて

私は今日まで生きてみました
そして今私は思っています
明日からもこうして生きて行くだろうと

免許は返納しても次のページが開く。

「この味がいいね」と君が言ったから七月六日はサラダ記念日（俵　万智）

本日、三月三十日は『免許返納記念日』である。

「彩ちゃんの成長」

二〇二三年四月三日（月）一万八五九八歩、一二・五km、晴れ。

四時半　公園四周、六四分。
七時半　大阪シーエムオーにて健志社長とミーティング（役員会議）
一〇時　大阪シーエムオーにて銀行来社。M&A案件について打ち合わせ。
一三時半　茨木市A社にて「経営改善計画」作成について打ち合わせ。その後A社長と一緒にメイン銀行へ行く。
一五時半　大阪シーエムオーにて内務。

彩葉ちゃん（七歳）がシーエムオーに来ていた。一七時過ぎ、一緒にピアノ教室へ行く。「ネクタイは、どうして赤にしているの？」「どんな色がいい？」「黒がいいよ。この服には黒があうよ」七歳にして服の色について一定のセンスを持っている。女の子ですね。私のバースデープレゼントは、ネクタイを選んでもらおうと思った。

ピアノ教室の帰りは公園に立ち寄る。「〝彩ちゃん公園〟に行こうよ」「〝彩ちゃん公園〟は○○公園のことだね」「そうよ、○○公園よ。〝彩ちゃん棒〟を隠している所よ」〝彩ちゃん棒〟とは振り回すためのものです。今、公園は工事中のため、隠しておいた所の木はなくなっています。「〝彩ちゃん棒〟はもうなくなっているよ」それでも、彩ちゃんは公園を駆け回ります。アーチの上も走って行き、ブランコも大きく揺らします。鉄棒に掴ってスイスイ行きます。〝彩ちゃん棒〟はなくなってしまったけれど、彩ちゃんはその先へと成長しています。時は確実に流れています。

「みんな、いい顔してる」

二〇二三年四月四日（火）六一四五歩、四・四㎞、晴れ。

関東出張へ出かける。

六時〇二発の新幹線にて一路東京へ。七時三五分頃、車中から富士山を見る。真っ白な雪を冠っている。

一〇時　千葉市A社にてミーティング。経営実績のチェックを行う。赤字基調から黒字へと転換している。

一四時　埼玉県B社の本社にてミーティング。当面の優先課題について棚卸をする。
一七時　葛西着。駅前のドトールにて『事業性評価』の本を読む。葛西マンション泊。
新幹線の車中にて日本経済新聞の一面をいっぱいに使った広告を見る。ちょうど車窓に真っ白な富士山が見えている時に目に飛び込んでくる。ページ全体が桜色に染まっており、よく見ると桜の花びらが舞っている。

そんなに大口開けて笑うんだ。
そんなときに頬がゆるむんだ。
そんなときにへの字になるんだ。
いま改めて、
顔全体から伝わってくるものの多さと、
その素晴らしさに気がつくのです。
さらに、誰かの何気ない表情につられて、
つい笑ってしまう自分、一緒に泣きそうになる自分、
思いもよらない自分に出会えたりもする。
3年間、さまざまな制約があったからこそ、
少しずつ自由を感じられる日々が、
嬉しく思えるのです。

春です。
いつもより少しだけ
新しい世界が始まろうとしています。
ささやかな表情の行き交う毎日は
もっと広がっていくでしょう。
その日常はきっと、この上なく美しい。
悩んでいても、前を向いていても、
立ち止まっていても、ふみだしていても、
泣きあっていても、笑いあっていても。
みんな、いい顔してる。
（二〇二三年四月四日　日本経済新聞　資生堂広告）

コロナ時代が明けて、一人一人を励ましてくれています。『悩んでいても、前を向いていても、立ち止まっていても、ふみだしていても、泣きあっていても、笑いあっていても、みんな、いい顔してる』。どこの会社の宣伝かと思うとページの一番下に小さく『資生堂はすべての〝いい顔〟を応援していきます』とある。いよいよ化粧品も売れていく。春爛漫の四月四日です。三月三日は雛祭り（女の子の祭り）、五月五日は端午の節句（男の子の祭り）、四月四日は何の日でしょうか。一説によると〇〇の日です。この日に一ページを使って『すべての〝いい顔〟を応援する』……深読みすれば、男性も女性も性同一性障害の人もすべて励ましてくれている。心を引き付ける魅力的な全ページ広告です。

「継続は力なり」

二〇二三年四月五日（水）一万四一六〇歩、一〇・二㎞、ストレッチ体操六二一回目、曇り、雨。

四時　葛西のマンションにて起床。腕立て伏せ、腹筋、スクワットをそれぞれ三〇回ずつ行い、更に約六分間のストレッチ体操を行う。一日も欠かすことはない。二〇二一年七月二三日にスタートしました。東京オリンピック開催を記念して航空自衛隊のアクロバットチーム「ブルーインパルス」が都心の上空にカラースモークで五輪マークを描きました。そのショーを日本橋で見た日です。

五時半　東京シーエムオーに出社。シーエムオーグループの日報のチェック等内務を行う。

一〇時　東京駅にてA社長と合流。「事業継承」について打ち合わせをする。

一四時　横浜のB社へ行く。「給与改革」についての経営相談を受ける。

品川駅より一六時三七分発の新幹線に乗り新大阪へ、一九時着。

二一時　ベッドに入る。

寝る前に明日（四月六日）のスケジュール（明日からやらねばならないこと）を確認する。

ストレッチ体操を始めたきっかけは何であったか。ある経営者が「私は毎日寝る前に体操しているよ。これは体にいいよ」と言っていた。この経営者は呆けることなく九五歳まで生きた。そこで「生涯現役を貫くために、いつかは私もやらねばば」と思っていた。

この経営者が亡くなって一年後の二〇二〇年に東京オリンピックがやって来た。（コロナの影響で更に一年経った二〇二一年の開催となったが）「よし、ストレッチ体操をやろう。いつまで生きるか分からないけれどやろう。オリンピックは参加することに意義がある。私も、上手ではなくても、ぎこちなくても、先ずやろう」と天啓の如く閃いた。

「継続は力なり」を信条として雨の日も風の日も、帯状疱疹で苦しんだ日々も乗り越えて今日まで続いている。毎日手帳に記録している回数は本日六二二となった。

「一日一生」――明日は明日の風が吹く「ケセラセラ」

二〇二三年四月六日（木）一万五九八六歩、一〇・九㎞、水中ウォーキング六〇分（一一二三回）、曇り。

四時半　公園四周、六〇分。公園の桜は殆ど散りピンクの絨毯となっている。見上げれば枝の花はまばらで葉桜へと姿を変えつつある。桜は、ぱっと咲いて、ぱっと散ってしまう。「一日一生」のフレーズが頭に浮かぶ。桜の命も「一日一生」ですね。

七時　大阪シーエムオーにて内務。A社の経営指導の進め方についてのストーリー考案、等々。

九時～一〇時半　大阪シーエムオーに三重県の伊勢神宮辺りからA社長来社。「事業継承」の相談です。

次は、私が伊勢に行くこととする。当分はお伊勢参りが続く。

一〇時半～一四時　大阪シーエムオーにて内務。シーエムオースタッフとのミーティング等。

一四時過ぎ　プールに行く。一一二三回目となる。プールに入る前は「今日は止めておこうか」との躊躇いが生じる。それでもプールに入ると前を向いてひたすら歩くことで気分が晴れてくる。「一日一生」である。今を大切に、前を向いて一歩一歩、こうして水の中を歩けることは有難いことである。窓から公園の桜の花びらが風に舞いながら散っているのが見えた。

一五時過ぎ　プールを出て近くのサンマルクカフェに行く。昼食を摂っていなかったのでチョコクロとコーヒーを注文する。『実践　企業・事業再生ハンドブック』全四三六ページのところ三四二ページまで読み進む。

一六時半　大阪市Ｂ社長と面談。資金繰り面のチェック。

一八時　Ｂ社長との面談を終えて外に出る。Ｂ社の行く末を案じる。五月末の資金繰りが厳しい。果たして私の経営アドバイスは正しかったのか。「とにかく一日一日、四月末を乗り越えていきましょう」経営コンサルタントとして「もう駄目ですよ」とは言わないことにしている。「やるべきことをやるだけですよ」私の役割は付き添って、見守ることである。いよいよとなったら、一緒に弁護士のところに行く覚悟を持つことである。私の方からは匙を投げてはならない……。

「一日一生」一日をしっかりと生きて行く――明日《あした》は明日《あした》の風が吹く「ケセラセラ」なるようにしかならない。

「幸福の黄色いハンカチ」と「幸福の赤福」

二〇二三年四月一五日（土）七五六〇歩　五・一㎞、水中ウォーキング六〇分（一二九回）、雨。

四時　起きると雨の音がする。本日は公園でのウォーキングはやらないこととする。

六時　大阪シーエムオーに出社。一週間の未決事項を整理する。

八時一三分発の近鉄特急に乗って三重県伊勢市駅へ行く。

一〇時～一二時　伊勢市A社、事業承継がテーマです。

一二時　A社長に連れられ、昼食をご馳走になる。握り寿司の上である。舌の上でのトロとエビが甘くて美味しかった。赤福を八個（八〇〇〇円）買い求める。「明後日までに食べてくださいね」と言われる。

一五時半　近鉄特急にて大阪着。そのまま鞄を肩に掛けプールへ行く。朝からの雨は降り続いている。水中ウォーキング六〇分、一二九回目。プールから出ても、雨は降っている。一七時過ぎ、温泉へ行き、帰宅は一八時半頃。

録画してあったNHK番組――アナザーストーリー『高倉健と「幸福《しあわせ》の黄色いハンカチ」』を、赤福を頬張り観る。

「刑期を終えて出てきた時、待っていてくれるだろうか」健さんが不安を抱えつつも妻（倍賞千恵子）の元に帰って行く。出所直後の網走から、妻に「もし、まだ一人暮らしで、俺を待っていてくれるなら、鯉のぼりの竿に黄色いハンカチをぶら下げておいてくれ。それが目印だ」と葉書を出していた。

山田洋次監督は、青空にたなびく黄色いハンカチのシーンにこだわる。青い空になるまで待つ。

一九七七年一〇月公開の映画である。この映画のテーマは、「ただいま」と「お帰り」である。帰って行く場所があって「お帰り」と言ってくれる人がいる。健さんは自らの台本の「お帰り」の箇所に赤い線を引いている。「ただいま」と言って「お帰り」。これこそ幸福というものである。公開された一九七七年、私は二〇代、徳島にてサラリーマン生活を送っており、一人で映画を観た。ラストシーンは思わず泣けてきたことを思い出す。当時の私は、帰るところも無く、故郷広島は遠く、今更東京にも戻れず……青空にたなびく幸福の黄色いハンカチが目に沁みた。

一九七七年から四六年経った。口に頬張っている伊勢名物の赤福は『幸福《しあわせ》の赤福』である。

「公園でバラが咲く」

二〇二三年四月一六日（日）一万七一七九歩　一四・四㎞、水中ウォーキング六〇分（一三〇回）晴れ、曇り。

六時半過ぎ　公園四周、六〇分。バラの樹に赤い蕾が出ている。あと一週間もすれば花開く。

九時～一四時　大阪シーエムオー出社、内務。五月号の「シーエムオーニュース」の原稿を書く。

一四時過ぎ　プールにて水中ウォーキング六〇分、一三〇回目となる。水中ウォーキングの効用は足腰が鍛えられ、体重のコントロールができる。夜中に何回も起きない、起きてもせいぜい一回ぐらいである。そしてプールから上がる時、爽やかな気分になる。

一七時以降、自宅にて過ごす。テレビニュースを観たり、一日を振り返り明日の予定を確認したりする。「今日は早く寝よう」と二〇時前には床に就く。目下の楽しみは公園のバラの花が咲くことである。四月下旬か五月初めには咲くに違いない。その頃には爽やかな風が吹いている、薫風である。バラの青葉と花の香りを含んだ風が吹く。

歌手のマイク眞木が歌ったフォークソングに『バラが咲いた』がある。

バラが咲いた　バラが咲いた　まっかなバラが
淋しかった僕の庭に　バラが咲いた
たったひとつ咲いたバラ　小さなバラで
淋しかった僕の庭が　明るくなった
バラよバラよ　小さなバラ
いつまでもそこに咲いてておくれ
バラが咲いた　バラが咲いた　真っ赤なバラで
淋しかった僕の庭が　明るくなった

バラが散った　バラが散った　いつの間にか
ぼくの庭は前のように　淋しくなった
ぼくの庭のバラは散ってしまったけれど
淋しかった僕の心に　バラが咲いた
バラよバラよ　心のバラ
いつまでもここで咲いてておくれ

バラが咲いた　バラが咲いた　僕の心に
いつまでも散らない　まっかなバラが

バラが咲いて〝淋しかった僕の心にバラが咲く〟。実際、淋しいことはいつまでも淋しい。朝の公園でのウォーキングでは、いつも川﨑晃弘社長の事を想っている。私は二〇一六年二月一三日の朝もここでジョギングをしていた。二〇一六年二月一三日の朝、川﨑晃弘は三四歳五ヶ月で突然死した。あれから間もなく七年になる。今年も公園でバラが咲く。

「雨が降り続く、しかも寒い一日」

二〇二三年四月二五日（火）二万九一一歩、一七㎞、終日雨。

四時　起床。

傘を差して降りしきる雨の中を歩き回る。

大阪シーエムオー（梅田）の事務所から大阪駅まで徒歩で約一五分、八時一九分発のＪＲにて明石へ行く。そこから山陽電車に乗り換え、姫路方面へ行く。駅から約一五分Ａ社まで歩く。田舎道には人通りが無い。とある教会の掲示板に「春の陽ざしに感謝しよう」「自然の中で生かされていることに感謝」とある。然しながら、今は雨がしとしとと降り続いている上に寒い。

一〇時　姫路市Ａ社にて「働き方改革」をテーマとするミーティングに出席。終了後、雨の中てくてくと駅まで歩く。ＪＲ明石から尼崎に出て、こうのとり一一号に乗り柏原駅へ向かう。

車中では、目の前に座っていたランドセルを背負った小学生の女の子が、すくと立ち上がって、席を譲ってくれる。周りの人が「えらいね」と褒める。背中のランドセルの方が体より大きく見える。「ありがとう」と言って傘をしっかり握って座り、パンを二個、もぐもぐと食べる、車中昼食である。

一四時二二分　柏原駅着。迎えに来ていたB社長と合流。「経営改善計画」の作成について打ち合わせする。その後、一緒にB社の取引銀行へ行く。ドライバー採用のため、ハローワークへも一緒に行く。

一七時六分　柏原駅発の電車にて大阪へ。窓の外は田園地帯で農村風景が広がっている。雨がしきりに降り続いている。

一七時半頃　大阪駅着。そこから梅田の自宅まで歩く。帰り道、弁当を買い、更に明日の関東出張のための朝食用にパンを二個、焼き芋一つ買う。腰を九〇度に曲げてコンビニの袋を手に提げ、よろよろと歩くホームレスの側を通り抜けていく。雨の中のホームレス、歳は八〇歳ぐらいか、傘も差さずによろよろと歩いている。どんな人生を送ってきたのだろう——との思いが、ふと頭をかすめる。

一九時半頃　大阪シーエムオーの入っているビルの六階は、まだ明かりがついている。ビルを見上げ、通り過ぎる。「ご苦労ですね」と胸の中で呟いて自宅へ急ぐ。相変わらず雨は降り続き寒い。人生は雨の日も凪の日もある。この雨も必ずやむ日がやってくる。今日の歩行数、二万九一一歩。

「五臓をなくした安藤忠雄——永遠の青春を生きる」

二〇二三年四月二九日（土）一万八五四一歩、一五・六㎞、水中ウォーキング六〇分（一三五回）。曇り、雨。

五時半　起床。六時過ぎより公園四周、六四分かかる。公園に咲く薔薇の真紅が目に沁みる。薔薇の花言葉は、感謝・上品・恋の誓い、薫風にぴったりの言葉である。

九時～一五時　大阪シーエムオーにて内務。日報チェック、クライアントの「経営改善計画」の作成等。

『安藤忠雄　仕事をつくる』（日経BP日本経済新聞出版）を読む。安藤忠雄さんは、一九四一年大阪生まれ。

〝五臓なくとも人生は諦めない〟——癌のため、六八歳の時に胆のう・胆管・十二指腸を、七三歳の時には膵臓と脾臓を全摘する。内臓は空っぽとなる。それでも日々の運動から食事の仕方、睡眠まで病院の助言通りの生活ペースに切替え、建築を通じて社会と繋がる緊張感こそ人生の充実、と仕事にカムバックする。

因みに、この病院とは大阪シーエムオーの近所にある北野病院である。

病気（癌）ぐらいで人生を諦めるわけにはいかない……凄い気力の持ち主である。ぐっと心に迫ってくる。

人間が人間らしくあるのに、絶対に必要なのは自分なりの生きる目標、「いつかそこに辿り着くのだ」という希望の光だけだ。それは、他人に決められるものではない、それぞれの心の中に、それぞれの形で見つかるものだ。幾つになろうとも、どんな状況に身を置こうとも、この光を目指して、前を向いて歩き続ける。人生の幸せのために必要なのは知力でも腕力でもない、挫けない心の強さと、それをいつまでも保ち続ける持続力なのだと、私は思うのである。

（安藤忠雄『仕事をつくる』）

希望の光——私にとっては、川﨑晃弘社長から引き継いだ志。挫けない心の強さ——私にとっての人生のキーワード、持続力は私の行動信条である。五臓をなくした安藤忠雄の顔写真が本のカバーに載っている。男の私が見ても、実にいい顔をしている。目に力強さを感じる。人生に立ち向かう闘志が滲み出ている。

私なんか生きていても仕方がない、と嘆く人もいる。私にとって人生の幸せなんかもうない、と心落ち込む人もいる。安藤忠雄の生き様を見よ！

青春とは人生のある期間ではなく、心の持ち方を云う
年を重ねただけで人は老いない
頭を高く上げ希望の波をとらえる限り、80歳であろうと人は青春にして已む

（サムエル・ウルマンの詩「青春」より抜粋）

病気（癌）ぐらいで人生を諦めるな、〝ファイト〟である。
一五時過ぎ　プールにて水中ウォーキング六〇分、一三五回目。
水中を歩きながら、安藤忠雄の生き様を思う。永遠の青春を生きている。

「次のページがある」

二〇二三年五月一日（月）一万五三五〇歩、一三・二㎞。曇り、晴れ。

四時　起床。いつも通り、公園を四周する、六四分。
六時　大阪シーエムオー出社。関東出張の準備をする。
七時半～八時半　健志社長と役員会議。M&A案件の打ち合わせ等。
一三時～一五時　東京都江東区にてA社、調印会。M&Aの調印式である。A社はシーエムオーグループ入りすることとなる。A社の加入でシーエムオーの一〇〇%出資の子会社は一一社となる。様々な感慨が交錯する。A社の役員は、ほっとすると同時に淋しい、と言っていた。約二五年間、事務を担当された役員が「私は淋しいです」と涙を流して「よろしくお願いします」と言う。
A社の経営をバトンタッチされた私は、身の引き締まる思いである。旧A社の社長には「人生はこれからですよ」と声を掛けた。本は、読み終えると次に開くページはない。しかし、人生には「終わった」と思っていても、次に開くページがある。淋しさ、辛さ、悲しさを繰り返し、生きている限りは次のページがある。

「〝生涯学習〟のまま人生の旗を振り続ける」

二〇二三年五月四日（木）一万八一三一歩、一二・一㎞、水中ウォーキング六〇分（一三九回）。晴れ。

四時　起床。四時半過ぎ、公園四周　六四分。

七時　大阪シーエムオー出社。日報チェック。

七時半～八時半　健志社長と合流し、私の本の整理をする。私は本が好きだ、ということを今更ながら実感する。蔵書は、ざっと数えて五〇〇〇冊はあると思う。

「この本は、お父さんが死んだらどうなるか。棺桶には、どの本を入れたらいいのか」と露骨なことを言う。「好きにしてくれ」と答える。そのまま一五時まで内務。

『貸し込み　上』（黒木亮）を完読する。文庫本で三九九ページ。『決算書ハンドブック』は、全二七一ページのところ一六〇ページまで読み進む。生涯学習の実践である。本を読むだけが学習ではない。それでも、専門書を読む。六月二五日（日）に行われる「認定事業再生士」の試験を受けるためである。

一五時　プールにて水中ウォーキング、一三九回目となる。

昨年七月一日～六日、ハワイのオアフ島――主としてワイキキに観光で行った。日本はコロナ禍真最中であり、ワイキキに日本人の姿はチラホラとしかなかった。滞在中の四日間、毎日シェラトン・ワイキキホテルのプールに入った。その勢いで帰国後も水中ウォーキングを続けている。週三回をノルマとしている。いつの日か、一〇〇〇回を越えたいと思っている。今のペースだと、六年後、二〇二九年頃の達成となるか。八〇歳の壁を超える頃に一〇〇〇回目となる。どこまで生きて行けるか、誰にも分らない。だからこそ学習し続ける。「棺桶には、どの本を入れたらいいか」……出来ることなら、生涯学習のまま人生の旗を振り続けたい。

「コロナ時代から次の時代へ――諸行無常の響あり」

二〇二三年五月八日（月）一万五五三三歩、一一㎞。晴れ、曇り。

四時　起床。
四時半過ぎ　公園四周、六〇分。いつもより早歩きする。
七時～九時　大阪シーエムオー出社。日報チェック等。
一〇時～一一時半　大阪市A社にて役員会議。四月の経営実績のチェック等。
一四時半　広島駅に着く。
一五時～一七時　B社にて経営ミーティング。B社長と人事について打ち合わせする。
一八時過ぎ　新幹線にて新大阪へ行く。二〇時前、着。
広島は、G七サミットの準備でピリピリしていた。他府県ナンバーの警察車両がぞろぞろと走行しているのが目についた。
いよいよコロナ時代は、ひとつの区切りを迎えた。平時となる。三年三ヶ月に及ぶコロナ時代は幕を閉じた。次はどんな時代がやってくるか。次の白紙ページには、どんなことが書き込まれていくのか。

平家物語の冒頭の句が浮かぶ。

祇園精舎の鐘の声、
諸行無常の響あり。
沙羅双樹の花の色、
盛者必衰の理をあらはす。
おごれる人も久しからず、
ただ春の夜の夢のごとし。
たけき者も遂にはほろびぬ、
ひとへに風の前の塵に同じ。

この世のすべては、川の流れのように留まることは無い、変化していく。諸行無常の響は空しい響ではない。

新型コロナの時代は次の時代へと移っていく。三年三ヶ月のコロナ時代も、諸行無常の響に聞こえる。

……さあ一日一日、変化していく日々を大切に生きていこう。

第二部　経営再生請負人としての苦闘物語

第一章　経営相談

①きっかけ

A社長とは、二〇一七年夏頃、新大阪駅前の喫茶店で出会った。狭い喫茶店で一〇人も入ればギュウギュウとなる。

「もう、会社を辞めたいのです。すっかり、やる気が無くなったのです」

「どうして会社を辞めたいのですか」

「この会社はオヤジから引き継ぎました。引き継いでからというもの、毎年赤字続きで、赤字はかれこれ十年続いています」

「赤字なのに、どのようにして資金繰りが回ってきたのですか」

「銀行からの借金で繋いできました。ここ二年間は、金利だけ支払っています。もう限界です。妻とも喧嘩が絶えません。とにかく早く楽になりたいのです」

A社長は目を真っ赤にして、訥々と話す。ぼそぼそと小声である。差し出された直近の決算書を見る。売上三億円、営業利益△二〇〇〇万円である。銀行からの借入金一億一三〇〇万円。資産から負債を引いた純資産は△七五〇〇万円である。

〈この経営状況は厳しいなあ。借入金を返済していく力は無い〉

「A社長、これから、どうしたいのですか」

「私は好き好んで会社を継いだわけではありません。元々、オヤジからドライバーが足りないからと言われて、ひょっこり一五年前に入ったのです。オヤジと言っても義理のオヤジです。妻のお父さんです。それが一〇年前、オヤジは七〇歳の時に急死したのです。それで、一〇年前、私が三五歳の時に急遽、社長になったのです。私の夢はスポーツジムの経営です。運送業なんてやりたくなかったのです」

〈このままいくと破産しかない。A社長の自宅マンションも担保に入っている。このままだと自宅も無くなる。さて、どうするか……〉

私は経営再生請負人として自負している。経営不振の会社を再生させることをライフワークとしている。どこか（天国）で息子の晃弘が見ている。ここはしっかりA社長と向き合っていかねばならない。

「そもそもA社長、今月末の資金繰りは大丈夫ですか」

「金利しか払っていないので、今月末は大丈夫です。でも消費税の支払いが出来ません。なんとか知恵を貸してください」

〈知恵を貸して欲しいと言われてもなあ。ここで引き下がるのも経営再生請負人としては看板倒れとなる……〉

「分かりました。どうしたら良いか、知恵を出します」

②Aの経営実態とA社長のオヤジのこと

A社長は冷凍食品を運ぶ運送会社である。冷凍庫を四つ有している。マイナス五〇℃の冷凍庫もある。営業車両はトラック一三台、軽貨物車八台、それに社有車が二台ある。トラックドライバーは約二〇名である。トラックよりもドライバーの数が多いのは、交代勤務しているからである。ドライバーの内、社員が五人しかいない。軽貨物のドライバーとその他のドライバーは個人事業主である。一年、三六五日働いている。当然、正月の元旦も働く。

〈こんなに社会保険にも入っていない個人事業主のドライバーがいる。その分、会社負担の社会保険料は無い。それでも一〇年も赤字続きとは何処に原因があるのか〉

「A社長、荷主さんの運賃はどうなっていますか。運賃値上げは、してもらっていますか」

「正面からの運賃値上げ交渉は、私が社長になってから、したことはありません。下手に運賃交渉すると荷主に見放されますよ。クビ、お払い箱になります」

トラックドライバー約二〇人のうち、六〇歳以上が十三名もいる。マイナス五〇℃の冷凍庫の作業員は七五歳である。

〈このままだと会社が倒れるか、ドライバーが倒れるかだ〉

高齢者ドライバーと言っても、一人一人は、よく働く。中には、一年のうち二～三日しか休まないドライバーもいる。

〈これだけ働いても赤字続きとは、荷主の運賃が安いからだ〉

「A社長、明日、会社訪問しますよ」

早速、冷凍庫を見学する。

「いっぺん、マイナス五〇℃の冷凍庫に入ってみて下さい」

A社長が私に勧める。マイナス五〇℃の冷凍庫に入ると、肌を刺すと言うよりも、キリキリしてくる。もう出るよ、と言って、五分ぐらいで出る。外は夏でも、冷凍庫の中は極寒である。冬になると、もっと寒いはずである。七五歳の作業員にインタビューする。

「つらいことは無いですか」

「つらいと思ったら、この仕事は出来ませんよ」

「ほとんど休みもなくて大丈夫ですか。家族はいるんですか」

「家族は年老いた妻がいます。少し呆けてきたので大変ですよ」

「何か楽しみはないのですか」

「楽しみはないよ……あえて言えば、仕事が終わった後のビール一杯ですよ」

実に過酷な作業実態である。毎月の電気代も優に一〇〇万を超える。荷物は満杯ではなかった。そして、保管料が上がっていない。これでは赤字になるのも、理の当然である。それにしても、この作業員は、よく働いている。賃金は最低時給である。月にして二〇万に届くかどうかである。事務所の階段をトントンと上がる。かなり広く、五〇坪はありそうである。そこに事務員が三名いて、別に会議室が二つもある。

〈これは、売上の規模からして無駄だなあ〉

会議室に入り、A社長にインタビューをする。

「前の経営者、オヤジさんは、どんな人でしたか」

「オヤジは、昔はどうか知りませんが、私が出会った時は遊び人でしたよ」

「遊び人とは、どういう意味ですか」

「会社の事務の女性と不倫関係になって、その女性を経理担当にしていましたよ。この女性は公私混同が凄かったですよ。スーパーの買い物まで会社の経費で落としていましたよ。それに親父は女性に目がなくて、年齢不問で誰にでもちょっかいを出していましたよ」

「私がこの会社にドライバーで入った時は、社員よりも給料が安かったですよ。息子だから我慢しろと言われて、ハチャメチャですよ」

〈もちろん、オヤジにはオヤジの言い分があるはずである。オヤジの言い分を聞きたいものだ。そのオヤジはこの世にいない〉

「あなたが社長になって、どんなことに取り組みましたか」

「まずオヤジと不倫関係だった女性事務員をクビにしましたよ。女性事務員の息子も働いていたのでついでに辞めてもらいましたよ」

「思い切ったことしましたね」

「こちらも必死ですからね。事務員の辞めた代わりとして私の家内や家内の妹に入社してもらいましたよ」

A社長にインタビューしているとA社長のお人好しな性格が伝わってくる。オヤジの一言で他の社員より安い給料で頑張ってきた。オヤジに面と向かって給料の不満を漏らすこともなかった。スポーツジムの経営者になる夢は夢として家内のオヤジの下で身を粉にして働いてきた。

「それと荷主開拓はしましたよ。一軒一軒荷主を増やしてきましたよ」

「それでも赤字続きですね」

「それは運賃が安いことにつきます。運賃交渉する勇気が出なかったです」

A社長がこぼす、ボロクソに言っているオヤジは果たして本当にそうか。

中小企業の経営者は労働基準法で守られていない。恐らく会社をスタートした頃は必死になって働いていたに違いない。一日二四時間、寝る時間を惜しんで働いていたに違いない。

ある経営者の言である。

「ずっとハンドルを握っていたよ。眠くて、眠くて、それでもハンドルを離さなかったよ。交通信号の赤の時に数秒間目をつぶったりしたよ。寝たらアカンと思って、目にメンソレータムを塗って走ったよ」

A社長の奥さんにインタビューする。

「ウチのお父さんは私が小さい頃、ほとんど家に帰って来ませんでしたよ。一緒に夕食を食べた記憶がありません。夜遅くまで働いていましたよ。でも女遊びをするので、ウチの母とはよくケンカをしていました。母を泣かせていたのです。だからお父さんを好きになれません」

奥さんの妹にもインタビューする。

「私は小さい頃お父さんが好きでした。いつも肩車をしてくれましたよ。お菓子もいっぱい買ってくれましたよ。お父さんは服をドロドロにして来る日も来る日も働いていましたよ。私にとっては優しいお父さんでしたよ」

姉と妹では父の見方が違っている。どちらもお父さんの一面である。オヤジと不倫関係になった事務員もよく働いてきた面もある。確かに公私混同していたとはいえ、月の給料は二五万にもならない。ドライバー不足の中、自分の息子を入社させた程である。

③こんなに働いているのにどうして会社が傾いてしまうのか

一．公私混同が甚だしい

働いている女性事務員と不倫関係になって経理担当にする。この女性事務員が会社を私物化する。スーパーで買った大根などを経費で落とす。ついには現金出納帳をごまかして毎月一〇万単位で現金をネコババする。オヤジとの仲は周囲の誰もが知っている。しかもオヤジは気前がいい。気が向くとドライバーや社員を寿司屋など月二〜三回も連れていく。「いいオヤジだったよ」とある社員は言っている。晩年はゴルフにも週一回くらいは行く。全て会社の経費である。公私混同は社員のモラルを低下させていく。

二．経営数字の把握がどんぶり勘定である

オヤジはただの一度も月次試算表を見たことがない。年一回の決算書も顧問税理士任せである。儲かっているかどうかは、お金が回っているかどうかで判断する。「今月末の支払いが苦しいのよ」

と経理担当の女性事務員に言われる。「なんとかせい」そこで女性事務員は自らの貯金を崩したり、支払いを延ばしたりしてしのぐ。それでも苦しい時はオヤジに迫っていく。「どうにかしてよ」そこでオヤジは銀行に行ってお金を借りる相談をする。あるいは女房に「家のお金を出してくれ」と頼む。

オヤジは生前よく言っていた。「金は天下の回り物」経営数字をしっかりと掴むことはしない。どんぶり勘定である。ＰＤＣＡの管理サイクルが回っていない。ＰＤＣＡの管理サイクルとは計画↓実行↓評価↓改善のマネジメントサイクルのことである。来る日も来る日も汗水たらして働くだけで、そこに「経営する」というマインドが皆無である。

三．荷主交渉力が脆弱である。

売上の約五〇％を占める荷主がいる。この荷主は食品の商社である。〇〇商社から卵の配送を請け負っている。〇〇商社は大手商社の一〇〇％出資の子会社である。〇〇商社の社長は三～四年ペースで交代する。〇〇商社の社長は事なかれタイプ、現状維持の運賃を望み、なかなか運賃価格のアップは容認しない。したがってＡ社のオヤジはただの一度も正攻法の運賃値上げの交渉をしない。娘婿の二代目社長もしかり。「運賃を上げて欲しいと言ったら取引中止になるよ」「運送屋の代わりはいくらでもいるよ」と二代目社長も動かない。運賃は二〇年間据え置きのままである。経営状況は悪化する。いくら社会保険の負担のないアルバイトメンバーや軽貨物ドライバーを雇っていても経営は苦しくなるばかりである。Ａ社のオヤジは「オレは下駄の雪よ」と主張していた。下駄の雪とは、踏まれても踏まれてもついていく例えである。この下駄の雪精神を二代目社長は引き継いでいる。

「運送屋は『男は黙って○○ビール』ですよ。少々運賃安くてもじっと耐えていくしかないですよ」

中小運送業は圧倒的に荷主に隷属する。モノが言えない。荷主交渉力は脆弱そのものである。それでもオヤジには独特な交渉術もある。それは○○商社の社長とゴルフや飲食の付き合いを頻繁にする。ゴルフのプレーの隙間に「○○社長うちは苦しいです、運賃上げて下さいよ」とこぼしたり、北新地のバーで「○○社長、運賃上げて下さいよ」と酔ったふりをしてこぼす。場合によっては、このこぼし作戦が功を奏し、ちょっと運賃が上がったりする。正攻法の運賃交渉は収支計算を基にする。一時間当たり一キロメートル当たりの原価計算を算出して行う。ところがオヤジはそんなことはしない。経営数字の把握力はオヤジにはない。荷主の情にすがっていく交渉術である。○○商社の歴代社長の中では情にすがる作戦が効き目を発揮したこともある。○○商社の社長の小間使いをする。例えば○○社長の引っ越しを無料で手伝う。○○社長の自分の会社では落とせない経費を肩代わりにする、自分の会社で落とせない経費とは何か。例えば○○商社で起こした事故費の肩代わりである。○○商社では安全第一である。事故はあってはならない。そこで事故のもみ消しに一役買って出る。そこで無事役割を果たす。すると「オヤジ来月一台増車しろよ、うちが面倒みるよ」となる。このような情作戦で一台また一台、とオヤジは○○商社に食い込んできた。こうした努力にも関わらずA社の経営は苦しい。ここ一〇年ばかり赤字続きである。銀行の借入金返済はリスケとなっている。リスケとは元金を払えず金利しか払っていないことである。こんなに働いているのに会社が傾いていく——荷主隷属から脱け出ていないからである。

④売上の割に固定費がかかりすぎている

A社では四つ冷凍庫がある。マイナス五〇℃やマイナス二〇℃の冷凍庫のことである。電気代はバカにならない。物量が少量の時も冷凍庫を止めるわけにいかない。しかも保管料が安い。配送とセットになっているので適正な保管料となっていない。ケースによっては無料（サービスである）のものもあり、更に地代家賃が重圧となっている。事務所は一〇坪もあれば用を足せる。ところが一階、二階とある。その上、事務スタッフは六～七人もいる。一個運んで、いくらの運賃計算で手間ひまがかかる。社長の部屋も個室で優に一〇坪くらいある。更に読みもしない新聞代もある。大して必要とも思えない色々な会に入っている。あれやこれやと無駄な経費がかかっていて、固定費がズシリと重圧になっている。「どうしてこんな広いところが必要なのですか」「〇〇から引っ越してここしかなかったからですよ、〇〇の時はここの半分もなかったです」A社長の言である。

⑤コミュニケーション力が弱い――会議システムがない――

A社には会議らしい会議がなく、経営実績検討会議が定例化していない。元々経営数字はどんぶり勘定なので経営実績検討会議はやりたくても出来ない。せいぜい売上はどうだったか「今月は前月と比べてまあまあだったよ」と言った会話レベルである。今月はどうして売上が上がったか、あるいは低かったかの原因分析は深く掘り下げない。従って売上を上げていくための具体的対策はおざなりになる。経営に至っては、かかるものはかかる、との意識である。トラック一台ごとのℓ当たりの燃費率を出して、如何にして向上させるかは、頭の片隅にもない。効率を上げていくには一人一人のドライバーと向き合っていくことである。ドライバーミーティングはやっていない。

個人面談も定例化していない。「会議する暇があったら働け」というのがオヤジの口癖である。ドライバーとの面談は立ち話程度であった。「事故はするなよ」とサラリと声を掛けるレベルである。たまに、「ちょっと話があるんです」とドライバーが言ってくる。「なんだよ」A社長は内心（会社を辞めたいとか、給料を上げてくれ、とか言い出すのか）とギクっとする。

「実は今月パチンコで負けてしまって金が無いのです。すいませんが、お金を貸して欲しいのです」（なんだ、そんなことか、お金を借りたいと言っても給料から天引きできるようにしないとなあ。この際お金で縛っておけば直ぐに辞めることは無い）「それで、いくら欲しいのだ……」「二〇万です。月末にサラ金の支払もあるので二〇万お願いします」「二〇万は無理だよ。一〇万でどうか。その金で返済は月に一万ずつ、一〇ヶ月で返して欲しい。わしはサラ金じゃ無いので金利は要らないよ」「じゃ一〇万でお願いします」ニコニコと一〇万を受け取って去って行く。ところが中には会社からお金を借りたままトンズラする不届きドライバーもいる（仕方ない何処にいったか行方も分からない。追突されたと思ってあきらめるしかない）。ドライバーの面談記録はとっていない。個人面談の仕組みもない。その上、定例的なドライバーミーティングもない。そもそも、一度に集められる勤務体系になっていない。深夜に働き、早朝に帰ってくるドライバーもいれば、昼間勤務のドライバーもいる。一同に集められる状態ではない。それでは、幾つかの班に分けてしたらどうかとなっても、無理の一言。ドライバーミーティングをリードする管理者がいない。役職名が課長であってもドライバーに欠員が出るとすぐにハンドルを握る。繁忙期には事務所に女性事務員二～三名、男性はいない。それこそ社長自らハンドルを握って走っている。

こんな状態でどうしてドライバーミーティングが出来るのか。丁寧にドライバーとの個人面談をしている暇はない。それで、すれ違い様に「事故はするなよ」とか「パチンコの調子はどうか」「体に注意しろ」くらいの一言、二言程度のコミュニケーションとならざるを得ない。

コミュニケーション力が弱いのは中小運送業のよくあるパターンである。

⑥ドライバーの給料がやってもやらなくても変わらない固定給与となっている

ドライバーの給与は一日いくらと固定日給となっている。固定日給の中に残業代を含んでいる、としている。

「親父の代から残業込みで一万ですよ」と口でドライバーに通告するだけである。雇用契約書は結ばない。

「この固定日給で今まで問題は無かったですか」

「三年前に辞めたドライバーがユニオンに駆け込んだことがあるよ」

ユニオンとは一人でも入れる労働組合のことである。激しく経営者と渡り合うことで名を馳せている。ユニオンとの団体交渉で決裂すると労働争議に突入する。抗議文が届き、街宣車もやってくる。街宣車は大音量で怒鳴りたてる。あまりの迫力で事務所の女性社員が「怖い、会社を辞めたい」と言うほどである。

「ユニオンと揉めて、どうして解決したのですか」

「ストレートに言うと、ユニオンに金を渡して一件落着ですよ」

「ユニオンに懲りて給与を変えるということはしなかったのですか」

「喉元過ぎればなんとやらで、給料は前のままよ。一日いくらの固定給のままよ」

「これでドライバーはやる気を出して働いていますか」

「必死に働く者もいれば、手を抜く者もいて、まちまちですよ」

A社はドライバーごとの売上は把握していない。

あるドライバーの言である。

「うちは働いていても手を抜いていても給与は変わらないよ。とにかく一日過ぎてくれれば決まった給与が貰えるからね」

固定日給はコンプライアンスに問題がある。残業してもしなくても給料は変わらない。だから、ドライバーの労働時間は把握していない。トラックは二トン車が主力で軽貨物は個人事業主が大半である。売上に対して人件費の割合は把握していない。

「ドライバーは給料が自分の思うような金額でないと自然に辞めていくだけよ」A社長の言である。

「どうやってドライバーごとの売上は掴んでいるのですか。売上に対する人件費率が高いと会社が赤字になります。赤字となると大変ですよ。すぐ手を打たないといけませんよ」

「ドライバーごとの売上を掴んでいくと配車担当者がやりにくくなるよ」

「この仕事は運賃が低いからやらない、とかドライバーが文句を言うようになるよ。固定日給だと一律平等なので配車がやりやすい」A社長の言である。

これではドライバーのやる気は上がってこない。

「やる気と連動した給与ルールは考えなかったのですか」

「運賃は二〇年前と一緒だし、やる気と連動させようとしても無理があるよ。それより雨の日も風の日も一日ハンドルを握って走ったら一万円という給与の方が簡単だよ。もっと給料が欲しいと思えば辞めていくだけよ」

「それにドライバーには運賃を知らせたくない。揉めるばかりだよ」

「配車担当者にどうして俺のコースは運賃が安いのか、と言ってクレームを付けて来るよ。だから固定給与のままでいいのよ」A社長の言である。

これでは必死になって働くドライバーと手を抜いているドライバーとの差がつかない。一年三六五日コツコツと働いても会社が傾いている。

この原因は

① 公私混同が甚だしい。

② 経営数字の把握がドンブリ勘定である。

③ 荷主交渉力が脆弱である。

④ 売上の割りに固定費が掛かり過ぎている。

⑤ コミュニケーション力が弱い。会議システムも無い。

⑥ ドライバーの給与がやってもやらなくても変わらない、固定給与となっている。

以上①～⑥がA社の傾いた要因である。

第二章　経営指導

（1）A社長の願い

「どうか助けて下さい」A社長は真剣な眼差しで迫ってくる。

「A社長さん、腹は括っていますか」

「腹は括っています。自宅のマンションは銀行に取られても良いです。だけど破産だけはしたくありません」

「他にこれだけは守りたいということはありますか」

「実は私には一人、一八歳の息子がいます。まもなく大学入学の時期です。この息子には思い通りの人生を歩ませてやりたい。息子には心配かけたくありません」

「他にはありませんか」

「私の家内も楽させてやりたい。今まで会社の事で散々心配をかけてきました。夫婦喧嘩もしょっちゅうしています。会社のことから家内を開放させてやりたいのです。それに家内の妹にも心配かけています」

「奥さんの妹さんの心配とは何ですか」

「実は家内の妹には、自分の住んでいるマンションを会社の借金の担保として提供して貰っています。もし会社がつぶれたら妹のマンションは銀行に取られます。なんとか妹のマンションを守りたいのです。それにこのマンションには妹の夫の想いが詰まっています。義弟は三年前に亡くなったのです」

「どうして妹さんのマンションまで銀行の借入金のために担保に提供したのですか。これは第三者保証といって、あまりしてはいけないことになっていますよ」

「仕方なかったのです。どうしても月末の支払いが足りなかったのです。融資の条件として銀行の強い要請で妹のマンションを担保に出さざるを得なかったのです」

Ａ社長はいい男である。目にうっすらと涙を浮かべてトツトツと話す。

「Ａ社長さん、娘婿として今までの人生はどうだったんですか。聞く限りではオヤジさんの放漫な経営によって散々苦労されてきていますね」

「もちろん、オヤジの後を引き継いできた私のダメさもありますよ。でも、主な荷主もドライバーも、オヤジ時代をそっくり引き継いできました。オヤジが悪い、と言いたいところです。オヤジはどうして銀行の借入金を残してあの世に行ったのか……。今さら天国にいるオヤジに文句を言いたくても無理なことです」

「自分のダメさとはどういうことですか」

「それは赤字続きで、家内や家内の妹に心配をかけ続けていることですよ」

「自分のダメさはそれだけですか」

「自分の性格もあります。確かにオヤジの愛人は公私混同が激しかったので、ズバッとクビにしました。それ以外の働きの悪いドライバーには面と向かって叱りつけることが出来ません。もし激しく叱って辞められたらどうしようと躊躇いが出るのです。見て見ぬふりをします。配車担当の幹部にも声を荒げて『売上を上げろ』とか『トコトンまで働け』とか迫ったり出来ないのです。それに荷主さんとの付き合いも下手でしたよ」

「どのように下手だったのですか」

「とにかく運賃値上げをデータに基づいて交渉することは苦手でした。しかし、夜の接待はしましたよ。たまにはキャバクラにも連れて行きました。接待ゴルフもしましたよ。それでも肝心の運賃交渉は中途半端でした。つくづくアカンタレですわ」

「接待費は会社負担ですか」

「たまには会社経費で落としましたが自腹です。なにしろ、会社に金がない、来月の支払が出来るかどうか、と耳にタコが出来るくらい家内（経理担当）に泣かれていましたからね。とにかくこの苦しさ、どうにかならないですか。つくづく会社をやっていく気力が萎えました。楽しいことは何もありません。あったとしても、週一回休みの夜、ハーゲンダッツのアイスクリームを食べている時くらいです。それに息子の大学入学を叶えて大学を卒業させてやりたいです。自分のような人生を歩ませたくないのです……」

「分かりました。経営指導ということで力を尽くします。まず御社の経営状況をより詳しく掴みます。このことをデューデリジェンス（ＤＤ）と言います。そのうえで経営再生のストーリーを作ります」

「川﨑先生にお任せします。地獄で仏に会うとはこのことですね。何卒宜しくお願いします」

〈私が仏かどうか分からない。それでも力を尽くすことだ。川﨑晃弘よ、守ってくれよ〉

（2）A社の経営実態

A社長から経営相談を受けたのは二〇一七年八月のことである。二〇一七年三月決算は売上三億、売上総利益五〇〇〇万、売上総利益率一六・六％、販管費七〇〇〇万円で営業利益は△二〇〇〇万円である。キャッシュフローはマイナスである。これでは銀行の借入金返済は出来ない。金利だけ支払っている。リスケを続けている。銀行の借入金は二億である。実態貸借対照表ベースで見ると純資産はマイナス一億である。繰越欠損金額は一億円である。絶望的な経営実態である。経営再生の教科書では、再生着手出来るのは営業利益がプラスであること、とある。少なくともプラスになる見込みがあること、とある。A社長の役員報酬は年間一〇〇〇万円である。役員報酬をゼロにしても営業利益は△一〇〇〇万円である。どうしてこんな経営実態に陥っているのか。それは主要得意先二社の大幅値引きによる。A社の売上全体に占める主要得意先二社のシェアは七〇％である。この二社がピーク時と比して二〇％もの大幅値引きを突き付けて来たからである。それは六年前、二〇一一年のことである。A社長は泣く泣く大幅値引きを受け入れる。他にも不採算の仕事を抱えている。経営数字の把握力が弱いので正確には不採算の数字をつかんでいない。六年前の大幅値引き二〇％により、連続して赤字を垂れ流している。決算書の数字をチェックする。売掛金の中に回収不能分が五〇〇万円ある。さらに減価償却の不足額が二〇〇〇万円ある。先代のオヤジへの貸付金が一〇〇万円ある。オヤジは既にこの世にいない。回収不能である。実態貸借対照表レベルで純資産は△一億円となる。

「A社長、どうしてメイン荷主からの大幅値引き二〇%を受け入れたのですか」

「泣く子と地頭には勝てませんよ。荷主の声は天の声です。嫌だったら辞めるしかないのです」

「それでも赤字続きをどうにかしようとは思わなかったのですか」

「そのうち何とかなると思って耐えてきましたよ。実際、ほんの少しは値上げしてくれましたし、とにかくじっと我慢ですよ」

「それと減価償却費は、まともに計上していませんね。減価償却の不足額が二〇〇〇万もありますよ。どうしてこんなことをしたのですか」

「取引銀行の手前、これ以上赤字を膨らましたくなかったのですよ」

「二〇一七年三月期で営業利益△二〇〇〇万円ですね。ここまでくると減価償却費をごまかす必要も無いですよ。それに売掛金の回収不能が五〇〇万円ありますね。これは回収出来ないのですか」

「この荷主は事実上、休業しています。休業しているだけなので法的には破産していないのです。だからそのままにしています」

「この売掛金の未回収五〇〇万円は損金で落とさないといけませんよ。あれやこれやで実質の損益ベースでは五〇〇〇万円の赤字ですね。売上三億で営業赤字五〇〇〇万円ですね」

〈私としては絶望的な経営状況と認識する。それをストレートに「絶望です」とは言わない〉

〈助けて下さいと懇願するA社長のなんとか力になりたい。これでも経営再生請負人たらんとする志を持っている。川﨑晃弘社長よ、ここはひと踏ん張りしなければならない〉と心で語る。

A社が何とか資金繰りをしのいできたのはなぜか。一つは銀行からの借入金による。さらにA社長からの借入金にもよる。役員報酬一〇〇〇万円と言っても名目だけである。資金繰りが回らないときは、役員報酬は後回しとする。さらに、ここ二年ばかりは金利の支払だけでしのいでいる。そのうえ社会保険料や消費税も分納でしのいでいる。いわゆるゾンビ状況である。ゾンビとは実質潰れていても、生き延びてきている怪物のことである。

「もうこれ以上会社に注ぎ込むだけの預金もありません。息子の大学の授業料だけは残しておきたいのです。自宅マンションは売って小さなアパートに夫婦二人で暮らそうと思っています。そう思っても、自宅マンションは銀行の借入金の担保に入っています。このままでは身動き取れないのです」

(3) 会社組織の現状

A社の株主一覧表はA社長の奥さん五〇%、奥さんの妹が五〇%となっている。

「A社長は株主ではないのですね。株主でもないのに銀行借入金の連帯保証人になっていますね」

〈これでは雇われ社長ではないか。雇われ社長なのに経営責任だけ一〇〇%負わされている〉

A社長のこれまでの人生とは一体、なんだったのか。周りからは社長、社長と持ち上げられて、損な役回りである。先代のオヤジのつけを背負わされてきた人生ではないか。

役員構成は代表取締役としてA社長、取締役として奥さんと、奥さんの妹の二名である。それに監査役として一名である。

「この監査役の人はどういう人ですか」

「オヤジと一緒に働いてきた社員ですよ。確か七〇歳を超えています。監査役と言っても、名前を借りているだけですよ」

「今まで役員会議は行っていましたか」

「特にやっていませんよ。夫婦喧嘩はよくしていましたが、役員会議という程のことはしておりません」

中小零細企業の、よくある姿である。経営のガバナンスが全く利いていない。家業としてひたすら働く日々。「働けど働けど我が暮らし楽にならざる。じっと手を見る」……A社は一年、三六五日食品を配送している運送会社である。A社長は気の休まる時がない。夜中午前二時頃、電話の音で叩き起こされる。ドキッとして携帯電話を手に取る。

「こんな夜中の電話はろくなことはない。重大事故かとヒヤリとする」

A社のドライバーの構成は正社員四名、それにタイムカードに打刻する個人事業主一八名、業務委託契約している個人事業主一七名の計三九名、事務員は五名いる。道路貨物運送法ではブラックそのものである。法律では常時雇用するドライバーは個人事業主であってはならない。個人事業主といっても実質は社員である。しかし、社会保険には加入していない。加入しているのは正社員の四名だけである。しかも労働基準法からしてもブラック。正社員ドライバーの給与は日給制である。この一日いくらの日給の中に、時間外手当を含んでいる。

タイムカードを打刻する個人事業主とは、そもそも何者か。平均年齢六三歳である。一時間の支払単価一〇〇〇円とし、それに働いた時間を乗じて支払額を決めている。個人事業主としているので源泉徴収はしていない。言うまでもなく社会保険料は控除していない。しかし、実態は個人事業主ではない。A社の配車担当者の指揮命令の下働いている。乗っているトラックはA社名義である。労基法からしてブラックである。業務委託している一七名のドライバーも個人事業主というよりA社の人間である。当の本人達が「うちの会社」とA社のことを言っている。

「どうしてタイムカードを打刻する個人事業主や業務委託ドライバーがいるのですか」

A社長は答える。

「そもそもオヤジのときからいましたよ。メイン荷主二社から二〇%に及ぶ運賃値引きされるまでは、なんとかやっていました。だけど社会保険料に加入してなくても苦しくなりました」

「個人事業主に代わるドライバーを入社させようとはしなかったのですか」

「色々ドライバーの採用に、あの手この手を使いました。面接の申込があっても、当日姿を見せない者もいました。折角入社しても二~三日で消えていなくなる者もいましたよ。ドライバーの採用には苦労続きですよ」

A社の車両台数は三トン車二台、二トン車八台、一~一・五トン車三台、軽トラック八台で計二一台である。車両の老朽化が進んでいる。車検費用だけでなく修理費もかさんでいる。しかも持ち込みと称する軽トラック部隊一五名がいる。この一五名が高齢で、六五歳以上が八名もいる。

A社の組織状況は、車もドライバーも老朽化している。

（4）A社の強み、弱み

A社長にインタビューを続ける。

「A社の強みはどこにありますか」

「小型トラックや軽トラック中心でありながら、冷凍、とりわけマイナス五〇℃の超低温冷凍庫があるところです」

「なるほどねぇ。他にA社のこれという強みはありますか」

「小型トラックや軽トラック中心なので、道幅の狭いエリアや地下店舗にも納品出来ますよ」

さらにA社長は口を開く。

「メーカーのトラブル対応にスピーディーに対応出来ますよ」

「メーカーのトラブルとはどんなことですか」

「欠品などですよ。欠品が出ると、例え一個でも配送出来ますよ。小回りが利くのですよ」

「それでは、A社の弱みはどこにありますか」

「弱みだらけですよ。ドライバーは老人が多いです。トラックも古い」

労働基準法や道路貨物法の隙間というか、裏道で生きている。まともにいけば、A社の個人事業主ドライバーは労働者である。時間外手当の未払いリスクがある。七〇歳以上の高齢ドライバーが一二名もいる。いつか過労死にぶつかるかもしれない。弱みというより根本的なリスクを抱えている。

A社は軽冷蔵、冷凍車を主力として低温物流という特色がある。卵やチョコレートなどの低温管理商品、青果や精肉といったチルド商品、マイナス二〇℃以下の冷凍食品の保管、配送に強みを有している。ところが、こうしたA社の強みが十分に発揮されているとは言い難い。それを如実に示しているのが、赤字続きということである。銀行借入金が重圧となり、元金の返済ができず金利のみの支払い、リスケ状態に陥っていることである。しかも組織体制の特徴として固定費が重くのしかかっていることである。倉庫だけでも一階に「たまご部屋」と称するチルド庫、他に冷凍庫三つ、チルド庫二つ、マイナス五〇℃の超低温冷凍庫が一つある。二階に行くと五〇坪の事務所、一〇坪の応接室、誰も使っていない空室二〇坪に加え、名前だけで誰も使わない休憩室があり、さらに社長室もある。これだけ広いと電気代もバカにならない。しかし縮小出来ない。一階のチルド庫、冷凍庫、マイナス五〇℃の超冷温冷凍庫は原則として一日、二四時間止めることは出来ない。荷物が溢れるほど忙しく、保管荷物があるときばかりではない。ガラガラのときもある。事務所には女性事務員三名程度しか常駐していない。広すぎるのである。固定費が重圧となっている。

A社は弱みで溢れている。これといった芯になる人材もいない。配車担当者はドライバー出身である。荷主からのオーダーを受けて配車するのが仕事である。一日いくらの売上が上がっているのかということに、そもそも関心がない。配車するのに精一杯である。ドライバーが欠員したら自ら飛び出していく。自らハンドルを握って走る日の方が日常である。机にしがみついている時間は少ない。配車担当者というよりドライバーが配車していると言った方が正確である。配送から戻って配車の段取りをしている。一日の平均労働時間は一三〜一五時間である。労働時間の長さだけ見るとハードワークである。家に帰る時間が惜しくて車の中、事務所の一角で仮眠を取っている。風呂にも入れない。時間の隙を見て銭湯に週一回ぐらい行く。「湯船に浸かっている時だけは生きているという実感がじわじわと湧いてくるよ」

冷凍庫、チルド庫、マイナス五〇℃の超低温冷凍庫の作業員も高齢である。七〇歳は超えている。冬の寒い日は戸外でドラム缶に薪を入れて体を温めている。この人も個人事業主扱いである。一時間、一〇〇〇円支払っている。

「後任はいないのですか」

A社長が答える。

「こんなきつい仕事を続けてやってくれる人はなかなか見つかりませんよ。しかも一時間一〇〇〇円の支払いですからね」

A社は中小零細企業そのものである。金もない、人もいない、ないないづくしに満ちている。悲しいという言葉が浮かぶ。この中小零細企業の現実は悲しいと言わざるを得ない。一方なんとかしなければならないとの気持ちも湧いてくる。「この会社は絶望です。一日も早く潰れて下さい」とA社長に言うことは出来ない。そもそも経営再生の教科書には書いてある。今は赤字でも事業性があるか。キラリと光る強みはあるか。キラリと光るものを見出すことである。経営再生請負人たらんとしているのに、ここで匙を投げてはならない。

川﨑晃弘、我が息子が二〇一六年二月一三日突然死としてからの日々。亡くなってから半年ぐらいは「川﨑依邦の日々」に毎日、川﨑晃弘社長へ宛てて手紙を書き続けた。名前を口にするだけで涙が溢れてくる。一歩間違えば、自分も晃弘の後に続きたい、との瀬戸際を踏み堪えてきた。川﨑晃弘へ手紙を書く日々は、私の絶望・悲しみ・辛さ・苦しさを癒してくれた。その時、晃弘社長にいつも言っていたことが支えになっていた。

「これからは知識を振り回すコンサルタントを目指してはならない。共感力を身につけていくことだ。寄り添っていく経営コンサルタントになれよ。中小零細企業の味方になれよ。経営再生請負人になるのだ。中小零細企業は、それぞれ必死に生きているのだ。生きていく力を引き出していく。それが経営再生請負人の生きる道だよ。もうダメだと思ったときからが経営再生請負人の本番だよ。腕の見せ所だよ」

A社の経営実態の弱みの中に強みが息づいている。

「地獄で仏に会ったようとはこのことですね。何卒宜しくお願い致します」

A社長の期待に応えていくことだ。仏という程のことはない。未熟な凡人である。それでも闘いのゴングが鳴っている。

(5) 経営指導のストーリー

A社とは別に新会社を受皿会社として設立し、元々のA社は旧A社となり、新A社の代表取締役は私、川﨑依邦が就任する。旧A社の銀行借入金の整理は弁護士と相談して進める。旧A社は新A社のスポンサー、㈱シーエムオーからの事業譲渡代金をもって銀行借入金を返済し、特別清算、若しくは破産をする。そして旧A社の銀行借入金に連帯保証債務しているA社長は破産せずに連帯保証債務を免れる。これは経営者保証ガイドラインに基づいて行う。旧A社の債務整理とA社長の連帯保証債務の解除は弁護士の力を得て行う。この一連のストーリーは第二会社方式という。

旧A社の荷主、旧A社が抱えている個人事業主ドライバー、旧A社の社員、さらに旧A社のトラックはそっくり新会社に移すこととする。旧A社が締結した賃貸借契約も引き継ぐ。賃貸借契約とは現在の事務所家賃のことである。旧A社の冷凍庫、チルド庫、マイナス五〇℃の超低温冷凍庫も引き継ぐ。旧A社は銀行借入金だけ残して、もぬけの殻となる。

A社長は経営指導のストーリーの説明を熱心に聞く。

「破産とか特別清算とはどういう意味ですか」

「破産とは分かりやすく言えば弁護士に依頼して進めます。破産手続開始の申立てを行い、破産手続開始決定がなされると、会社を解散し、裁判所により破産管財人（債務者と利害関係のない第三者の弁護士）が選任され、破産管財人が破産手続（債権届出・調査・確定、債権者集会の開催、破産財団の換価、債権者への配当等）を進めることです。特別清算は破産と同様、裁判所に申立てを行い、裁判所の監督の下で清算を進める手続きです。特別清算の開始要件は、破産よりも範囲が広く、清算中の株式会社について、『清算の遂行に著しい支障をきたすべき事情がある場合』、または『債務超過の疑いがある場合』とされています」

「経営者保証ガイドラインとはどういうことですか」

「経営者保証に関するガイドラインは、全国銀行協会と日本商工会議所が事務局となったガイドライン研究会にて策定された金融機関における自主ルールです。自主ルールではありますが、金融庁や中小企業庁がこのガイドラインを推進しているため、金融機関にとっては一定の準則としての効力を有しています。このガイドラインは、保証履行を求める場合に一定の範囲の資産を手元に残した上で保証債務の免除を行うことなどを規定しています」

「そもそも第二会社方式とは何ですか」

「『第二会社方式』とは、会社の事業のうち、事業継続の見込みのある事業を、債務者の了解を得ながら、会社分割や事業譲渡といった手法を利用して、現在の法人(旧会社)から新しい法人(新会社)に承継・譲渡することにより、抜本的に事業の再生を図ることです。A社の場合は事業譲渡方式でいきます」

「こうした一連の手続きをしている弁護士は何処にいますか」

「A社長、心配しなくていいですよ、私が紹介します。弁護士の中には経営再生を得意としている人もいます。親身になって付き添ってくれますよ」

「どうして、うちの株主になって経営を立て直す方法は取らないのですか」

「旧A社には隠れた債務、簿外債務と言いますが、それがたっぷりあるのです。時間外手当の未払リスクがあるのです。まともに時間外手当を払っていません」と説明を続ける。

「コンプライアンスについても問題が大きいです。個人事業主ドライバーは労働基準法では社員です。社会保険の加入義務があります。時間外手当も支払わねばなりません。陸運局の本格的立入調査を受けると事業停止リスクが大きいです」

さらに続ける。

「また、旧A社では銀行借入金を返済していくだけの力がありません。旧A社では収益力が弱すぎます。ここは生まれ変わって新A社として出発するのです。新A社として段階を踏んで、時間外手当の未払問題や社会保険未加入問題、コンプライアンスへの対応をするのです。そして黒字化して収益力を強くしていくのです。旧A社の銀行借入金は新A社では引き継ぎませんよ」

二〇一七年秋にA社長と出会ってから三ヵ月、二〇一八年一月に第二会社方式というスキームにて経営指導を行う事が決まった。

「A社長、第二会社でいきますよ」

「大丈夫でしょうか。私に出来るでしょうか。旧会社に銀行の借入金だけ残してどうなるでしょうか」

「事業再生を専門とする弁護士を紹介します。ここは諦めずに行動に移す時ですよ」

不安そうに私を見つめるA社長を励ます。

「イソップ物語にキツネの話があります。お腹を空かせたキツネの話です。森の中で葡萄の木を見つけたのです。葡萄は凄く美味しそうです。でも葡萄の木は高くて、手を伸ばしても、跳ねても飛んでも届かないのです。キツネは行動を起こしません。諦めてしまうのです。葡萄が美味いかどうか分からないと自分を慰めて、ずっと腹ペコのままです。このキツネの話は諦めるな、行動しろと言っているのですよ。ピーターパン物語にも『飛べるかどうか疑った瞬間に永遠に飛べなくなってしまう』との一句があります。諦めるのは早い。第二会社方式でA社の事業再生を成し遂げましょう。私もリスクを取ります。新A社の株式は一〇〇%㈱シーエムオーが取得します。私も一緒に飛びますよ」
「分かりました。ここで諦めてしまうより行動します。腹ペコのキツネになりたくありません。川崎先生、一緒に飛んでください」

二〇一八年一月頃より新A社の設立準備に入る。会社を作るのは簡単である。司法書士に依頼すれば二週間もあれば出来る。手間と時間がかかるのは運送業の免許取得である。免許取得に必要な書類を行政書士の力をかりて用意する。免許申請して許可が下りるまで通常三ヵ月かかる。新A社の立ち上げXデーは二〇一八年四月とする。免許申請書類の中に法令試験の合格証が要る。運送業で知っておかなければならない法律、道路貨物運送法、労働安全衛生法、労働基準法などの知識を確認する試験である。この法令試験の合格ラインは八〇点以上である。受験資格は会社の取締役である。そこで新A社の代表取締役である私が受験することとする。試験日は二月である。これを逃すと次は四月となる。何としても二月に受験して、一発合格しなければならない。試験日までは一ヵ月もない。合格率は五〇%である。二人に一人は不合格となる。痩せても枯れても私は運送業を専門とする経営コンサルタントである。運行管理者の資格もある。「ここで落ちては話にならない」と試験勉強をする。

試験のテキストは、昔の電話帳ぐらいの厚さ、約二〇㎝もある。試験会場に持込も出来る。試験時間は二時間である。分厚いテキストを試験日まで約一ヶ月、鞄に入れて持ち歩く。時間の隙間を見つけては、ひたすら読む日々。新幹線の新大阪と東京間は絶好の勉強タイムとなる。

試験の当日、会場で私の隣に座った人が私の顔を見て話しかけてくる。

「すいません、慌てて来てしまってボールペンを忘れました。ボールペンを貸して下さい」

これには内心驚く〈試験に筆記具を忘れて来るなんて、どうなっているんだ〉

作業服姿のその人は、見るからにトラックドライバーの雰囲気がある。

〈恐らく、これから車両五台を有して運送会社を立ち上げるのだろう。本人はトラックドライバーをしながら運送業の免許を取ろうとしているのだろう。今の今までハンドルを握っていたに違いない〉「お互い頑張りましょう」と言って一本のボールペンを渡す。

無事に合格する。私は六八歳。いよいよこれで新会社の設立が現実となってくる。二〇一八年四月のXデーが迫ってくる。

「新会社が出来たら私はどうなるんでしょう」A社長が私に質問する。

「A社長は、新会社に入社して下さい。新会社では部長になって下さい。生活面は心配しなくていいですよ。ちゃんと給料を払います。私と一緒に力を尽くして新A社が黒字になるまでやって下さい」

「分かりました。やるだけやります。旧A社では私は何をしたらいいのでしょうか」

「私が紹介する事業再生の弁護士に協力して下さい。旧A社の銀行借入金の債務を整理することになります。シーエムオーが支払う事業譲渡の代金でもって銀行借入金を返します。残った銀行借入金をカットすることになります。さらにA社長を破産させないように経営者保証ガイドラインを活用します。A社長の自宅マンションを残します。担保に入っている妹さんの所有マンションも残します。これらの手続きは弁護士の腕の見せ所となります」

「こんなことが出来るのでしょうか」

「A社長、腹ペコキツネのように諦めてはなりません。高い木にぶら下がっている葡萄を創意工夫してもぎ取るのです」

「それよりA社長、新A社で私に力を貸して下さい。生まれ変わるのです。新A社をピカピカの輝く会社にしましょう」

かくしてA社長と私との二人三脚での新A社での経営再生が幕を開ける。

第三章　経営再生

（1）船出＝給与改革

新A社が船出をする二〇一八年四月。

「まず集められるだけの従業員を集めて下さい。従業員説明会をします」新A社にて部長となった旧社長に伝える。

「今まで従業員を集めてミーティングをしたことがありません。一年三六五日の仕事ですし、深夜、早朝の仕事でもありますゆえ」

「そうは言っても、集まってもらわなければなりません。新A社のことを伝え、経営方針を伝えます。新しい社長が落下傘にて舞い降りてきて、『何事か』と従業員は不安に思っていると思います。いつ、どの時間だったら全員とは言わないけれど集まりますか」

「そうですね、日曜日、朝六時だったら七〇％くらいは集まりますよ。『新社長がやって来て、大事な話がある』と言えば集まります」

「じゃあ日曜日、朝六時にやりましょう」

従業員説明会の日時が決まり、従業員説明会の当日がやってきた。日曜日の早朝なので電車の中はガラガラである。何人集まるか気になる。たとえ一人でもやる、と覚悟を決める。予定通り六時にスタートする。会場はA社の二階、三〇人ばかり集まっている。社員とタイムカードを押す個人事業主、その他の個人事業主ドライバーである。旧A社の社長（新A社では部長）が口を開く。

「この度、社長が代わりました。ここにいる方が、新しく社長になりました。私は部長として今まで通り働きます。新社長になって、新しく会社は生まれ変わります。それでは、新社長から挨拶があります」

「私が新社長になった川﨑依邦です。これからの経営方針は三方よし、です。三方よしとは荷主、従業員、経営者が共に満足することです。この言葉は近江商人の教えでもあります。そこで皆さんにご協力頂きたいことがあります。給与の仕組みを変えます。今までは月末に締めて翌一五日支払いでしたが、これからは月末に締めて翌月末支払いとします」

今までの給料は日給と時給制の固定給である。従って給与計算はシンプルである。働いた日数に日給を乗じるだけである。あるいは、働いた時間に時給を乗じる。これでは、しっかり働いた者も、そうでない者も一日の給与額は変わらない。効率よく働いた者と、時間ばかり掛かっていた者とで不公平が生じる。そこで給与支払ルールは売上制とする。売上に対しての歩合制とする。更に事故を起こさない、クレームやトラブルがゼロ、配車について嫌な顔一つせず協力していく、これらのドライバーを評価していく。そのためには給与計算に時間が掛かる。一人一人の売上を把握せねばならない。そして、一人一人を評価しなければならない。そこで、支払日を翌一五日から翌月末へと変更する旨を伝えた訳である。

「支払日の変更に伴って一五日で支払っていた家計支出が困ると思います。そこで一五日遅れる金額について、一人一五万円の仮払金を渡します。そして新しい給与支払ルールは、売上に対する％を給与原資とします。但し、現行給与額については六ヶ月間は保証します」

一気にここまで話す。参加者はシーンとして、食い入るように私を見つめる。ドライバーにとって、給与は命の糧である。この新給与ルールは予め旧A社の社長に説明しておいた。

「今までうちは固定制で日給、時給でした。こんなことをしたら、どうなるか。ドライバーが辞めるかもしれませんよ」

「よく考えて下さいよ。A社は倒産スレスレまで追い込まれているのです。今までと同じやり方では会社は変わりませんよ。売上制にして、ドライバーの収支を毎月掴んでいくのです」

私には経験がある。二〇〇八年四月、シーエムオーが初めて一〇〇％出資し、経営権を取得した会社である。この会社は一四名のドライバーがいて、三つの労働組合がある。一人でも入れる労働組合、いわゆるユニオンとナショナルセンターの労働組合、企業内組合の三つである。

この会社に私の息子、川﨑晃弘が常駐した。経営実務の責任者として乗り込み、そこで二〇一八年四月給与改革を断行した。

従業員説明会の前日、我が息子晃弘から電話が入る。

「今回給与改革すると、ドライバー全員が辞めると言っています」

「全員辞めてもたじろぐな。ここで給与改革しないと、会社を一つにまとめることは出来ない」と叱咤する。

「分かりました。腹を括って給与改革を断行します」

当日の従業員説明会は無事に乗り切る。息子晃弘の気迫が勝っていた。

「まず新しい給与で働く。それで給与が下がったら、その時に考えよう」と、ドライバーは納得する。

結局、次の決算では見事赤字から黒字へと転換した。ドライバーの給与は平均一五%もアップした。一人一人のドライバーが考働するドライバーへと変身する。如何に効率よく働き、燃料費を節約するか。車の修繕費は、とことん安くしていこうと意識が変わっていった。さらに交通事故も減った。クレームやトラブルも対前年比が五〇%ダウンとなり、まさに三方よしとなる。荷主、従業員、経営者の三方よしである。

「たとえ、全ドライバーが辞めても腹を括ります。誠意を持って真摯に向き合っていけば、必ず想いは通じますよ。ここで、経営再生の入り口をこじ開けねば、開ける時がありません。ここはひとつ勇気を振り絞っていきますよ」

私の決意と覚悟を伝える。旧A社の社長はそれでも逡巡する。

「ドライバーが辞めたら会社はつぶれる」と不安いっぱいとなる。

「新A社の経営リスクは一〇〇%私が背負います。私が初めて一〇〇%株式を取得して、経営再生に取り組んだ時のことを話します」

現行の給与は問題があります。「一人でも入れる労働組合」の洗礼で時間型の給与となっています。労働時間が長くなればなるほど、給料が高くなります。作業効率が悪く、長い時間働いていると給料が高くなるのです。反対に作業効率を高めて要領よく仕事をすると給料は低くなるのです。矛盾、不公平が生じています。運送業では時間×割増単価のみで残業代を払っていると、実態にそぐわないのです。時間×割増単価は労働基準法所定の残業代支払ルールです。会社割増賃金として会社ルールによって残業代を支払うルールを作らねばなりません。会社割増賃金が法所定の割増賃金を下回っていればその分支払うこととします。経営を引き継ぐ二〇〇七年一一月より前の六ヵ月間はドライバー間でも不祥事が多発していました。何者かが非組合員の大型ダンプの車の前に小石を積み重ねてタイヤをパンクさせようとしていたこともあります。当時の経営者には非通知のメールがしきりに送られてきました。車庫に糞が置いてあることもありました。嫌がらせです。

そこで激動の三ヶ月を経て三六協定の締結ということになります。経営者が交代します。主要荷主から三ヶ月後の取引解約が来ます。こうしたピンチに遭遇して、ようやく三六協定の締結ということになりました。配車が息子川﨑晃弘から元委員長へとバトンタッチします。元委員長はこの時点で労働組合を抜けていたので、元委員長となりました。元委員長はポツリと呟きます。

「このままの給与ではドライバーのやる気が上がらない。やる気の持てる給与にして欲しい」

「やる気の持てる給与体系」は時間数×割増単価ではありません。会社割増賃金＝運行時間外手当ルールです。「給与改革を二〇〇八年一一月に実施する。詳しくは一〇月に発表する」

八月の全体会議で公表した。給与改革は労使の緊張が最も高まるテーマです。「給与を変える。現行の賃金一〇％削減」と代表者が宣言して間もなく、「一人でも入れる労働組合」がやって来るケースもよくあることです。給与一〇％削減となると不利益変更です。同意できないということで労働組合は白紙撤回を求めてきます。ドライバーの働く根本動機は、金＝給料です。給与改革はドライバーの根本動機を鋭く刺激します。

「給料は上がるのか？　下がるのか？」

「下がるとなったら生活ができない」

普段なら、いろいろ不満があっても「まあこんなものか、給料を上げてくれと言っても上げてくれないしなあ」と諦めていた心に火がつきます。まさに寝た子を起こすこととなるのです。従って経営者は、できれば無理をしたくないのです。無理に動いて労働組合でもできたら「おおごと」だからです。労働組合のある会社だと給与改革は、おいそれと進まないのです。経営者が給与を変える、と言って二年も三年もそのままというケースも珍しくありません。従って給与改革には、きっかけがいるのです。そのひとつは、経営危機です。このままの経営だといずれ会社は行き詰まる――そこで給与改革ということになります。さらにコンプライアンスがあります。このままの給与では時間外手当の未払いとなる――コンプライアンスをクリアしたいというきっかけです。次いでドライバーの人材育成、質をどう上げていくかという物流品質向上ニーズもきっかけとなります。経営危機、コンプライアンス、物流品質向上ニーズのトリプルが、きっかけになるケースもあります。まさに今回の給与改革はトリプルです。しかも「一人でも入れる労働組合」があります。いつ目を覚まして活火山となるかもしれません。そもそも労働組合ができたのも給与問題＝時間外手当の未払いからです。最も敏感なテーマが給与改革です。配車を息子川崎晃弘社長から元委員長に交代。主要荷主からの取引解約も解除となりました。これからが真の本格スタートです。そこへ元委員長がポツリと呟いた。

「このままの給与ではドライバーのやる気が上がらない」

給与改革は、給与シミュレーションから着手しました。手順は次の通りです。

①現状の運送収入を掴む。過去一ヵ年分とする。車種別と個人別とを把握する。

②個人の給与総支給額を一ヵ年分把握する。

③個人ごとに燃料費、修繕費（タイヤ代を含む）、有料代を把握する。

④個人が使用する車両費、（償却費、税、保険料）を算出する。

①－③－④＝Ⓐとし、②の給与総支給額と比較する。Ⓐ＞②が普通である。

Ⓐ－②を会社の取り分＝Ⓑとする。Ⓑ÷運送収入＝一般管理費比率（会社の取り分）とする。

ところが、今回の場合はⒶ＞②ではなく、Ⓐ＜②となっています。運送収入と比して車両費がかかり過ぎていて、Ⓐ＜②となっているのです。これでは会社の取り分はありません。実際、収支は赤字となります。運送収入に占める給与額が高いからです。

給与シミュレーションは繰り返し、繰り返し行います。運送業の時間外労働手当を時間数×割増単価という計算方法のみで算出するとなると、運送業は矛盾・不公平に直面するのです。時間を長く働くとその分給料がアップすることになり、いつまでたっても時間外労働時間数は減らないのです。そこで何としても会社割増賃金ルールを作らねばなりません。このままではドライバーのやる気が上がってこないのです。

「運行効率を上げる。合理的な経路をとって時間短縮する。回転率をあげる。運送収入のアップに貢献する。さらにグリーン経営の実践として、燃費効率をあげて車を大事に扱い修繕費を減らす――こうしたドライバー一人一人の努力を給与に反映していくことです」

「もちろん経営幹部の立場で考えると給与原資ルールは納得できます。しかし、オール完全歩合か、と言って反発が起きていますよ」

二〇一八年八月の全体会議で、給与改革する、と宣言しています。一〇月の全体会議で給与原資ルールの基本コンセプトを説明することになっています。理論的に完全歩合でもなく出来高給でもありません。あくまでも会社割増賃金です。そのため、毎月勤怠管理をしっかり行うためにデジタコから労働時間を把握していきます。その上で法所定の時間外労働手当を算出し、運行時間外手当と比較検証しています。しかし、ドライバーの反発は必至です。

「これでは仲間内で仕事を取り合うようになって仲間内がギスギスする」

「せっかくここのところ、落ち着いてきたのに不安になる。給料が下がったらどうしようか」

給与改革は経営者の決断によります。やるしかない、と心を決めるのです。このままでは、自車収支の黒字化は望めません。ドライバーの意識も変わりません。予定通り一〇月の全体会議で説明することとします。いよいよ明日は一〇月の全体会議という日、息子川崎晃弘より私の携帯のコールが入りました。

「今ドライバーが休憩室に集まっています。このまま給与改革すると全員会社を辞めると言っています。どうしましょうか」

私は伝えた。

「全ドライバーには、明日全体会議を開くので、それまでは辞めるのを待つように言ってほしい」

ドライバーが全員辞めるとは穏やかではありません。形は違うがストライキの通告のようなものです。ここで屈して給与改革を諦めては元の木阿弥です。こうなったら会社が潰れても引き下がるわけにはいきません。全ドライバーがいなくなったとしたら、それはその時のことです。辞めると言っているだけで、団体交渉を求めているわけでもありません。翌日の全体会議には腹を据えて臨むこととしました。

結局、全体会議は乗り切ることができました。とりあえずやってみよう、ということになりました。この局面は、今から考えると経営者の根性を鍛えるものでした。全ドライバーは「退職」という形をかえたストライキで対抗してきました。経営者はそうなったらそうなったで、やむを得ないと不退転で臨んだのです。労使の心と心の激突です。

給与改革の成果はどうだったであろうか。旧給与時代は、ドライバーが残業時間をごまかすこともありました。急に休むと言って当日欠勤を有給で処理することも当然のようにありました。しっかりと働いて給与を稼ぐというよりも、残業時間をごまかすような小細工は、人間性にも疑問を持たざるを得ません。給与改革のコンセプトは成果配分型システムです。時間で稼ぐという運行スタイルからの変革です。何とか楽をして稼ごうというスタイルから、必死に仕事をして、その分の成果はしっかりと還元するというシステムへの大転換です。ドラスティックな変化は、給与改革をしてすぐに現れました。仕事が終わると、さっさと帰庫するようになりました。今までのように時間を引っ張る傾向がなくなりました。タイヤ代も大幅にダウンしました。

「新品タイヤを使わなくても再生タイヤで十分いけるよ」

ドライバーからの提案です。再生タイヤに替えることで、タイヤ代は下がりました。その上グリーン経営の実践として取り組んでいる燃費効率向上も加速して良くなっていきました。修繕費も下がってきました。給与改革は、いろいろなことを大きく変えました。修繕費を抑えるにはどうすれば良いか、タイヤ代を節約するにはどういう運転が良いか、燃費効率を上げて燃料費を節約するにはどうするか等、一人一人のドライバーが考えて働くようになりました。何となく働くドライバー、楽をして稼ぎたいドライバー、時間を引っ張るドライバーからの大転換です。考働ドライバーへの変革です。

肝心なことは、経営者や経営幹部、配車担当者が一人一人のドライバーに働きかけていくことです。ドライバーを放置しないことです。ドライバーのペースに任せておかないことです。ドライバーを育成し、力量をアップしていくために最大限の努力をすることです。

「全ドライバーが辞めると言っています」という事態に流れていたとしたらどうなっていたでしょうか。ゾッとします。考働ドライバーへの転換を促していったことは正しいことです。考働ドライバーにするためには経営者、経営幹部、配車担当者は力を尽くさねばなりません。言い換えれば、経営するという力を発揮しなければならないのです。ドライバーを放置していい訳がありません。経営するうえで給与改革の実現は大きく貢献します。

給与改革にとって肝心なのは、ドライバーとの個人面談の実施です。給与を支給して、一人一人と面談します。どうしてこのような給与になっているか、給与明細書の中身を懇切丁寧に個人面談にて説明します。さらに、もっと給料を稼ぐにはどうすればいいか、と話し合っていくことです。給与を支払って、そのままにしておくと必ずといっていいほどにドライバーの不満が高まるからです。給与改革は理屈や書面では成し遂げられません。コミュニケーションの力によって成し遂げられていくのです。成果配分型給与システムはドライバーに経営のことを考えさせていきます。

旧A社の社長はじっと聞き入ってくれる。

「それにしても、息子さんはすごいですよね。私にはとても無理ですよ」

「無理ではありません。給与改革を成し遂げて、経営の再生の船出をするのです」

新A社の従業員説明会、私の挨拶と新給与についての説明が終わる。

「何か質問はありませんか」

参加者はシーンとしたままである。

「とにかく、いっぺんやってみようよ。リンゴも美味いか酸っぱいか食べてみないと分からない。とにかくやってみよう」

新A社の部長が言葉を発する。かくして新A社の従業員説明会は乗り切ることができた。新A社丸は、そろそろと、未知の大海に乗り出していった。

(2) 荷主交渉——運賃値上げ

二〇一八年四月、新A社の部長と一緒に荷主回りをする。メイン荷主二社に対して平均三〇％の運賃値上げをお願いする。そもそもA社の経営が苦しくなったのは、メイン荷主二社より平均二〇％の値引きを通告され、泣く泣く受け入れたことによる。そこで元に戻して、さらに一〇％アップして欲しいと要望した訳である。

「運賃を三〇％も上げて大丈夫でしょうか」

部長はおずおずと言う。

「これからコンプライアンスも守っていかねばなりません。個人事業主と言っても実質社員です。社会保険に加入しなければなりません。社会保険にほとんどのドライバーが未加入でも、銀行の借入金が払えないのです。キャッシュフローが生み出されていないのです。ストレートに言って、倒産状態です。資産もマイナスで債務超過しています。運賃を三〇％上げてもらわなくては生きていけませんよ」

メインの二社以外でも、全ての荷主に一〇％〜二〇％の範囲内で現行運賃のアップを要請する。運賃値上げの要請に当たっては荷主に対するお願い文を作成する。

「運賃改定のお願い

常日頃は私共に対してご愛顧賜り、深く感謝申し上げます。

我々運送業界を取り巻く経営環境は厳しい状況に直面しています。ドライバー不足は深刻化しています。燃料費の上昇にも直面しています。

車両も老朽化していますが、新車代替するほどの力がありません。

こうした状況をふまえ、下記の通り二〇一八年四月分より運賃改定をお願い致します。

もとより私どもとしては、内部コスト削減にも取り組んでいます。しかしながらドライバーの労働条件の切下げや人件費のカットは難しいものがあります。

何卒私共の事情を汲み取っていただき、今回の運賃改定についてご了承いただきたく伏してお願い申し上げます。ご回答は四月末までにおねがいします」

添付資料として車両別収支表をつける。一ヶ月分の収支表である。車両別収支は運賃から経費を引いたものである。経費はドライバーの労務費、燃料費、車に関わる経費（タイヤ代、車検代、車の保険料、税金、リース料）、車庫代等のことである。運賃からこうした経費を引くと、A社ではマイナスとなる。売上総利益がマイナスである。これでは、事業そのものが成立しない。売上総利益から販売費及び一般管理費を引くと、もっとマイナスが大きくなる。営業利益は悲惨な数字となる。A社の販売費、及び管理費は通常の中小運送業より高コストとなっている。マイナス五〇度の超低温の冷凍庫をはじめとする維持コストがある。事務員も旧A社の社長の奥さん、妹を加えると五人もいる。運賃が一個いくらなので、伝票処理に手間が掛かる。月極運賃の専属であれば、運賃は一ヶ月いくらと簡単に計算できる。A社は集荷して配達する。いわばヤマト運輸の小型版である。事務員が五名もいる理由である。その上、配車担当者二名、庫内の作業員三名と間接人員が多い。売上総利益がマイナスで、その上こうした重いコストに押しつぶされている。更に、旧A社の社長、奥さん、妹さんの役員報酬は二〇〇〇万円である。なんとしても売上総利益のマイナスを解消しなければならない。メイン荷主二社に三〇％の運賃値上げを背水の陣で要請するべく新A社の部長と一緒にメイン荷主の所に行く。

「運賃値上げの要請に参りました」

要請文を手渡す。

メイン荷主の社長は、ハトが豆鉄砲を食ったような顔でキョトンとする。A社が正面から運賃値上げの要請に行くのは、これが初めてである。取引開始から三〇年、このような要請文を持って行ったことはない。メイン荷主は、大手上場会社の子会社である。長年、子会社の社長は親会社からやってきて、三年から五年で交代する。その間、週一回のゴルフ等をして、つつがなく努め上げていくのが子会社社長の使命である。下請け運送会社の社長ごときが面と向かって運賃値上げに来るとは、天地がひっくり返ったようなものである。私と部長が通された部屋は十坪の広さはあるかと思う程の社長室である。目の前には大きな絵画が飾ってある。横三メートル、縦三メートルはあるだろう。応接ソファに座る。メイン荷主の社長が口を開く。

「いきなり運賃値上げと言われても困るなあ。今日はA社の新しい社長が来るので挨拶のつもりだったよ」

「申し訳ありません。この要請文にある通り、どうしてもお願いしたいのです。値上げしていただくかどうかの回答は四月末までにお願いします」

「えらい急な話だねえ」

メイン荷主の社長は同席している物流部長と顔を見合わせ、何事かと目でやり取りする。

「御社の役に立ちたい一心での運送値上げのお願いです。四月末までの回答を何卒お願いします」

「四月末までは返事できないし、当分すぐ運賃は上げられないよ。そんな無理ばかり言っていると、よくないよ。運送屋の代わりはいくらでもいるからね」

プロパーの物流部長が口を開く。この物流部長はメイン荷主で実務を取り仕切っており、入社して十年である。オヤジとは月一回のペースでゴルフをし、月二回～三回は一緒に飲んできた。もちろんオヤジの接待である。三～五年で変わる親会社からきた社長のお守り役でもある。

「まあとにかく、今回のところは帰れよ。新任の社長が挨拶に来て運賃値上げなんて前代未聞だよ。不愉快だねえ」

応接室のソファで足を組み物流部長が言い放つ。

なんという横柄な態度か。これでは、お代官様と水飲み百姓ではないか。長いものには巻かれろということか、一瞬私はキレそうになる。

〈分かりました。明日からは御社の仕事はしません。運送屋の代わりはいくらでもいるのなら、好きにして下さい〉と腹の中で毒づき席を蹴って立とうとする。

待て、これでは腹を括って経営再生に乗り込んで来ているのに台無しだ……グッと辛抱、我慢のしどころだ。

「物流部長さんのお気持ちはよく分かります。いきなりの運賃値上げの要請で失礼しました」

深々と頭を下げる。一呼吸を置いて話す。

「それでも止むに止まれないのです。私は社長に就任してA社を立て直そうと命を懸けているのです」実際、命は懸けていない。ハッタリである。よしんばA社が立ち行かなくなって破産したとしても、命は投げ出すことはない。経済的に破綻しただけで、人生まで破綻した訳ではない。人生はやり直しが利く。

「お手元の収支データを見て下さい」

応接室で足を組みふんぞり返って、物流部長は収支データを手に取る。暫くじっと見ている。

「検討してみるよ。親会社が何と言うかは、なんとも言えないよ。子会社だからね」

「回答は四月末までにお願いします」

相手の目を確と見据えて、きっぱり告げる。

「四月の回答がゼロ回答でしたら、私どもは次の日から仕事はしません」

物流部長の顔色が変わる。この新任社長は何を言っているんだ、組んでいた足を解き下ろす。

「辞めると言ったって運送契約があるだろう」

私は答える。

「調べたところ、過去の古いものはありましたが、新しい運送契約はありません。従って、すぐ辞めることができます」

「どちらにしても回答がないなら直ぐに辞めるというのは、脅しているのかねえ」

「いえ、そんなつもりは毛頭ありません。御社の仕事は是非とも続けていきたいのです。やらせて下さい。私どもの売上の五〇%が御社の売上なのです。私どもにとっては、生きるか死ぬか、なのです。どうか宜しくお願いします」

この荷主は仕事がヒマな時は平気で、明日から一台来なくていいよ、とか二〇%の運賃値引きを紙切れ一枚で通告してきたではないか。辞めると言っただけで、ありもしない運送契約を持ち出すとはアホか、と思う。

今まで優先的地位を乱用してきた歴史がある。オヤジは心の中で泣いていたかもしれない。中小零細企業の経営者として尽くしてきたではないか。娘婿の旧A社の社長（新A社では部長）にこぼしていた。

「俺は男芸者みたいなものよ。ゴルフに行くときも、自宅まで車で迎えに行き、土産も渡して至れり尽くせりしてきた。飲み屋でも、好きでもないカラオケを歌い、おべんちゃらを言ってきたよ。かつて、飲み屋の請求書を回されて、オヤジ、これ払っといてくれよ。この金額は来月の運賃にでも上乗せしといてよ、と言いなりだよ」

アホとは関西弁である。まぬけ、と言ったニュアンスがある。

「どうか親会社と相談して頂いて四月末までの回答をお願いします。重ねて言いますが、回答が無い場合、あるいはゼロ回答の時は御社の仕事からは引かせてもらいます」

隣に座っている新任のA部長は、こんな啖呵を切って本当に回答が無かったり、ゼロだったりしたら、どうなるのか。売上の五〇%が消えてなくなるではないか。すぐに次の仕事が見つかるわけでもないのに、恐ろしいことを川﨑社長は言うものだ、とばかりに緊張して顔を引き攣らせている。

元々、このメイン荷主の仕事は売上総利益でマイナスである。続ければ続ける程、新A社の首を締め続ける。旧A社の銀行借入金は引き継いでいない。それでも売上総利益でマイナスでは、経営的には絶望的である。どうしてこんなに絶望的な会社を引き受けたのか。経営再生のセオリーでは、絶対に引き受けてはならないことは分かっている。それでも引き受けた。死中に活を求め——それがメイン荷主に対する三〇％アップの道である。

これに続いて、上位一〇社の荷主へ運賃値上げの要請にA部長の案内で回る。荷主ごとの特性に応じて値上げ幅は異なる。メイン荷主の交渉ほどは強気でない。回答がない、あるいはゼロ回答であれば、仕事から手を引くとの啖呵は切らない。啖呵は、ここぞという時以外は、人生で何回も切るものではないと思っている。

(3) コミュニケーションの仕組み＝会議システムと個人面談

私の経営コンサルタントとしての原点、根っこにあるのはコミュニケーション改革＝会議指導にある。それは今から三十五年前の一九八八年、㈱シーエムオーを創業する、さらに前の五年間の出来事である。

一九八三年九月、私は菱村総合会計事務所（現㈱日本経営グループ）に入社した。入社面接のことである。

「君は我が事務所にどのような付加価値をもたらしてくれるか」

菱村和彦代表の質問である。恥ずかしながら、私は付加価値という言葉の意味が分からなかった。

前職は大塚家具工業という大塚グループ（現大塚製薬グループ）の会社で労務係をしていた。会社の経営数字を見る立場でもなく、儲かっているかどうかに深い関心もなかった。どうも赤字続きらしい、との噂を耳にするぐらいである。このまま赤字続きとなるとどうなるか、不安が脳裏をかすめる。どうもこの会社にいても、先行き明るいとは思えない、そこで、社会保険労務士の資格を取得することとする。資格を取り、何処かましな所に転職をしようと、心中密かに決意する。それでも労務係の仕事は、私の性に合っていた。働いている人の悩みを聴き、解決策を一緒に考えていく。結婚相談にも乗る。親が反対しているカップルの仲を取り持ったりもした。今でも記憶にあるのが、職場結婚のことである。男はサラ金に追われていて、同じ職場に好きな女性がいた。サラ金に追い詰められて無断欠勤をする。立ち寄りそうなパチンコ店をしらみつぶしに回る。居た。○○君、何をしている、と首根っこを捕まえて両親の待つ家に引っ張って行く。

「見つけました。○○君、サラ金にいくら借りているのか。何件のサラ金から借りているのか」

「○○万円です。○○件から借りています」

「それだけか。正直に言いなさい」と、頭を小突く。今なら、完全なパワーハラスメントである。

○○君は泣く。

「泣いて済むものか。もう決してサラ金からお金は借りません、と両親に誓いなさい」

更に頭を小突く。

「すいません。あと○○万円あります。あと○件あります」

両親がサラ金の借金を肩代わりすることとなる。私は○○君と一緒に返済のため、○○件のサラ金を一軒一軒回りながら言う。

「○○君、親は有難いなあ」

ある日のこと、○○君が私に相談を持ち掛ける。

サラ金事件が解決して一年、○○君はサラ金に近付くことはなく、パチンコもきっぱりと止めていた。

「好きな女の子がいます。彼女も僕のことを好いています。結婚したいのです。でも、両親が反対しているのです。力になって下さい」

「どうして反対しているの。君もサラ金事件以来、真面目に働いているじゃないか。身を固めるのは良いことじゃあないか」

「実は、彼女は○○部落の出身なのです。それで、両親はダメと言っているのです」

私は○○君の両親を説得した。それでも頑なに「ＮＯ」の一点張りである。そこでやむなく両親抜きで結婚式を手配し、挙行した。私が司会をし、仲人役もした。結婚式場は当時、会社の社員に弁当を作って、配布していた弁当屋である。

「できるだけ安く頼むよ」

私は労務係なので、この弁当屋に顔が利く。

一年後、○○君夫婦には男の子が産まれる。頑なに反対していた両親も軟化していく。

「あの時は本当にありがとうございました」
○○君は私が会社を辞めても毎年、年賀状をくれた。

労務係は、人と人とのコミュニケーションが大切である。私の性に合っていた。ところが会社の経営状態は悪くなる一方である。私は人事異動で、大阪本社の経理係になる。転職する一年前のことである。下っ端の経理係で、机の上での事務仕事である。やりがいを感じない。

かくして、転職面接に臨む。

「君は我が事務所にどのような付加価値をもたらすか」

私としては、社会保険労務士の資格は取得する。この事務所で手続きの仕事をしていく、内心このように思っていた。

「はい、私は御社が発展するように全力を尽くします」

咄嗟に、どんな仕事をするかのかも分からないまま答えた。私は菱村会計事務所に採用された。与えられた任務は、社会保険労務士の手続きの仕事ではない。私の上司Oさん（今でも㈱シーエムオーの監査役であり、私の人生の師匠である）曰く、

「君の担当は六件である。一軒一軒、月に一回、回ってきなさい」

「何をするんですか」

「会計伝票を回収して来なさい」

ＴＫＣという税務会計グループに入っているため、会計伝票を回収してくるようにとのことである。当時の私は三十四歳で、簿記の知識はゼロである。月次試算表や決算書は見たことがない。いきなり未知の世界に投げ出される。

息子の晃弘は二歳になったばかりである。ここで辞めるわけにはいかない。

私は担当の六件を月に一度回る。正直言って、会計伝票を回収するだけなので何もすることがない。会計伝票を見ても、何のことかさっぱり分からない。一件当たりの月顧問料の平均は六万である。クライアントに月に一度、訪問するのがプレッシャーとなる。

これと言うほど、何もしていないのに顧問料が入ってくる。もちろん、私に入るわけではない。事務所の信用で入ってくる。それでも、つらい。何か役立つことをしたい、という思いが募る。

クライアントの中にタクシー会社があった。約一〇〇台のタクシー車両を抱えている。ある時のこと、いつもの如くタクシー会社の社長と雑談をしていた。

「うちは会議をしていないよ。本当は一ヶ月の売上と目標をチェックして、どうしたら売上が上がるか、会議をしたいなあ」

ハッと閃く。そうだ、私が司会をして、月一回会議をすれば良いのだ。これなら役に立つことができる。

今に至る会議指導の原点である。それからというもの、月一回の訪問は、経営実績検討会議の場となる。水を得た魚である。中小企業は計画、実行、評価、改善のＰＤＣＡの管理サイクルが回っていない。肝となるのは会議指導である。一九八三年九月に入社してからというもの、来る日も来る日も会議指導である。

年間一〇〇〇件、月にすると八〇件は一日四件ペースで会議の司会をするようになった。私は自らの会議指導の取組みを一九八五年十月、ＴＫＣ全国経営指導事例発表大会にて発表した。最優秀賞を受賞する。その時の『会議指導の記録』の骨子を紹介する。

「私たちが会議指導を行っている関与先は、年商一億円に満たないレベルから年商一〇億円レベルであり、小規模企業を主力としている。いわば会社そのものが小集団グループである。しかし、経営診断、経営シミュレーションの経験によると、小集団でありながら社長と従業員との意思疎通、信頼関係は低水準にあることを認識することが多かった。そもそも会議の仕組みすらない関与先が一般水準である。まれに定例会議を設定していても、社長の一人舞台であったりして近代経営感覚からほど遠いものがあった。私たちは従業員の経営参加を通して、活性化をはかるという組織開発の実践道場として会議を活用することとした。

実績検討会議の前提は経営計画の存在である。したがって経営シミュレーションを行った関与先のフォローとして、実践される。月次の経営実績を計画と対比し、その差異を分析し対策を立案していくわけである。日常の巡回監査の正確性に基づく計数を噛んで含める如く分析し、数字のウラの現実の問題点を明らかにして対策を立てることとなる。指導関与先ごとに、切り口、問題意識は様々であることは言うまでもない。

私たちの会議指導は、関与先の懐にとびこんで行うとも言える。したがって回を重ねるごとに私たちの指導力は鍛えられ、試練にもさらされる。私たちに必要とされる能力は、人間のやる気や創造性を引き出す力を核心とし、そのためには経営改善に喜びを見出す使命感、情熱を基盤とする。そしてその基盤に立って自己啓発を不断に続けていく能力である。さらに自己管理力と体力を必要とすることは言うまでもない」

私は漸くにして、菱村和彦代表の「君はどのようにして付加価値をもたらすか」に答えることが出来たと思っている。

一九八三年九月に入社して、丸二年が経過していた。

この二年間の会議指導の日々が、私の経営コンサルタント人生の原点であり、根っことなる。そして、経営コンサルタントとして自立するために、一九八六年、中小企業診断士の資格を取得する。日曜日ごとに朝から夕方まで図書館に行って勉強し、平日も早朝一時間は勉強する。図書館での勉強には晃弘(当時五歳)も連れて行く。私が勉強している間、晃弘は待つ。幼児ルームで絵本やオモチャで遊んで待つ。申し訳ないこともあった。勉強が済んで私は一人で帰ったことがある。うっかり晃弘と一緒に来たことを忘れていたのである。あわてて図書館に引きかえす。あの時かいた冷や汗はいまだに忘れられない。晃弘はじっと待っていた。「本当にすいませんでした」

中小企業診断士となった次の年の一九八七年、私は『組織活性化方策としての会議システムの構築』という論文で中小企業庁長官賞を受賞する。この論文は私の「会議指導」という経営指導のやり方をあますところなく公開している。

自らが司会役をつとめる。経営計画(経営方針)をつくる。会議の体系をつくる。さらに給与体系を確立する。会議指導の実践は、TKCの最優秀賞、中小企業診断協会の中小企業長官賞を授与された。私にとっては心の勲章でもある。今に至る私の原点、根っこにあるものである。

新A社にてコミュニケーションの仕組み=会議システムの構築にとりかかる。経営実績検討会議を月二回行う。前月の経営実績、売上をチェックする。売上アップのために取り組んだことを確認する。参加者は司会者の私、㈱シーエムオーから経営管理スタッフ二名、新任のA部長、配車担当者、事務スタッフの責任者の計六名である。月初めの経営実績検討会議は前月のチェックに重きを置く。月半ばの会議は、今月の着地予測と次月の売上目標の確認とする。参加者一人一人に発言を求める。議事録も作成する。目標と実績との差異について、どうしたらその差異を縮めることが出来るか具体的なアクションプランを話し合う。そのためには、経営数字に基づいて話し合うことである。

次いで早朝会議を月一回行うこととする。参加者は私、部長、ドライバーである。朝六時から約一時間行うこととする。ドライバーは、社員、タイムカードを打刻する個人事業主、そして常勤の個人事業主である。テーマは「安全」である。一ヶ月の事故やクレーム、トラブル件数を発表する。どうしたら、事故やクレームを減らすことが出来るか、一人一人に問いかけていく。司会は私である。早朝六時のスタートとしたのは、ドライバーが集まらないからである。それでも、出席人員は十〜十五名である。コツコツ続けていくことである。時には、交通安全のビデオも活用する。なにしろ今まで旧A社では、定期的なドライバーミーティングは、ただの一回も行っていない。仕事があるのに、どうしてミーティングするのか時間の無駄じゃないか、口には出さずとも、腹の中でドライバーは思っている。オヤジに至っては、ドライバー集めて何を話すのか。給料を上げてくれ、と逆に迫られるのがオチだ、というのが口癖だった。

早朝会議では、燃費効率データを示す。一リットル当たり、何キロメートル走るかの燃費データである。この燃費データをドライバーに明らかにすることで、燃料費の節約に繋がる。車のスピードを出し過ぎないようになる。無駄なアイドリングをしなくなる——こうした成果を期待して、早朝会議で取り上げていく。

個人面談の定例化にも取組む。一人一五分〜三〇分、個人面談シートに基づいて実施する。

個人面談シートの内容は三つの項目がある。

一つは給料についてである。一ヶ月の売上を示し、燃料費、車にかかる経費（タイヤ代、修理費、保険料、自動車税等）、使用した高速代を明らかにする。そのうえで、給料はいくら稼いだか明らかにする。運送コストを示すことで、コストダウンの必要性を知らしめていく。そして、運送原価をコストダウンしていくことで、給料アップに繋がることを周知していく。事故費についても明らかにし、分かりやすく経営数字を用いることで、コスト意識を高めていく。

二つ目は仕事内容である。荷主について何か気が付いたことは無いか。荷待ち、卸し待ちで無駄な時間を過ごしていないか。荷主から無理な要望はされていないか等々、丁寧にヒアリングする。

三つ目は生活状況である。サラ金で首が回らなくなっていないか、家族で困ったことはないか、体調はどうか、悩んでいることはないか等々である。面談は、私と部長で行い、原則として一ヶ月に一回は行うようにしている。ドライバーは孤独である。口がよく回る者ばかりではない。ポツリポツリと口を開くのをじっくりと聞く。

さらに倉庫の作業者とも個人面談をする。マイナス五〇℃の冷凍庫の中にも入っていく一五分もいると口が強張る。〈こんな作業環境で、よく頑張っているな。こんなに頑張って働いているのに、会社は苦しい経営だ〉中小零細企業のおかれている経営の現実が骨身に染みる。

そして、日報、週報、月次報告書を用いて、報連相の体制を確立する。ドライバーには運転日報があるが、作業者には作業日報がない。事務スタッフ、配車担当者、部長にも日報がない。そこで日報のない人には、日報作成を義務付ける。日報は私がチェックすることとする。毎日のことなので、分量もある。それでも日報をチェックし、コメントを返していく。そのうえで、週報、月次報告書を作成する。週報は、部長、配車担当者が作成し、週間ミーティングの時に活用する。月次報告書は月初めの経営実績検討会議の資料となる。

新A社での経営再生の入り口は、船出＝給与改革、荷主交渉＝運賃値上げ、コミュニケーションの仕組み＝会議システムと個人面談である。日報、週報、月次報告書の確立もそこに加わる。

亡き息子、川崎晃弘とともに、闘い抜いた経営再生の日々が蘇る。

君の志は何だったのか。それはとにかくシーエムオーグループを成長させること。年商一〇〇億、一〇％の経営利益率のシーエムオーグループをつくることにあった。

二〇一一年に愛知県小牧市の運送会社E社を事業譲渡で引き受けたことがあった。ドライバー一〇名（車両台数一〇台）、構内作業員一〇名の会社である。

「どうだ、この会社を引き受けるか」

君は即座に「やらせてください」と答えた。

E社は一〇年連続の赤字会社である。M＆Aのスキームは「E社は破産する。その前に車とドライバーと荷主を事業譲渡する」というもので、事業譲渡する手始めとして大胆な経営改革に着手する。三ヶ月間の工程である。

全従業員の賃金は一〇％カット。朝五時頃現場に行き、全従業員に説明する。会議室がないので立ったままの説明会である。寒い冬二月のことだった。引き継ぐ人員は社員とし、役員は引き継がない。E社長は当然のこととはいえ、もう一人現場の責任者（役員）も引き継がないとした。

この三ヶ月のプロセスを君は担った。とにかく成長したい、との一念である。ところが君は圧倒的に不利な状況に追い込まれる。現場の責任者（役員）を解雇したことによる大混乱だ。構内作業員のベテラン社員が現場の責任者と共にいなくなる。次いで一人また一人と構内作業員がいなくなる。E社長もやむなく現場に入る。君も次々と人材派遣スタッフを投入する。

七〇歳のE社長は現場に張り付き、風呂に入る時間もままならない。そのうえ投入した人材派遣スタッフも次々と辞める。

「もうお金はいりません。辞めさせてください」

何しろ、現場人材の不足のせいで夜勤と昼勤ぶっ通しなので皆ヘトヘトになっている。

君は人材派遣スタッフを宥めすかしていく。それでも「硫黄島の戦い」の日本軍の如くである。

この「硫黄島の戦い」は君と一緒に観た映画である。

E社長は女性である。風呂に入る時間と愛猫にエサをあげる時だけ自宅に帰る。荷主が心配する。

「このままではE社長の命が危ない。何とかしろ」

東京にいた私に朝四時頃、E社長から電話が入る。

「何とかしてください。トラブル発生です」

東京にいるのに愛知の小牧のことはどうすることもできない。そこで君に電話して事情を話す。

「わかった。何とかする」

かくして激動の三ヶ月を経て、名古屋プレジャー（シーエムオーのグループ会社）に事業譲渡する。ところが人員は一人もプレジャーに移ってこず、車両一〇台だけが移った。私は「戦いすんで日が暮れて」の心境である。ここでも君は本領を発揮する。車両一〇台を抱え、一人一人ドライバーを採用して一般貨物分野を切り開いていく。この愛知県小牧市のM&Aの失敗とその後の展開は、成長したい、という君の志のなせるわざとしか言いようがない。

新A社での闘いのゴングが鳴り響く。

第四章　一〇〇日プロジェクト①＝ピンチはチャンスなり、スピードは力なり

（1）一〇〇日プロジェクトの実践

一〇〇日プロジェクト①は二〇一八年四月～七月のことである。

一〇〇日プロジェクトは「ピンチはチャンスなり、スピードは力なり」の実践から出ている。新A社は新しく生まれ変わろうとしている。直面する経営課題は先送り出来ない。ピンチの時こそ今やるしかない。スピードは経営再生の生命線である。待ったなしであるからだ。失敗を恐れず、襲いかかるリスクにたじろがず立ち向かっていく。勇気を奮い起こしていく。激動の一〇〇日をやりきっていくことだ。

給与改革の断行は成果を上げる。ドライバーが一日の稼ぎ、売上に関心を持つようになる。配車担当者に「もっといい仕事はないのか」「もっと稼がせてくれ」と迫るドライバーも出てきた。今まではタイムカードの時間で給料が支払われてきた。とにかく休まず、長い時間働くことがドライバーの働くモチベーションであった。頭の切り替えである。売上に対してのパーセンテージが給与原資となるのだから、とにかく売上を上げることが第一となる。ところが、元々運賃が上がらず、

売上に対してのパーセンテージを給与原資にすると、保証給与に届かない者も続出する。保証給与とは、会社が定めた最低賃金のことである。保証給与しか払えないとなると、会社もドライバーも追いつめられる。会社は持ち出しとなり、ドライバーの給料は上がらない。「オレは保証給与で充分、ガツガツ働きたくないよ」と言うドライバーも出てくる。新A社の常勤ドライバーは六〇歳以上が六〇%もいる。七〇歳以上も三〇%である。今更、体にムチ打って働きたくないと思うドライバーもいる。それでも給与改革の断行は成果を上げる。ドライバーの中には積極的に仕事に取り組む者も出てくる。ドライバー平均の月売上高が一〇〇日プロジェクトの前と比して五月、六月と一〇%アップする。一方、退職者も出てくる。常勤ドライバーの約二〇%が一〇〇日プロジェクトの間に去っていく。急遽、補充に力を入れ、ハローワークだけでなく有料広告も出す。五～六名採用するが、それでも次々と辞めていく。旧A社の月売上額と比して二〇%の売上減が、五月、六月、七月と続く。人員減だけが売上減少の要因ではない。片っ端から要請した運賃値上げにより、中には発注が減った荷主もあるからだ。とは言っても、決死の覚悟で交渉したメイン荷主の平均三〇%の値上げは了承していただいた。四月からの実施となる。早速、メイン荷主とは運送契約を新たに締結する。解約する際は六ヶ月前としている。

一〇〇日プロジェクトでの経営改善実績として、荷主との運賃値上げは平均一五%アップする。

「良かったねぇ、これで我社は赤字になることはないよ」とA部長に言葉をかける。

「本当ですね、後は欠員しているドライバーの採用に全力を尽くすことですね」A部長の表情も明るくなる。さらにA部長が言う。

「うちのドライバーは六〇歳以上が多く、もっと稼ぎたいというやる気がもう少し欲しいですね。この際、ドライバーを集めるには月給制にしたらどうでしょうか」

「月給制にすると働くモチベーションが下がるよ。うちのように生きるか死ぬかの経営状態では、ドライバーには、もっと働いてもらわないとダメだよ。確かに高齢ドライバーが多い。徐々に切り替えていかないといけないよ。それに高齢だからといって、楽をして稼ぎたいという者ばかりではないよ」

ここで私は、給与改革によって経営再生した経験をA部長に話す。

「経営不振の会社があってね、ドライバーは一〇人程度。社会保険料も消費税も労働保険料も滞納している。五年連続の赤字が続いている。ここの社長の役員報酬はゼロ、それどころか私財を三〇〇〇万円投入している。常識で言えば破産しかない。ここの社長が、生き残る道はありますか、と私にすがる。この会社は大型トラックで月間一万～二万キロ走っている。給料は珍しく月給制でね。社長は給与計算が面倒で、月いくらと決めている。しかも銀行借入金の返済は続けている。借りては返す、返しては借りる、の繰り返しでやり繰りしている。私が、社長、生き残る道は給料を変えることですよ。ドライバー一人一人の売上を出して下さい。そこから燃料費、高速代、車に係る経費を引いてください。引いた残りを給与原資とするのです。一人一人のドライバーにこの数字を個人面談して教えてください。どうしたら給料が稼げるのか教えていくのです、とアドバイスすると、この会社の社長は給与改革した。すると翌月から成果が上がる。一人一人のドライバーは燃料費を節約し、車を大事にする。更に社長は荷主に対して運賃交渉をし、一〇%の運賃値上げを勝ち取ることが出来ました。この会社は死の淵から蘇ったのですよ」

A部長はじっと耳を傾ける。

「確かにオヤジの時は売上制でした。今の日給制、時給制にしてから赤字が続くようになりました。でもうちの今のドライバーはついてきません。現にポロポロ辞めています」

「確かにポロポロ五、六人辞めていますね。それでも、このままでいいのでしょうか。中には、オレは稼ぎたい、と張り切っているドライバーもいますね。このままですと会社は沈んでいきますよ。歯を食いしばって給与改革を成し遂げましょう」

私の思いは、このままでは潰れる。どうせ潰れるなら、やるだけやってからにしよう。ドライバーは力を尽くして集めるしかない、ということである。

私は経営コンサルタントとして、給与改革の基本コンセプトを持っている。給与改革基本コンセプト五ヶ条である。

第一条　ドライバーのやる気を引き出せること

ドライバーの「やる気」がみなぎる仕組みを作ることが大切だ。経営数字と結びつけてドライバーのチャレンジ精神や行動を引き出すことにある。個々のドライバーの価値観の多様化と共に契約社員も多く採用されるようになった。多様なコースを設定しておくなどして複線型賃金体系についても整備する必要がある。

第二条　ノーワークノーペイが原則であること

「賃金」とは何か、と改めて問いつつ、同業他社の水準と比較して「外部競争性の原則」に叶っていることは必要である。自社のモデル賃金分析は必要である。

第三条　合法性があること

契約社員、女性労働力の戦力化も重要になってきた。正社員と全く同じ仕事をさせた場合、賃金格差があると「同一労働、同一賃金の原則」に反する違法行為になるなどの労働基準法その他関係法規に抵触しないことを前提としなければならないことは言うまでもない。

働き方改革に伴う賃金コストの上昇についての考え方に、賃金が日給制、時間制の場合、所定賃金額を据え置いたままで、労働時間や労働日数が少なくなったことにより、手取賃金がこれまでより減少するのを放置していても良いものだろうか、これを単価アップの措置を取るとすれば企業にとっては負担となる。労使の話し合いで決めた賃金制度によるからといって、この賃金水準の低下は仕方がないことであり、労働基準法、最低賃金法に違反していない限り良いのだというのにも限界がある。経営者が新規荷主の開拓、業務内容や処理方法の見直しなどに自ら立ち、適正人員の維持、付加価値生産性の向上への努力・工夫で、「賃金を低下させない」ことを基準に据えるべきである。

第四条　シンプルで分かり易い算定基準があること

評価ルールの公開、評価結果の本人へのフィードバックにより、透明度を高めることで労使ともに納得性があることとなる。オープンであることは人材の活性化に繋がる。

第五条　公平で公正な評価であること

評価制度を見直さなければならない。そして、評価結果が賃金処遇に適正に反映できるシステムに設計する。賃金と評価制度の関係は密接だ。評価を行う者の能力が問われるので、考課者訓練、面接訓練は欠かせない。

私自らの経験がある。社会保険労務士の資格を取得し、転職した一九八三年九月のことである。その時、二歳の我が息子晃弘がいた。これからは資格を生かしてボチボチ暮らしていこう。なんとか家族を養えるだけの給料で充分、と思っていた。それが社会保険労務士の資格を生かした手続き業務どころか、いきなり未知の分野に投げ出された。

「君はいくらの付加価値をもたらすか」との命題を突き付けられた。

溺れる寸前、中小企業経営の役に立つツールを発見した。それが私の原点、根っこである会議指導である。やる気に火がつく。年間一〇〇〇件の会議指導をやり抜く。そして一九八八年九月、経営コンサルタントとして独立する。そこで更に、やる気に火が付く。自分の働きしか頼るものはない。やってもやらなくても給料は天から降ってこない。自力あるのみ。それこそ日曜、祭日なしに死に物狂いで働く。このエネルギーはどこから出てくるか。自分がやらないで誰がやる、自立自走の心である――ドライバーのやる気に火がつく給与であらねばならない。

一〇〇日プロジェクトは進行していく。六月になると単月で営業利益が黒字となる。売上に対して三％の営業利益を叩き出す。

「やった！　ついに黒字化したぞ。このペースで突き進もう」

黒字といっても、社会保険に未加入ドライバーもいる。まともに加入すれば、たちまち赤字となる。もっと売上を上げていかねばならない。

営業先リストを作成する。過去、付き合いがあり、今は取引なしとなっているところ、もっともっと深耕出来るところ、更に全くの新規、約三〇社ピックアップする。日報によって活動状況を報告する。部長と配車担当者の役割である。新A社の会社案内を作る。経費をかけられないので自前で作る。こんな冷凍庫があります、こんなトラックがあります、こんなドライバーがいますよ、と写真を撮って会社案内をする。とにかく売上アップしかない。旧A社の売上と比して二〇％もダウンしている。

私の経験上、経営再生にて事業譲渡や会社を丸ごと引き継ぐと、売上は一〇〇％引き継げない。平均二〇％はダウンする。本当の闘いは、この売上ダウンに直面してからだ。求人作戦についても、ハローワークや有料広告だけに頼ってはいけない。自力で、足で稼ぐ。求人チラシを作り、アルバイトでも来ないかと、近くの大学の正門前で配る。それでも飽き足らず、大学の掲示板にチラシを無断で貼る。もちろん後で大学の学生課よりきつく叱られる。校門の前で配っていると、通行の妨げになるということで警察に通報されることもあった。なりふり構っていられない。更に、タイムカードを打刻する「個人事業主」ではなく、きちんと道路貨物運送業の免許を持っている、まともな外注業者を探す。

「A部長、この際、四トンのトラックに乗ってください」

「四トンには乗れませんよ」

「それでは、二トンに乗って下さい。四トンのトラックは、今二トンに乗っている〇〇さんと代わって下さい」

ドライバー不足について、ありとあらゆる手を打っていく。

更にグリーン経営の申請をして取得する。グリーン経営はトラック運送業にとって、環境に優しい会社であるとアピールすることが出来る。燃費効率を良くし、荷主開拓にも役立つ。

更にタイムカードを打刻している「個人事業主」には、正式に軽貨物の免許を取得させる。今乗っている軽貨物は無償で譲渡する。支払形態は売上×七五％とし、残りの二五％は会社の取り分とする。明らかなコンプライアンス違反は是正していく。中には軽貨物の車庫申請が出来なくて仕事そのものを辞める者も出てくる。

とにかく、あらゆる経費削減に取り組む。例えばアイスバッテリーは六〇〇枚もあるが、五〇枚を残し、後は解約する。一階の自動販売機は電気代がかさむので解約する。業界紙の定期購読は止める。二台あるフォークリフトは、稼働率を出して一台にする。

一〇〇日プロジェクトの進行は、黒字化への道筋が見えてくる。「入るをはかって出ずるを制す」このペースで行くと経営再生は出来る。もともと新A社は役員報酬ゼロである。交際費もゼロとしている。早期会議、経営実績検討会議等の会議システムは機能している。日報、週報、月次報告書の報連相の仕組みも定着化しつつある。

一〇〇日プロジェクトは実のあるものになりつつある。まさに「ピンチはチャンスなり、スピードは力なり」の実践の日々である。

経営再生の実現の入口は無事に通過しつつあると思っていた。

第五章　撤退

（1）撤退

新A社の経営成績二〇一八年六月は、単月黒字へと転換した。売上に対して三％の営業利益を計上した。七月は暑い。アイスクリームの物量も増える。このペースで行ってくれ、と秘かに祈る。七月は対前年比売上三〇％減である。それでも営業利益は一％と、かろうじて踏みとどまる。

相変わらずドライバーの不足は続く。休車の解消も進んでいない。とにかくドライバー採用に力を入れるしかない。八月は対前年比三〇％減のまま低迷が続く。中々売上が回復しない。四月に実施した運賃値上げのせいで一部の荷主が逃げている。A部長を先頭に、営業リストを手にして一軒一軒回った営業訪問も目に見えた効果を出していない。

「とにかく汗をかくのだ。もう駄目だと思ったところからが本当の斗いだ」と、自らを励ます。

その上、軽貨物を無料譲渡して完全傭車とする作戦も不発が続く。六〇歳以上の高齢ドライバーが六〇％も占めており、これをきっかけに、仕事を辞めて行くものが続出する。傭車する力が落ちてくる。傭車先が減っていく。それでもA部長は二トン車に乗って汗をかく。配車担当者もトラックに乗る。配車は補助として女性事務員が担う。女性事務員は請求書を作成していたので運賃が頭に入っている。配車担当者は運賃が頭に入っていなかった。文字通り総力戦体制である。事務所は女性事務員三人のみである。二階の別の部屋には、メイン荷主の事務担当ということで二名いる。このメイン荷主の仕事は一年三六五日であるため、一人の事務員では対応できない。メイン荷主の採算性は運賃値上げをするまでは赤字の垂れ流しである。売上総利益でマイナスである。そのうえ二名の事務員の人件費が負担となる。一応、事務員二名分の人件費は、メイン荷主に請求していた。それでも充分ではない。これほどまでしてメイン荷主に尽くしている。漸く四月、三〇％の運賃値上げによって息をつく。メイン荷主の月ごとの採算は営業利益でトントンまでに持ち直す。三〇％運賃値上げしてもトントンである。それまでが如何に悲惨であったか言うまでもない。二〇一八年九月の損益は、これまた一％の営業黒字となる。このペースで売上が増え、ドライバーが採用出来れば、明かりが見えてくる。

暗転する。九月のある日の事である。A部長が私に一通の通知文を差し出す。

「メイン荷主から通知文が来ました。二〇一九年三月末にて取引を中止するとの通知です」

おもむろに通知文を手に取る。三行半とはこのことか、三行にて簡潔明瞭に取引中止を通知している。運送契約では六ヶ月前に通知するとしている。確かに六ヶ月前の通知である。売上五〇％の荷主がこれで消えていく。果たしてこれからどうするか。一〇〇日プロジェクトでは「入るをはかって出ずるを制す」で経営再生の入口を渡ってきた。明かりも見え、これからが本番というときである。私は内心、万事休すとはこのことか、と思わずにはいられなかった。

旧A社の受け皿として新A社は船出した。銀行借入金は背負っていない。身軽である。それでも新A社は固定費が重い。売上減しても冷凍庫の家賃、電気代はかかる。しかも事務所の人員も三人、部長、配車担当者を入れて五人と重い——これで売上が五〇%も減ったのでは会社は経営出来ない。さらにコンプライアンスの重圧がある。新A社が引き継いだドライバーの大半、九〇%は社会保険未加入である。これから社会保険に加入していくと負担が重くなる。新A社が引き継いだドライバーに社会保険の加入を勧めると、それでは手取りが減るので辞めます、というレベルである。こうしたドライバーを入れ替えるとなると、いつになるか分からない。新A社のビジネスモデルは、大手ヤマト運輸のクール便に似ているが、組織力、資金力、人材力、全てにおいて足元にも及ばない。メイン荷主から三〇%の値上げを勝ち取ったとはいえ、ヤマト運輸の運賃には遥かに及ばない。しかも五〇%を占めるメイン荷主の取引中止によって売上が消えていく。

即決断し、A部長に伝える。

「分かった、これではやっていけない。撤退する」

前へ進むよりも撤退の方が大変である。二〇一九年三月、撤退と決める。それまでは、今の仕事を続ける。

「このことは腹にしまっておいて下さい。今アナウンスするとドライバーの動揺が大きいです。撤退準備をしっかりして、ギリギリの二〇一九年二月頃にアナウンスしましょう」

それにしても流石と言うべきか、メイン荷主はバッサリと切ってきた。巨象に立ち向かったアリみたいなものだ。

今でもこの時の撤退決断について、自問自答する時がある。

「経営再生の入口に入ったばかりで、すぐ止めるとはどういうことか。経営再生請負人として悔しくないのか」

「見極めは早くつける必要がある。ダメなものはダメ。簡単に売上は増えない。固定費も減らない。コンプライアンスも重圧だ。ここが潮時だよ」

「それでは何故、旧A社の受け皿になったのか。コンプライアンスの重圧や固定費のことも分かっていたことではないか。旧A社の債務超過のことも分かっていたではないか。それなのに旧A社の受け皿となって無理筋ではないのか」

「確かに無理筋であったよ。それでも旧A社の社長の話を聞いて、ひとつ、出来るだけやってみようと思ったのだよ」

「もともと、この旧A社を引き受けることで、何のメリットがあったのか。自己満足のためか。この会社からの役員報酬はゼロだし、撤退となると撤退費用もかかる。シーエムオーが出資した資本金一〇〇〇万も紙クズになる。ざっと計算しても〇千万円はドブに捨てることになるよ。経営責任は取らないのか」

「本来なら経営責任を取って、ケジメをつけねばならない。しかしここで㈱シーエムオーの代表を辞めるわけにもいかない。私は、㈱シーエムオー創業者であり、ワンマン経営である。〇千万の損失は㈱シーエムオーが被る。ケジメとしては、㈱シーエムオーの配当は今期ゼロとし、私の役員報酬も三〇％減額するよ」

「自己満足で旧A社を引き継いだのか」

「自己満足ではないよ。新A社は撤退する。それでも旧A社の社長の願いは叶えるよ。旧A社が弁護士の力も借りて、うまく会社を畳むことが出来れば旧A社の社長は救われるよ。旧A社の社長は破産することもないし、マンションも守れる。オヤジの二人の娘達も救われるよ」

「それでも〇千万、㈱シーエムオーはドブに捨てるじゃないか」

「何も撤退しようと思って受け皿になったのではないよ。武運拙く、刀折れ矢尽きた、ということよ。言うまでもなく㈱シーエムオーの皆さんには心配もかけたし、迷惑もかけたよ。申し訳ないことをしました」

撤退となると原状回復が必要となる。密かに見積りを取る。倉庫解体費用で〇千万、事務所の撤去費用で〇百万かかる。半端な金額ではない。老朽化している保有車両の売却の見積りは、悲しいことに一〇〇万にもならない。軽貨物が大半だからである。しかし、撤退する、との決断は揺るがない。撤退作戦計画を立てる。二〇一九年二月に、新A社の従業員、荷主、利害関係者（仕入先等）に対しては、「二〇一九年三月末にて、新A社は休業する」旨を告知する。ついで行政官方（税務署、労働基準監督署、陸運局等）には、二〇一九年三月に告知する。それまでは、おくびにも出さず、粛々と日々を乗り越えていく。会議システムについても適確に実行していく。出来るだけ、二〇一九年三月末の決算数字の赤字は避ける。撤退作戦は心理的には辛いものがある。しかし、やれることは、やる。

「ここまで頑張ってきたのに……もう少しやれないか」

「メイン荷主の取引中止のショックは大きい。固定費の負担も大きい。それに社会保険未加入者もドライバーの九〇％と多い」

「こうした経営不振会社を立て直すと大口を叩いていたではないか」

「大口にも限界がある。それに銀行の借入金もない。㈱シーエムオーの損失数千万だけだ。これぐらいの損失は㈱シーエムオーの収益力なら一年で取り返せる。㈱シーエムオーの節税にもなる。今が撤退するときだ。今しかない」

撤退作戦で大きく立ち塞がったのが、原状回復のことである。賃貸借契約では、更地にして退去しなければならない。事務所解体費用はなんとか五〇〇万と見積もりが出ている。更に冷凍庫の撤去には予測がつきにくいところがある。土壌汚染がされている可能性もある。まともにいったら、いくらかかるのか。解決策は、冷凍庫を引き取ってくれる同業者を探すことである。

マイナス五〇℃の低温冷凍庫は要りませんか、と心当たりに尋ねるしかない。あちこち一〇社ばかりをあたる。移転費用はこちらで負担します、と言っても、手を挙げるところがない。無償にします、と言っても、引受先は出て来ない。刻一刻と月日が経つ。二〇一八年十二月になっても出て来ない。

――これは、こちらで解体していくしかない。解体費用の見積りは〇千万円となっている。〇千万となると、㈱シーエムオーとしても困ったことになる。

二〇一九年二月のことである。新A社の冷凍庫、事務所を、そのまま丸ごと引き受けても良いという運送会社が現れる。但し、丸ごと引き受けるのは、二〇一九年七月から、が条件である。渡りに船とはこのことである。二〇一九年三月末にて新A社は撤退するので、もぬけの殻となるが、四月から六月までの家賃は払わなくてはならない。撤去、解体費用に比べれば、大したことはない。名乗りを上げた運送会社に引き取ってもらうこととする。ついでに、使わなくなった軽貨物五台、二トントラック二台も無償にて譲る。ドライバーは三月末で辞めているので、誰も引き継がない。荷主に対しては、休業通知しているので、名乗りを上げた運送会社は、荷主も引き継がない。

「丁度、広い所に移転したいと思っていました。冷凍庫もあるし、これから荷主開拓しますよ」

引き取ってくれた会社の女性社長の言である。

「捨てる神あれば拾う神あり」である。

〈命拾いした。この女性経営者は度胸あるなあ〉私は胸を撫で下ろす。

密かに撤退作戦を進めていくのだから、定例の経営会議は粛々と続けていく。

二〇一八年一〇月二五日に行った経営会議の中身について紹介する。

まず二〇一八年十一月~二〇一九年一〇月の経営目標数字を発表する。㈱シーエムオーグループは一〇月決算である。来期の経営目標の数字を発表する。年間売上は一億八〇〇〇万円である。メイン荷主の売上、月七〇〇〇万円は無し、としている。売上総利益三六〇〇万円、売上総利益率二〇%としている。営業利益は九〇〇万円、営業利益率五%である。

――この一〇月の時点で、撤退を決めていたが、おくびにも出せない。メイン荷主の売上が無くなっても、まだやるぞ、と旗は振り続ける。ここで、もう止めた、となると、モチベーションが続かない。日々の仕事が投げやりになる恐れがある。退職者が続出するだろう。ここは、まだやるぞ、と旗を振り続けるしかない。

現状の取組み課題を明確にする。まず固定費を賄うには、どうするか。家賃、電気代を含む倉庫費用二五〇万円かかっている。管理部内の人件費、五人分で二〇〇万円かかっている。トータル四五〇万円の固定費は年間五四〇〇万円であり、経営目標の売上総利益三六〇〇万円では、マイナス九〇〇万円である。

売上総利益のマイナス九〇〇万円をトントンにしようとすると、売上は年間で四五〇〇万円アップする必要がある。月額、約四〇〇万円である。更に、経費削減策の実行である。事務所は広すぎて動線が悪く無駄な動きとなっている。事務所スタッフも倉庫作業を手分けしてサポートする。そうすることで、倉庫のアルバイト人員を二名減らすことが出来る。事務所スタッフも倉庫作業に入れば、ドライバーの状況、倉庫の状況を掴むことが出来る。二台あるフォークリフトは一台にする。携帯電話も五台は要らないので、三台解約する。とにかく週一回のミーティングでコスト削減策を出し合っていこう。やれることは全てやりつくすのだ。

負け戦は覚悟している。やれるだけのことはやりぬくのだ、と日々心の中で呟く。

いよいよ撤退方針を発表する。

「二〇一九年三月末で休業します」旨、二〇一九年一月、取引荷主に通知する。

こんなに急に止めるなんて、どうしてくれるんだ、と怒りを爆発させる荷主もいた。

〈急と言われても、どうすることも出来ないよ〉

「申し訳ありません。あとのことは引き継いでくれる荷主を紹介します」

二〇一九年二月には全従業員、外注先に通知する。既に荷主には知らせていたので、薄々分かっていた。

「二〇一九年三月にて休業します。三月末までは働いて下さい。三月末まで働いてくれた従業員には、給料とは別に特別金を支給します」

さしたる混乱は無かった。ドライバーは「個人事業主」形態が九〇%なので、解雇と騒ぐ者もいなかった。社員については、次の就職先を斡旋した。事務スタッフ二名は、㈱シーエムオーが引き取り、A部長は㈱シーエムオーグループの運送会社で引き取った。二〇一九年三月末、新A社は、もぬけの殻となる。後の残務整理が約二ヶ月続く。二〇一九年七月には完全に撤退する。

新A社の経営再生物語は、ここでピリオドを打つ。一敗地にまみれる——この敗戦は経営再生の深さ、困難さをよく知らしてくれた。

ここで挫けてはならない。次のページを開くのだ。

第六章　戦いすんで日が暮れて

「ありがとうございました。無事に旧Ａ社の債務整理が片付きました。私は破産しなくて良かったです。自宅マンションも守れました」

旧Ａ社の社長から携帯に電話が入る。二〇二〇年七月のことである。旧Ａ社は弁護士の支援を受けて無事乗り切る。新Ａ社からの事業譲渡代金で旧Ａ社の銀行借入金を返済する。残りの借金について旧Ａ社は破産を申し立てて債務整理する。

二〇一九年一〇月頃旧Ａ社の破産管財人から私の携帯に問い合わせがくる。

「事業譲渡代金はどうやって決めたのですか」

「冷凍庫やトラックの価格を三社から見積りを取って、一番高い価格を譲渡代としましたよ」

「旧Ａ社の事業価値はどのように決めたのですか」

「収益力はないのでキャッシュフローからは決められませんでした。直荷主の評価を加味してプラスして決めました。ところが運賃交渉が不調に終わりました。新Ａ社は二〇一九年三月末日にて休業しましたよ」

旧Ａ社の社長の保証債務は経営者保証ガイドラインを活用して整理する。旧Ａ社は破産したが、旧A社の社長は破産を免れた。

「破産を免れて良かったですね、今は何をしているのですか。」

「今はスポーツジムをオープンして頑張っています。会員の獲得一〇〇人を目指しています。今は漸く三〇人ですよ」

「一〇〇人の会員が集まったら、またコールして下さい。お祝いしますよ、一緒に食事でもしましょう」

新A社をそっくり引き継いでくれた女性社長は、その後マイナス五〇℃の冷凍庫は撤去した。それでも新しい荷主を開拓して健在である。風の噂ではしっかりと利益を出しているとのこと。立派なものである。

新A社のメイン荷主は別の運送会社に切り替えた。運賃は切り替えにあたって更に一〇%アップしたとのことである。三行半の取引中止は一体何だったのか。生意気にもいきなり運賃値上げを求めてきたことに対する腹いせか。新しい運送会社に切り替えて、相当混乱したと聞く。そこでやむを得ず更に一〇%運賃アップしたとのことである。メイン荷主の社長は退任し、新しい社長になっている。ふんぞり返っていた番頭の部長も退職した。

新A社での激動の日々、二〇一八年四月～二〇一九年三月の一年は、何だったのか。

新A社が休業したことは経営再生としては失敗である――撤退の決断を早まったのではないか。あがいてでも頑張ることは出来なかったのか。

私には次の経営再生のステージが控えていた。二〇一九年四月からは別の会社の経営再生がスタートした。一つ終わっても次のページが始まる。

それでも旧A社の社長や奥さん、妹さんにとっては良かったと思う。新しい人生をスタートすることが出来た。ありがとうございました、と奥さんにも妹さんにも言ってもらった。

二〇一九年七月、新A社の場所、今は別の会社が存在している。

〈ここで頑張ったなぁ。早朝六時からの全体会議が思い出されるよ。朝五時のガラガラの電車に乗って駆けつけたなぁ。今となっては戦いすんで日が暮れての心境だよ〉——息子晃弘は、この撤退を何と言うか。

「会長（私のこと）、ガッツは出せなかったのか。諦めるのが早すぎないか」

確かに晃弘なら、こう言うだろう。晃弘と共に闘った名古屋での日々が思い出される。二〇〇七年十一月、㈱シーエムオーが一〇〇％株式を取得して乗り込んだ会社である。たかだか従業員が二十人にも満たない小企業でありながら、労働組合が三つもあった。うち一つの労働組合とは団体交渉が決裂する。給料を上げげろ、との要望に断固として拒否した。そもそも経営不振である。給料を上げるどころではない。団体交渉が物別れとなった二〜三日後には街宣車がやってくる。会社の周りを大音声が流れる。

「会長、街宣車の進行を止めるよ。車の前に飛び出るよ」

「危ないじゃないか」

晃弘が街宣車の前に立つ。戦車の前に立ち塞がるようなものである。街宣車の運転手は驚いて停止する。

晃弘は迫る。

「お前はどこの誰か、名を名乗れ」

「俺は組合とは関係ないよ、日当一万円で雇われただけだよ」

晃弘が追い討ちをかける。

「帰れ、帰れ」

街宣車は、ほうほうの体で引き下がる。この晃弘の突撃精神、体を賭ける迫力は、今でも鮮明に脳裏に焼き付いている。その晃弘からすれば、まだまだやれる、と言うかもしれない。確かに背水の陣で新A社の経営再生に取り組んだが——晃弘、申し訳なかった、と呟く。〈それでも、やるだけやったよ、赤字の垂れ流しは耐えられなかったよ、月の売上が五〇%も減ると流石にすぐさま回復の見通しもなかったよ、許してくれ〉晃弘がもし生きていれば撤退したか——少なくとも晃弘は戦いの旗は決して降ろさなかったに違いない。

『硫黄島からの手紙』という映画を晃弘と一緒に見たことがある。太平洋戦争で硫黄島にてアメリカ軍の圧倒的戦力の前で必死に戦う日本軍。出演者の一人、二宮和也の演技は心に残る。負けても、負けても戦い続ける精神、玉砕魂に深く晃弘は感動していた「やり続けるファイトは凄い。最後の一兵までやり抜く根性凄いよ」と目を潤ませて語っていた晃弘。

新A社はこれ以上続けると泥沼の赤字となる。経営は玉砕する訳にはいかない。引くときは引く。〈晃弘よ、許してくれ〉

旧A社から受皿となった第二会社方式は、中小零細企業ではリスクが大きいと痛感させられる。

旧A社の従業員はすんなりと第二会社には移って来ない。新A社では、ボロボロと二〇%は辞めていった。更に、荷主への運賃交渉も上手くいかない。銀行借入金は引き継がなくても第二会社で継続することは困難を極める。撤退しても、それで全てが終わりになるものでもない。次の戦いが待っている。そうは言っても、戦いすんで日が暮れて、心の中では空しい風が吹く。

あれだけ頑張っても〇千万の損失が残っただけだ。運、不運は時の運、とはよく言ったものだ。今回は運が味方しなかった。

それでも第二会社方式での失敗から学ぶこともある。

配車について、新たなる人材を配置出来なかったことである。真面目な男であったが、ドライバーを動かしていく能力がなかった。日々の売上を掴んでいく能力がなかった。もし、配車担当者に健志社長を常駐させれば事態は違った展開になったと思われる。メイン荷主からの三行半とも言える取引中止の動きを事前に察知出来たかもしれない。しかし、健志社長を投入することは出来なかった。このことが撤退へと繋がった一因かもしれない。現場は日々動く。現場の最前線に立つ配車担当者は肝となる。新A社の配車担当者は力不足であった。更に言えば、晃弘社長が生きていたら、こんなことにならなかった。晃弘社長の突撃精神、体を張っていく気迫を持ってすれば、新A社は撤退することはなかった。

晃弘社長の不在は、無念である。ダメだと思った時からが本当の勝負になるんだよ——晃弘社長の声が聞こえる。

再生は叶わなかったが、旧A社は無事に畳むことが出来た。そのことについては、晃弘社長に褒めてもらいたい気もする。第二会社である新A社も畳んだ。旧A社は銀行借入金の債務整理が出来た。

「ありがとうございました」という旧A社の社長からもらった言葉が唯一つの勲章である。

中小企業のM&Aは引き継いだ以降が、いばらの道である。M&Aが成立する。その時は、やれやれと一安心する。仲介会社には手数料を支払う。ところが、引き継いだ方は、ここからが本番である。失敗の経験を積み重ねている。二〇一六年秋に手掛けたM&Aも失敗した。ある会社の営業所を事業譲渡する。主に二トン車、軽貨物にて出版物を本屋、コンビニに配送する仕事である。新聞配達とよく似ていて夜中の配送である。引き受けた営業所には一名、「一人でも入れる労働組合」に駆け込んだ者がいる。ここの社長は、とてもやっていけない。引き受けて下さい、と泣きついてきた。この時も営業所の周辺をグルグルと街宣車が通り、隣近所を騒がせたものである。確かに労働組合との争議は解決した。金銭解決である。ところが荷主を引き継げなかった。この営業所の仕事は、荷主が一社である。倉庫の家賃が月に約一〇〇万円、二トン、軽貨物部隊も三〇人もいる。たちまち経営ピンチに襲われる。荷主が引き継げなかった理由は、今まで四〇年も付き合ってきた会社から新参者が来た。直取引は出来ない。新参者とは直取引しない。〇〇運送会社のアンダー（下請け）でやってほしい、と通告されたからである。下請けはしない、といってこの荷主の仕事から手を引いた。月額二〇〇〇万の売上がゼロとなる。この荷主の物流責任者と交渉したことが思い出される。場所はホテルの喫茶室、傍らには健志社長がいる。

「どうしても下請けでやれということですか」

「会社の決まりだ。下請けでやってほしい」

「それでは今月末で全台撤去します」

予想外の言葉に物流責任者は驚く。

そのまま席を立つ。するとすぐさま四〇年も仕事をしてきた運送会社の社長からコールがある。

「配送出来なくなって社会問題になる。なんとか次の運送会社が見つかるまで三ヶ月は仕事をしてほしい。頼みます」

と悲痛な訴えである。

「この荷主との取引も運送契約がない。理屈からすると、先方の荷主からは損害賠償の訴えは起こせない。今までも車の台数を減らされるときは、明日から一台減らしてください、と直前に通告されてきた。今回はこちらから、止める、と言えるはずだ」

「そこをなんとか次の運送会社が見つかるまで三ヶ月はやってください」

恐らく荷主の物流責任者から泣きつかれたに違いない。四〇年の取引、付き合いの重みがある。この経営者の気持ちもよくわかる。

「分かりました」

三ヶ月の撤退作戦である。二〇一六年秋のことである。晃弘社長は二〇一六年二月一三日に突然死している。晃弘、と名前を口にするだけで涙がこぼれてくる日々の頃である。気が高ぶっていたのかもしれない。月一〇〇万円の倉庫からもっと安い倉庫に移る。かくして二〇一七年春頃までもがく。この時もこの営業所は別の会社に引き取ってもらうことが出来た。この別の会社も三年後には、ここから撤退した。

中小企業の事業譲渡はうまくいかないのが当たり前である。新A社での第二会社方式はうまくいかなかった。私は経営責任を重く受け止める。それでも止めるわけにはいかない。戦いすんで日が暮れても、次の朝がやってくる。

第三部　経営再生B社の一二年

（二〇一一年九月〜二〇二三年五月）

第一章　経営指導の記録（二〇一一年九月〜二〇一五年九月）

（1）B社との出会い

私は月一回、物流経営講座を一九八九年から続けている。東京、大阪、名古屋で開催しており、新型コロナウィルスの時代においても続けてきた。母が死去した二〇〇〇年九月二七日、関東物流経営講座は休まなかった。二〇一六年二月一三日に川﨑晃弘が突然死したときも、二月一六日の大阪物流経営講座は休まなかった。この時ばかりは声も弱々しく、息子晃弘の死を伝えた時は涙で言葉が続かなかった。

B社との出会いも関東物流経営講座である。セミナー終了後声を掛けられる。

「ご相談に乗っていただけませんか」

「どんな相談ですか」

「一度私どもの社長に会って下さい。社長の悩みを聞いてあげて下さい。私どもの社長は口下手ですが、真面目に骨身を惜しまず働く人です。それこそ朝も昼も夜もいつ寝ているかというほどです」

「わかりました。一度社長に会わせて下さい」

B社の経営幹部からの依頼である。

二〇一一年八月、Ｂ社長にインタビューをする。

「Ｂ社長の今までの歩みを聞かせて下さい」

「私は車一台から運送業をスタートさせ、今は一〇〇台余りの会社となりました。運送業をする前は自動車関係の仕事をしていました。もう二〇年が経ちました。私はワンマンです。それこそ創業してから一〇年は、口で言うよりすぐ手が出るほどです。こう見えても怖い社長ですよ」

「経営数字は掴んでいますか。」

「税理士任せです。資金繰りは家内の担当です。お金が足りない時は、なんとかしろ、と夫婦喧嘩をよくしていましたよ」

「幹部はいますか。経営会議はしていますか」

「幹部は一応いますが、あくまで一応です。配車担当と言ってもドライバーが足りない時はハンドルを握っています。経営会議とはどういう意味ですか」

「毎月の経営数字、売上、利益に基づいて会議をすることです。目標を立てて実績との差異について分析し、どうしたらこの差異をなくすことができるか対策を立てるのです。ＰＤＣＡサイクルといい、計画、実行、評価、改善のマネジメントのサイクルを回すのです」

「うちはそんな会議はやったことありません。とにかく働けとドライバーのケツを叩くのです」

「それでＢ社長の悩みは何ですか」

「メイン荷主のＡ社から二〇〇九年から一運行ごとに平均二〇％の運賃値引きを受けたことです。

月にして五〇〇万円～六〇〇万円の運賃カットです」

二〇〇八年のリーマンショックによってメイン荷主の業績も苦しくなる。そこで運送会社に支払う運賃叩きに走ったものと思われる。

「ここまで運賃カットされてよく耐えていますね」

「耐えるしかないのです。車一台でスタートしたときからの荷主さんです。ここまでやってこられたのはこの荷主さんのお陰です。それでも苦しい。それにこの荷主さんから押し付けられたセンター運営も赤字なのです。毎月二〇〇万円の赤字を垂れ流している。更に二〇一〇年、二〇一一年と交通事故が多発して車の保険料が年間一〇〇〇万円アップしました。このままいくと会社は潰れます」

「直近の決算内容を教えて下さい」

「二〇一〇年九月決算で売上は一三億、営業利益は五二〇〇万円の赤字です。経常利益は六〇〇〇万円の赤字です。債務超過は一億円です」

「それに今期二〇一一年九月決算は売上一三億、営業利益マイナス五〇〇〇万円、経常利益マイナス五五〇〇万円、債務超過は一億六〇〇〇万円です」

ここまで来ると資金繰りも厳しい。銀行借入金は約五億ある。約定返済は出来ていない。リスケをしている。月一〇〇万円の残高プロラタで返済している。取引金融機関は二行である。借入金残高の割合にて一〇〇万円をプロラタ（按分）して支払っている。二行と言っても一つの銀行で九〇％占めている。

経営指導の内容

1．会議システムの構築＝コミュニケーションの仕組みを作る。

二〇一一年九月より、経営会議を月二回定例化する。司会は私が担当する。参加メンバーは各部門のリーダー五名とする。各部門は五部門に組織化する。加えて社長と社長の奥さん、息子とする。前月の経営実績を各部門リーダーが発表する。そして経営改善のために取り組んでいる実行施策について発表する。

「よく人前で話せるようになったねぇ、今まで会議らしい会議はしてこなかったからね」

社長の奥さんが感心する。相変わらず社長は口が重い。二〜三分しか発言しない。それでも要点はピシリと抑えている。経営会議のテキストとして「経営改善計画」を作成している。各人の行動目標を設定している。

Aリーダー「クレーム事故を起こさない。臨時便の取り込みを積極的に行う。売上は対前年比一〇％アップしていく」

Bリーダー「自社便の充実を図り、ドライバーの採用をして三名増員する」

Cリーダー「修理費を削減します。対前年と比して一〇％削減します」

Dリーダー「エコドライブを徹底して燃費効率を上げます。対前年比一〇％はアップします」

Eリーダー「トラックの運行効率をよくします。現状の二回転を三回転出来るようにします。空車もなくします。帰荷も取るようにします」

「経営改善計画」をベースとして経営会議を行っている。約二時間の会議である。

更に週間ミーティングをしている。各部門のリーダーが担当し、荷主開拓の進捗状況、ドライバーの勤務状況、運賃交渉の状況等について約六〇分ミーティングしている。ドライバーとは個人面談を定例化して行っている。こうした会議システム、コミュニケーションの円滑化に取り組んでいる。議事録、個人面談の記録はきっちりと作成する。更に事務所では朝礼を実施する。会議システムを支えるものは日報、週報、月次報告書の作成である。

2．不採算部門の撤退

横浜営業所は苦戦している。荷主は一社、しかも物流センター運営で一〇〇〇坪の土地を購入している。横浜営業所の人員は所長以下一〇名である。一〇〇〇坪の土地購入の設備投資が負担となっている。Ｂ社長は拡大したという想いを持っている。メイン荷主に依存し過ぎている。泣く泣く運賃値引き二〇％も受け入れてきた。メイン荷主の売上に占める割合を落としたい、そこで横浜営業所にて新たな荷主の仕事をすることにした。ところが売上は月一〇〇〇万円、毎月二〇〇万円の赤字である。土地の購入資金は二億五〇〇〇万円である。

横浜営業所は撤退しよう、と経営会議にて決定する。受入先はどこか、そこで私が横浜営業所のある地区に進出したい希望を持っている運送会社を探してきた。大詰めの価格交渉となる。

「受入先は二億と言っています」Ｂ社長は「それでは駄目だ」

そこで受入先の社長と交渉する。

「二億では厳しいです。もう少し色を付けて下さい。二億四〇〇〇万円でどうですか」

「――それでは、二億三〇〇〇万円でどうですか」

ここでさすがに苦労人のB社長、決断する「OK」

かくして横浜営業所の事業譲渡は成立する。B社は一挙に銀行借入金を減らすことが出来た。不採算部門は撤退することが出来た。受入先の社長と一緒に横浜営業所の一〇名ドライバーへの説明会を開く。

「今まで通りの給与です。新しい会社で頑張って下さい」

それでも一〇人のうち五名は退職した。土地の価格が二億三〇〇〇万円なので、受入先の会社は損はしなかった。

3．「経営改善計画」の作成

B社はリスケをしている。そこで更に資金繰りを改善するために金融支援を受けることとする。㈱シーエムオーは認定支援機関である。四〇五事業という経営改善計画策定支援を行うこととする。四〇五事業とは国から認定した専門家（認定支援機関）の支援を受け、金融支援を伴うもので経営改善計画策定支援に必要となる費用の三分の二を国が補助する制度である。

「B社長、経営改善計画を作成しますよ」

「わかった、協力して下さい」

現状と認識課題は、

同業他社と当社の差別化を図るには、社員教育と獲得受注数を増加する体制必要。社長以下全員で営業し、物流サービスを向上させ、月間の予算と実績を検証・分析し、既存のお客様先からの受注増と新規顧客先を獲得する。

売上より利益率を意識した受注増を図るため、輸送事業部では一便毎の実車効率を高め、空車及び減車を減らす。

人件費削減

更なる業務の効率化の見直しを図り、業務の分担について検討する。

資金繰り

人件費、傭車先への支払が先行し、売上債権の回収が遅れているため、資金繰りがタイトな状態である。

↓契約締結時、売上債権回収の早期化や前受金交渉を行い、売上債権と仕入債務のバランスを取る努力を継続する（交渉は社長自ら対応し、回収の早期化を行う）。

販売方法

既存の顧客や顧客からの紹介先等を中心にお客様からの注文待ちの状態で、取引先が増えた場合の急な注文時等の対応ができない状態である。

↓各事業部のリーダーを責任者として任命し、リーダーに経営感覚を持ってもらう教育を毎月実施する。急な注文に確実に対応できる体制として、顧客先に社長自らと営業担当が営業スケジュールを作成し、スケジュール実践と受注倍増を獲得する。

経営改善計画策定方針は、「合理的で実現可能な経営改善計画」として計画一〇年目で債務償還年数一〇年以内とし、債務超過解消は計画九年目とする。

売上については保守的な計画とし、原価の削減（燃料費、労務費、修繕費等）と販管費の削減によってキャッシュフローを生みだしていく。

減価償却費の中で車両については借入金返済源資とはしない。運送業において車両は無くてはならないものである。

㈱シーエムオー（「経営革新等支援機関」）の経営コンサルティング支援のもと経営改善に取組むとする。

一〇ヶ年の収支計画は、

運送収入は一四億八〇〇〇万円を計画している。増収根拠として、〇〇便から増便の受注がある。

原価についてはコストダウン施策を進める。前期と比して人件費率を四三％以下に抑える……ドライバーの給与改革によって成し遂げる。

燃料費はエコドライブの徹底によって燃料費率を一〇％以下に抑える。

自動車諸費は運送収入に対して四・五％に抑える。

B社の減価償却費については毎年二台の車両代替（大型一台、四トン一台）を計画する。

大型一台一八〇〇万円÷四八ヶ月≒三七万五〇〇〇円、四トン一台八〇〇万円÷四八ヶ月≒

一六万五〇〇〇円

とする。

「経営改善計画」の達成状況は、債務超過の解消は二〇一五年九月決算にて達成する。自己資本は一〇〇〇万円となる。二〇一五年九月決算は売上一五億、営業利益一億一〇〇〇万円（営業利益率七・三％）、経常利益も、一億一〇〇〇万（経常利益率七・三％）となる。

このB社での経営指導の実績が、中小企業診断協会会長賞を二〇一六年一一月受賞する。『五期連続の赤字から四期連続黒字へ、債務超過を解消する』と題して小論文を作成し中小企業診断協会の全国大会で発表したものである。表彰金は三〇万であった。五期連続の赤字とは二〇〇七年九月期から二〇一一年九月期までである。リーマンショックの大波に襲われてメイン荷主から大幅値引き二〇％の直撃を受けたのが苦難の引金である。そこでB社長が私に経営指導を求めてくる。

二〇一一年八月のことである。二〇一一年九月決算は営業利益マイナス五〇〇〇万円であった。マイナスからの出発である。二〇一六年一一月に中小企業診断協会の全国大会にて四期連続黒字化を達成する。それればかりか以後一度も赤字決算に陥ったことはない。

二〇一六年二月一三日、息子川崎晃弘が突然死した。このまま消えたい、とすら酷く落ち込む一方、これで消えてしまっては晃弘に合わせる顔がない、と思う。そこで私の経営コンサルタントとしての原点、根っ子にあるものを思い起こす。それは菱村総会会計事務所（現日本経営）でのことである。『会議指導の記録』を発表して一九八五年TKC全国大会で最優秀賞を取ったこと。更に一九八六年中小企業長官賞を受賞した論文『組織活性化方策としての会議システムの構築』である。曲がりなりにも中小企業の経営コンサルタントとしてデビューした初心を思い起こせ、と自ら言い聞かせた。そこで一九八六年一一月の時以来三〇年ぶりとなった二〇一六年一一月に中小企業診断協会の全国大会に登場した。これは亡き息子に、しっかりしろ、と強く促されたものである。

亡き息子晃弘は健志社長と共に二〇一五年一一月から死の前日までの二〇一六年二月までB社の経営改善に力を尽くしていた。このことが深く私の心に刻印されている。

晃弘社長を一〇〇日プロジェクト（二〇一五年一〇月～二〇一六年二月）に投入してなければ突然死することはなかったかもしれない。B社には健志社長が配車担当者として常駐した。一〇〇日プロジェクトの日々、晃弘社長と健志社長は共に戦ってきた。晃弘社長は㈱シーエムオーが一〇〇％出資して子会社とした会社で陣頭指揮を執っていた。B社での仕事を終えた健志社長が戻ってくる夕方、二人は合流して二三時くらいまで一緒に仕事をしていた。こうしたハードワークが晃弘社長の命を縮めたのではないか。B社は私にとって因縁の深い会社である。

B社での経営指導は大きな成果を上げた。

第二章　労働組合との激闘の日々（二〇一五年三月〜七月）

（1）一人でも入れる労働組合が結成される

二〇一五年二月、突然B社長が心臓に異変を感じて入院する。B社はB社長のワンマン会社である。一時、医師からは、通常の仕事に復帰するのは難しいと言われた。B社長の穴を埋める必要が出てくる。そこでB社長の息子が代表取締役社長となる。さらに私も取締役としてB社の経営陣の一角を担う。これで新経営体制で出発出来る、と安堵する。

B社長が突如いなくなった。あれほどの働き者のB社長の不在である。

「B社長はどうしたのか。今度は息子が社長らしい。この機会に今までの不平不満をC社長にぶつけてみよう」

組合の中心となる者が、他のドライバーに対して働きかける。

こうしたワンマン社長の重しが取れると、労働組合が結成されたり内紛が起きたりするのは、よくあることである。中心になっているドライバーは、他のドライバーに話していく。

「相談する労働組合はネットでも有名なところにしよう。会社が俺達の要求を聞かないと激しく会社と渡り合ってくれるところだよ」

「激しく渡り合っていくというのはどんな事かね」

「会社に街宣車がやってきたりする。荷主のところにも押しかけていく」

「そこまでやって大丈夫かな。俺達の要求は、事故費を給与から引かないで欲しいぐらいだよ」

「それでも労働組合の力を借りた方がいい。骨のない柔らかいところより、経営者が名前を聞いただけで震え上がるようなところがいい。とりあえず組合加入のサインだけしてくれ。組合加入者は多い方が迫力も出てくる。サインだけしてくれ」

かくして一五名もの労働組合員が出現してくる。

二〇一五年三月、労働組合結成通知書、団体交渉申込書と要求書が突き付けられる。ふらりといった感じで一人の男が本社事務所にやって来たのだ。社長はいない、事務員だけである。

「私は〇〇労働組合〇〇書記長です。この書類を社長に渡して下さい。社長に、くれぐれも伝えて下さい。私達の活動は日本国憲法で守られている正当なものです。団体交渉は拒むことは出来ません。組合員について不当な扱いはしてはいけません。組合を辞めろとかは、絶対言ってはなりません。不当労働行為となりますよ」

また、こうも続ける。

「それに社長によく伝えておいて下さい。私達の組合を世間の人は、怖い、と思っているようですが決して、怖くありません。労働基準法を守って下さいよ。むしろ中小企業経営者の味方ですよ。中小企業経営者が大資本に抑え付けられ苦しんでいることは良く分かっていますよ。中小企業経営者とは仲良くやっていけると思っていますよ」

このように事務員に伝えると、去っていった。

Ｂ社長から引き継いだ新社長は心底びっくりする。親父に報告したくとも入院中である。そもそも親父は労働組合を頭から毛嫌いしている。

「労働組合が出来て自殺した社長や会社を潰した社長がいたことを知っているよ。組合が出来るくらいなら、俺は会社を辞めるよ」

親父の本音である。

私は新社長を鼓舞する。

「どちらにしても団体交渉の日時を決めましょう。私は取締役です。会社側として団体交渉に出ることもできます。逃げることは出来ません。この労務トラブルの解決は、新社長の仕事ですよ。私、川﨑依邦は全力でサポートします」

一人でも入れる労働組合の出現である。一人どころか一挙に一五人もの組合員が出てくる。前述したように、Ｂ社長の重しが取れたことによって、ドライバーの不平不満が噴出したのである。労働組合が結成される直接のきっかけは、事故費の処理である。Ｂ社では事故費について一定のルールに基づき、事故を起こしたドライバーに一部負担させてきた。この事故費の扱いが労働組合結成のきっかけとなる。一人でも入れる労働組合の団体交渉の要求書には事故費の扱いのみならず、他の要求がずらっと列記してある。


日本国憲法、労働基準法を守ること。その旨書面で提出すること

事故費ルールは撤回すること
ドライバーへの会社貸付金について利子を取らないこと
就業規則、給与規定、３６協定を提出すること
給与明細書を提出すること
労働時間が分かるもの（デジタコ等）を提出すること
有給休暇は取らせること
賃金カットは撤回すること
二〇一五年四月はドライバー一人当たり一万円昇給すること

団体交渉の日付を二〇一五年四月とする。団体交渉に臨むにあたり、会社としての回答をまとめる。

(1) 日本国憲法や労働基準法を守ることは当たり前のことである。書面で提出するまでもない
(2) 事故費ルールは会社として撤回する気はない
(3) ドライバーへの貸付金の利子は違法ではない
(4) 就業規則、給与規定、３６協定、給与明細書、労働時間の分かるものについては会社機密なので、労使の信頼関係に踏まえて提出する
(5) 有給休暇は法律通り取らせる

(6) 賃金カットについて。経営不振の際、五年前の二〇一〇年にドライバーに協力を求めたもので、二〇一二年には元に戻している。時効である

(7) 二〇一五年四月の一万円昇給はできない

この回答では労働組合との全面対決は必須であり、労働争議への突入は避けられない。想定されるストーリーがある。抗議文が会社に来る。猛烈なプレッシャーが来る。街宣車を出す。荷主に抗議文を持っていく。「労働組合の要求をのみなさい」と強く迫ってくる。それでも労働組合の言うことを聞かないと、行政官庁に駆け込む、と脅す。行政官庁とは、労働基準監督署、陸運局のことである。さらに法的手段を取ると通告してくる。法的手段とは労働審判、裁判闘争の事である。決め台詞がある。

「このまま私達労働組合と揉め続けると会社が大変なことになりますよ」

大変なこととは、会社が潰れる、ということである。

労働組合としては本来、労働争議はしたくない。精力を使うからである。ところが、一人でも入れる労働組合に労働争議は付き物である。労務トラブルを抱えている者の駆け込み寺としてあるからだ。労使対等の立場を駆け込んだ者に知らしめるためにも思い切った要求をする。昇給一万円とか一時金一〇〇万円、年収七〇〇万円などとぶつけてくる。中小企業経営者はビックリして肝を冷やす。これが労働組合の狙いである。ガツンと要求して、直ぐには無理でも出来ることからお願いします、と柔らかく出てくる。

労働組合は本来、一人ではなく会社の多数派を占めることにある。会社と喧嘩ばかりするのは本意ではない。しかし会社が聞き分けの無い行動や要求を一切無視となると、そうもいかない。会社に猛烈なプレッシャーをかけてくる。激化すると、経営者の自宅にも突然アポイント無しでやってくる。会社の取引銀行にもビラを持って押しかける。

「〇〇会社はとんでもない会社です。労働者をいじめています。労働基準法は全く守っていません。こんな会社にお金を貸してはなりません。社会的に大問題となります」

といった類の文書を持ってくる。こうした一連の猛攻撃に、中小企業経営者は弱い。会社に出てこなくなる。街宣車が会社にやってくるからである。

「うちにまで抗議文やらなにやら持って来て、会社の前で、マイクでがなり立てている。仕事の邪魔になる。早く何とかしろ」

と荷主からもプレッシャーがかかる。

さらに労働基準監督署や陸運局などの行政官庁もやってくる。

「告発されている以上、調査に来ました」

中小企業経営者は、ほとほと困り果てる。弁護士に一切合切任せきりとなり、団体交渉にも出なくなる。あげくに体調を壊し入院する経営者も出てくる。確かに中小運送会社では、労働争議が原因で経営者が逃げ出したり、潰れた会社もある。屍累々たる惨状がある。

それでもB社長の息子、新しく社長になったC代表取締役と腹を決める。相談したくともB社長は、初めの一週間は面会謝絶である。

「お父さんに労働組合のことを話すと、ただでも血圧が高いのにもっと高くなります。お父さんの体のことがあります。ここは私がやります」

と親父想いのC社長である。

ついに団体交渉の日がやってきた。会社側は、C社長、私、総務担当者の計三名。労働組合側は、書記長を筆頭に五～六人である。

「最強の労働組合に任せればなんとかしてくれる」と、B社の組合員は一人も出席していない。一人でも入れる労働組合とはいえ一挙に一五人も加入している。労働組合としても力がみなぎっている。一方、会社側は三人と言っても立ち向かうのは私一人である。C社長はじっと我慢の子で、発言しない。

団交の冒頭から荒れる。

「要求事項(1)の日本国憲法を守ること。労働基準法を守ることについては書面で確認できますか。それと不当労働行為については、絶対しません、と書面で確認できますか」

書記長が物静かに口を開く。私が答える。

「法律や不当労働行為をしないことは分かっています。書面で確認することはしません」

書記長の顔が歴戦の闘士らしく引き締まるが、口調が小ばかにしたようになる。

「あなたは法律のことを知っているのか。一度、弁護士にでも聞いて良く勉強しなさい。あなたみたいな分からず屋は珍しい」

こんなこともわからないのか、とばかりに攻め立ててくる。

書面にすると労働協約となる。労働協約は就業規則にも優先する。したがって会社としては現段階では書面に出来ない。いくら労働組合に迫られても書面には出来ない。

書記長は無知な経営者に諭すように説教してくる。開始から三〇分、

「それではこの問題はひとまず置いておくことにする。要求事項(2)の事故費を給与から引くことについて止めますか。これは法律違反ですよ。直ちに止めなさい」

「当社には事故費ルールがあります。決して違法ではありません。合意に基づいて行っています」

書記長が、突然大声となる。

「なにを言うか、給料から引くのは止めなさい。過去に引いた分も直ちに返しなさい」

こちらも大声となる。

「返せません。事故ルールは合意に基づいてやっています」

「ドライバーにとって給料が不当に減額されるのは断じて許しません。返しなさい！」

「返せません！」

激しい応酬が続く。すると書記長がキッパリと宣言する。

「これでは労働争議になりますよ。会社が潰れるかもしれませんよ。法的手段も取りますよ。それでもいいのですか」

こちらとしては、当然それでいい訳がない。そうかと言って、分かりました、とは即答出来ない。過去に遡ると今までの事故費の一部を負担させた金額は〇百万円にもなる。それでなくとも、B社は漸く債務超過を抜け出したばかりである。ここで労働組合の要求に全面屈服は出来ない。

「ここまで物分かりの悪い会社の人間に会ったのは初めてだ。本日は、団交決裂とする。団交決裂ということでいいですね」

書記長に繰り返し念を押される。

かくして第一回の団体交渉は決裂した。

ところが、一五人の労働組合員がビックリする。

「これでは会社と大喧嘩になる。俺は会社と大喧嘩したくない」

「新しい社長になったので、少しは俺らのいうことを聞いてもらって会社を良くしたいだけだ……」

労働組合結成から一ヶ月もすると一五人もいた組合員は五人くらいになる。

B社長の息子、C社長は、私に毎日メールを送ってくる。B社に常駐していない私に、社内の状況を小まめに報告してくるのだ。会社側として、先頭に立ち続けていたのはC社長である。

C社長は、よく頑張った。残った五人の組合員も結局全て辞めてしまった。二〇一五年七月、B社の労働組合員は誰もいなくなった。

「お父さん、労働組合トラブルは全面解決しました」

病床の父親に報告することができた。

第三章　亡き息子川﨑晃弘社長の一〇〇日プロジェクト②

（二〇一五年一〇月～二〇一六年二月）

（1）川﨑晃弘社納の一〇〇日プロジェクト

「実は、B社にて川﨑健志が配車担当として常駐している。B社は労働組合問題が解決したばかりで、会社内部がぐらついている。弟の健志を助けるために東京に行ってくれ」

二〇一五年一〇月のことである。

「さらに内密であるが、Dという会社のM&Aを一一月に最終合意する。D社の新経営体制を作って欲しい。D社は、市場にて野菜の配送を担っている会社だ。一一月にM&Aをすると、次の日から、ここの社長と経理担当の奥さんはいなくなる。配車は、この社長がやっていたとのことで大混乱する。

名古屋にいるX君を連れてD社の新経営体制を作って欲しい。D社は四トン車、二トン車を有し、ドライバー二〇人余りの会社だ。一〇〇日プロジェクトとして、二〇一五年一〇月～二〇一六年二月の間、やり切って欲しい」

「分かりました」と二つ返事で晃弘社長は即答する。

労務問題を解決したB社は、B社長の息子であるC社長の下、新しい経営体制を発表する。

二〇一五年九月のことである。B社長は会長となる。代表取締役社長はC社長である。現場にてC社長を補佐するために、川﨑健志が営業本部長となる。健志本部長は、配車実務を統括する。川﨑健志は、シーエムオーグループ、東京プレジャーの実務における責任者でもあった。そこで、川﨑健志を助ける者が必要となり、川﨑晃弘社長が東京に乗り込む。川﨑晃弘社長の一〇〇日プロジェクトは、川﨑健志と二人三脚で進むこととなる。私は、B社の取締役としてC社長をサポートすることとなる。

B社の一〇〇日プロジェクトの一方、もう一つの一〇〇日プロジェクトが、D社にて同時期に進行する。この一〇〇日プロジェクトの実務統括者も川﨑晃弘社長である。

B社は、二〇年間勤務していた配車責任者が突然辞める。労働組合の問題で疲れた、と一言いい残してB社を去る。そこで、健志が代わりの配車担当者兼営業本部長として常駐することになり、大阪から晃弘社長が健志の後任として東京に赴き、配車責任者となる。そこへD社のM&Aである。昼間は東京プレジャーで働き、夜は健志と一緒にD社へ行くというダブルワークの日々となる。

二〇一五年一一月 一〇〇日プロジェクトがスタートする。晃弘社長三四歳二ヶ月、健志社長二七歳八ヶ月。私 六六歳六ヶ月。

この時、シーエムオーグループは組織体制においてピンチに直面していた。拠点は大阪、名古屋、東京二ヶ所と四つ。ところが経営管理者、マネジメントできる者は晃弘社長、もう一人の幹部しかいない。経営管理者はいずれも配車を担当している。その上、健志社長がB社の経営立て直しのため、昼間はその運送会社に常駐している。圧倒的に現場を切り回していく人材がいない。「いない」といって前に進むことを放棄することはできない。どうするか。

まず二〇一五年一一月、M&Aをしたばかりの会社の配車担当を見つけて育成する。東京プレジャーの配車担当者を見つけて育成する。こうしないと晃弘社長は全体をコントロールすることができない。緊急といっても、いつまでも東京の配車をしているわけにいかない。そのうえ、健志社長はB社で経営立て直しに全力を尽くしている。早く東京プレジャーに戻ってこなければならない。そのためには健志社長の代わりを務める経営管理者、配車担当者を発掘しなければならない。

健志社長がいわばターンアラウンドマネージャーとして力をふるっているB社の現場も修羅場である。車両台数一〇〇台余りの運送会社である。経営立て直しは配車改革からスタートする。それまで二〇年も務めた配車担当者から健志社長が配車の実務を担った。引継は一ヶ月あるかないか。それも不十分、非協力である。前の配車担当者は退職する。いきなりの単身で落下傘で降下するかの如く修羅場に降り立つ。「何とかプレジャーの組織体制を再編し確立しなければならない」晃弘社長は強い危機感を持つ。「私が一〇〇日で立て直します」晃弘社長は強く宣言する。

二〇一五年一一月一五日、M&AをしたD社に舞い降りたX君と晃弘社長の苦闘の日々がスタートする。前任のD社長が配車をしていたので、配車担当者はいない。当然現場は大混乱する。二〇一五年一二月の売上は、対前年比四〇%も落ち込む。荷主の信頼を失くしたからである。

ドライバーが言うことを聞かない。前社長は「俺は心臓が悪いから入院する。後は、ここにいる人（晃弘社長）がやってくれる」とだけ言って風の如く去って行った。ドライバーにしてみれば、当然何のことかも分からず、モチベーションも下がる。そこで、困り果てたX君は、晃弘社長に内緒で、「これで、このコースを今すぐ走ってくれ」と自腹を切ってドライバー達に五〇〇〇円札を一枚ずつ渡す。何しろ、名古屋から来たばかりで、トラックの運転免許もなければ地理も分からないのである。普段は明るい性格で、酒の席では場を盛り上げるタイプのX君であるが、如何せん、D社の仕事内容は、さっぱり分からず途方に暮れる。ただ、夜中の誰もいない事務所で寝るしかない。ドライバーとの間に漂う険悪な雰囲気と闘う修羅場には相応しくない。

晃弘社長が尋ねる。

「このD社で、配車が出来そうな人はいないのか。このままでは、荷主の信頼を失って、売上が落ちる一方だ」

「一人いますよ。Z君です」

そこで、二〇一六年一月、Z君と晃弘社長は面談する。その時のことをZ君は回顧する。

「晃弘社長とは三回面談しましたよ。一回目からストレートを投げてきて、真っ直ぐ俺の目を見て説得してきましたよ」

「どんな説得ですか」と私は聞く。

「このままでは会社は潰れる。君に任す。配車をやって欲しい、と真剣な目でビシッと迫ってくるのです。俺は、晃弘社長のあまりの真剣さに圧倒されましたよ。一週間考えさせてくれと言いました」

「Z君、君には将来社長をやって欲しい。給料はいくら欲しいのだ」

「いくら欲しいなんて言えませんよ。俺の信頼できるドライバーが、D社に一人いる。この男と相談させて欲しい」

実際、Z君はこの男と、配車をやるかどうかで三、四時間話し合った。ここまで、ドストレートに口説いてくる晃弘社長を信じてついて行こうと決心する。

「晃弘社長、配車をやらせてもらいます。ただ一つ言っておきたいことがあります。俺が配車をするとなると、今いるドライバーが反発して、いなくなるかも知れません。それでも良いですか」

間髪入れずに晃弘社長は即答する。

「Z君に任せる限り、覚悟の上だよ。思い切ってやってくれ。それに我がシーエムオーグループは、業績を上げてくる者には必ず報いていく。信じてついて来てくれ」

あの時の晃弘社長を振り返って、Z君は言う。

「あれ程、裏表のない人はいない。人の心に直球を投げ込んでくる人もいない」

D社の新配車担当者が決まる。二〇一六年一月、早速ドライバーを集めて晃弘社長は宣言する。

「只今からZ君が配車をする」

さらに今度は、B社に常駐している健志の後任の配車担当者を見つけてくる。

二〇一五年の一二月のある日、私は東京で、晃弘社長と一緒にいた。ふと見るとゴミ箱に履歴書が一通ある。「どうしたんだい」と晃弘社長に聞く。「ああ、この人ですか。この人はぴったりきませんよ」「いや会ってみて、よく話してみないとダメだよ」「前職が大企業、しかも国立大卒なので中小企業の配車係にはどうも向いてないよ」私は会ってみることにした。するとF君、五〇歳を過ぎていたがやる気マンマンである。採用することとする。「晃弘社長、採用する事にしたよ」「わかりました。一ヶ月で配車マインドを叩き込みます。二月一日には健志社長が奮闘しているB社に送り込みます」マンツーマンで配車のイロハ、特にマインドを叩き込む。二〇一六年二月一日、F君は健志社長の代わりの配車担当者として赴任していった。

次は、晃弘社長が常駐している東京の会社の配車担当を見つけることとする。

ハローワークは言うに及ばず有料求人広告もたくさん出した。たまに面接者がくる。「こんなきつい仕事はできません」と辞退する。まだ面接者があるだけでもマシ。なかには面接日をいれても姿を現さない者もいる。無断のキャンセルである。運送業の配車の仕事は精神的にも肉体的にもハードである。自宅に帰ってもいつドライバーから電話がかかってくるかわからない。「〇〇で事故しました」「バッテリーがあがりました」配車希望の面接者は「こんなきつい仕事はできません」と言って辞退する。年が明けて二〇一六年、ようやく一人、配車担当者H君が浮上する。晃弘社長と私はH君に会う。H君は人の紹介である。入社が決まる。二月一六日とする。運命とは不思議である。H君が入社した日、すでに晃弘社長はこの世にいなかった。H君の入社が決まったことを受けて、晃弘社長が大阪に帰る日が見えてくる。一〇〇日プロジェクトの出口である。

亡き息子川﨑晃弘の一〇〇日プロジェクトの出口が見えてきた

川﨑晃弘社長がシーエムオーニュース第四一号二〇一六年一月号にて発した彼のメッセージである。

必ず明日はやってくる「各々が責任を持って行動する」。

新年、あけましておめでとうございます。当社グループは、昨年一一月より始動したばかりのプロジェクト（一〇〇日プロジェクト）の真っ只中です。

東名大、各事業所共に管理者不在状況の中、年始を迎えることになり、それぞれがレベルアップを図ることを求められています。管理者不在でも現場を守り、実務を円滑にこなしていける体制（各人のレベルアップ）が求められています。一人ひとりが、他人事ではなく積極的に業務に関与し、売上を下げずにアップさせることができて、はじめて管理者不在でも現場が回っていると断言することができます。

残念ながら、まだまだそういうレベルには至っていませんが、先の見えない闘いの真っ只中に一人ひとりが光を見出してください。この言葉を贈ります「終わらない今日はない。必ず明日はやってくる」。明日に向かって、光を目指しそれぞれの目の前の出来ること、やらねばならないことに全力を尽して下さい。

出口はそこまできていた。二〇一六年二月一三日、晃弘社長は大阪に帰る日であった。

『『必ず明日はやってくる』明日に向かって光を目指してそれぞれが目の前のできることをやらねばならない事に全力を尽して下さい」

この言葉を今まで何回噛みしめたことか。私にとって一〇〇日プロジェクトの出口はギリギリで組織再編、確立を晃弘社長がつくりあげた日であった。晃弘社長は目を輝かせて私に述べる。

「一〇〇日プロジェクトは本当に良かった」

「健志と一緒に暮らせて本当によかったです」

私は今でも、それこそ一日何回も反省している。

「必ず明日がやってくる」と言っていたのに、何故君はいないのか。

「無理をさせすぎたのか」

「本当にこれでよかったのか」

「申し訳なかった」

晃弘社長の最後のメッセージ

「それぞれが今いるポジションで全力を尽くすこと。ただ居るだけでなく存在感を出すこと。それは営業活動・売上確保・数字を作りあげていくことです。一人ひとりの奮起を期待して今年も一年、がんばりたいと思います」

この言葉に救われる気もする。生きている限りは全力を尽くすこと。私にとっては一〇〇日プロジェクトの出口は新たなる残された人生の入口となった。

一〇〇日プロジェクトの日々、晃弘社長と健志は同居していた。

晃弘社長と健志社長の同居生活が始まる。朝五時過ぎには起きて二人は東京の運送会社に行く。二人だけのミーティングである。今日一日のスケジュールやドライバーの採用状況等について打ち合わせする。その後、健志社長はターンアラウンドマネージャーとしてB社に行く。ターンアラウンドマネージャーとは経営再生請負人のことである。中小企業の経営再生の現場は泥臭い。日常的にドライバーとのあつれきが生じる。「こんな安い運賃の仕事はしないよ」「手積みはイヤだ」格闘の日々である。しかも単身である。

健志は日々の数字を掴んで配車する。一日終わるとヘトヘトになる。それでも午後七時頃東京の運送会社に戻ってくるのを晃弘社長が人なつこい笑顔でニコニコして迎える。そこでまた、二人して二〇一五年一一月にM&Aをしたばかりのの社に行く。今日一日の状況を確認する。大炎上している。修羅場の現実を確認する。何とかしなければ、と日々あせる。遅い食事を二人で一緒にとる。たまには二人で銭湯にも行き、夜一一時頃同居しているマンションに一緒に帰る。

この三ヶ月の同居生活は、たかが三ヶ月とは言え、一生分にも匹敵する濃密な日々であった。晃弘の人生のカウントダウンが始まっていた。

晃弘社長は一〇〇日プロジェクトを勝ち抜こうと全スタッフに檄を飛ばす。

「プレジャーグループは、一一月一三日現在で、ついに車両台数は一〇〇台を超え、社員も一三〇人となっています。一一月一三日に東京の運送会社D社をM&Aし、私がD社の代表取締役社長となりました。

さらに、川﨑健志はB社に経営支援のため、一〇月二日より常駐しています。従って私は、東京を主戦場として東京・名古屋・大阪を飛び回っています。

名付けて『一〇〇日プロジェクト』です。一〇〇日で勝利の展望を切り開くために、一日一日決死の覚悟でやり抜くよう、プレジャーグループ全メンバーに檄を飛ばしています。

一〇〇日とは、二〇一五年一一月〜二〇一六年二月末のことです。こうしたプレジャーグループ一丸の激動下、二〇一五年一〇月三一日は、経営方針発表会を行いました。一人ひとりが、自覚と危機感を持って、自分自身の存在感を存分に発揮してほしいと思います。

各責任者は、自分が統括する事業部門の数字目標に責任を持ってください。瞬時の判断力と勇気を持って、即断即決即実行に邁進して下さい。

担当者は、自分が生産性を上げられるところを見つけて、徹底的に追及して成果に貢献して下さい。

事務スタッフは、事務スピード向上、精度を高めて、間接的立場から現場に潜む問題点・課題を浮き彫りにし、問題提起していく経営事務を目指してください。経営事務とは、利益に貢献する事務業務のことです。

こうして全員が、経営への参画意識・当事者意識をもって活動してください。

経営者として、自分自身の存在感を発揮するために、結果を残すことを誓います。まさに『一〇〇日プロジェクト』を勝ち抜いてみせます」

第四章　B社の株式一〇〇%を㈱シーエムオーが取得する
――一〇〇日プロジェクト③
（二〇二二年一一月～二〇二三年五月）

（1）一〇〇日プロジェクトのスタート

B社は二〇一五年三月、創業者の息子Cが代表取締役社長となる。新経営体制を支えるとして、私は取締役となる。その時のC社長のメッセージがある。

「私は創業者のあとを継いだ二代目経営者です。二〇一五年三月に突然後継者となりました。これからどうやって会社を経営していくか、不安でいっぱいでした。創業者は大病を患い、その上労務トラブルに見舞われていました。この時、中小企業診断士である川崎先生に全力で私と私どもの会社を支えて頂きました。二〇〇七年～二〇一一年と五期連続の経常利益の赤字でしたが、川崎先生と二〇一一年九月に顧問契約を締結し経営指導を受けて、今日まで経営改善に取り組んでいます。二〇一二～二〇一五年は赤字から脱却し、二〇一六年九月決算も黒字の見込みです。債務超過も解消しています。銀行借入金も大幅に圧縮することができました。

川崎先生と顧問契約を締結してまず取り組んだのが会議システムの構築です。それまでは、父一人のワンマン会社で経営数字に基づく経営会議は行っていませんでした。川崎先生を会議進行役として経営会議の定例化（月二回ペース）に取り組みました。川崎先生の経営アドバイスのもと、不採算部門の撤退にも取り組み、無事成し遂げました。ようやく五期連続の赤字から脱出し黒字化を成し遂げホッとしたのも束の間、当社に大ピンチが襲い掛かりました。

二〇一四年一二月、父が大病のため出社不可能となったのです。更に二〇一五年三月、労務トラブルにも襲われ絶体絶命のピンチとなりました。川崎先生の経営アドバイスで、急遽私が代表取締役社長に就任し、経営ピンチに向き合いました。労務トラブルも解決しました。経営改革も進み二〇一五年九月決算は今までで最高の売上、経常利益を上げることができました。現在では事業承継を円滑に進めるために、更なる経営改革に取り組んでいます。二〇一五年一〇月二日には経営方針発表会を行いました。二〇一六年四月二三日には途中経過として『上半期の総括と下半期の経営方針発表会』を行いました。川崎先生の経営アドバイスで、日々収支システムの確立、目標管理制度の導入と定着に取り組んでいます。私の二〇一六年のスローガンは『隗《かい》より始めよ』です。基本に立脚し、川崎先生のもと企業と働く一人ひとりの成長に取り組んで参ります」

このメッセージは二〇一六年一一月中小企業診断士の全国大会の時に、C社長が発したものである。私は『五期連続赤字から四期連続黒字へ、債務超過を解消し事業承継を成し遂げる』と題した小論文を発表する。そして、中小企業診断士協会会長賞を受賞した。先述した通り、労務トラブルとは、一人でも入れる労働組合との激闘のことである。この時、C社長は必死で一人でも入れる労働組合トラブルに立ち向かった。

「どうしても川﨑先生と相談したい。日曜日に名古屋駅まで行きます。そこで会って下さい」

新幹線名古屋駅近くの喫茶店で会ったものである。

B社創業者は出社することが出来ない。入院したままである。

ところが奇跡的に創業者は二〇一六年の春、四月に大病から復活する。そうすると経営について再び陣頭指揮を執る。

「二人も会社に社長は要らない。自分は社長の座を降りたい」

息子であるC社長は悩むことになる。

創業者は社長に返り咲く。息子は一旦退き、創業者を支える側となる。会社の業績は二〇一六年以降も黒字を続けていく。但し、営業利益は三％前後と低収益が続く。

二〇二二年夏、再び創業者の体調が悪化する。このままでは会社経営がグラついてしまう。B社で家族会議をする。創業者、創業者の奥さん、息子、そして私である。

「なんとかB社の経営を引き継いでもらいたい」と私にお鉢が回ってくる。

更に、息子のことを宜しく頼みます、と懇願される。

私は決断する。一〇〇％B社の株式を㈱シーエムオーが取得する。二〇二二年十一月十五日のことである。

二〇二二年一一月一五日の株式取得に先立って、B社は二〇二二年一〇月二八日に第三〇期経営方針発表会を行う。Ｂ社の幹部に集まってもらった。その席で創業者は幹部に語り掛ける。

「我が社はお陰様で三〇期を迎えます。皆さんに支えられてここまでやってこられましたこと、誠に感謝を申し上げます。経営の新体制の目的は我が社の継続、永続、成長であり、取引様への責任として我が社で働く方たちを守ることです。経営の新体制として川崎先生をはじめシーエムオーグループの支援と協力のもと、息子を社長として運営していくことに決めました。私は体調を考慮しながら相談役として新体制を支えていきたいと思います。今後とも皆さんの協力で我が社を成長させて下さい。よろしくお願いします」

次いで三〇年に渡って創業者を支えてきた創業者の奥さんである。

「毎年いろいろなことが起きますが、何か問題が起こると川崎先生のアドバイスを貰い、そのたびに解決して、ここまでやって来ることができました。また、ここにいる皆さんも、なんでも乗り越えられる力を持っている本当に頼もしい人たちばかりです。これからシーエムオーグループの仲間入りをしますが、強い連携で、かつ切磋琢磨して、どこにも負けない会社を目指して頑張ってください。私も体調のことがあり、今年をもちまして引退させていただきます。今まで本当にありがとうございました」と涙で言葉を詰まらせて語り掛ける。

一口に三十年とは言っても、山あり、谷ありである。そしてC社長が第二九期の総括と第三〇期の収支計画を発表する。

「今期の経営目標は売上一七億円、営業利益八五〇〇万円（営業利益率五％）です。二九期の総括ですが、やはり燃料単価が高止まりしています。一昨年の一〇月の燃料費率八・二％、昨年同月が一一・四％に上昇し先月九月は一〇・八％と高い水準でした。三〇期においても燃料価格の高水準が予測され、人件費の上昇によりたいへん厳しい状況が予測されます。ただ、直近九月の運送部門の営業利益率が一〇％に迫る勢いであり、運送部門は昨年一〇月から改善傾向が続き明るい材料となっています。運賃交渉と経費の見直しを掛けて、一〇％を目指していきたいと思います。

基本に戻りますが、利益を出すことでしかお金は生まれません。人、車、設備など投資するためにはお金が必要です。利益アップ＝売上アップ－経費ダウンです。売上アップ＝単価アップ×回数アップです。単価アップとは運賃交渉です。回数アップは長時間労働ではなく効率的であるということです。経費ダウン＝変動費ダウン＋固定費ダウンです。燃費効率向上、修繕費も抑えることです。固定費ダウンは難しいとされておりますが、販管費の無駄遣いも減らしていき、小さな削減額を集めていく必要があります。企業の永続のため利益を出す。利益を出すための戦略の一つが経営の新体制になります」

かくして、幹部を前にして経営の新体制を発表する。経営の新体制とは、私が代表取締役会長、創業者の息子Cが、社長と言うものである。

この間のプロセスで改めて痛感したことがある。それは、父が我が息子のことを案じ成長を願っていく想いの深さである。

創業者と私の二人きりの会話である。

「息子のことを頼みますよ。息子のことが気がかりなのです。私は息子とは日頃から全くと言っていい程会話をしません。たまに会社のことで会話をしてもすぐ喧嘩になってしまうのです。それでも息子はかけがえのない存在なのです。私が創業した頃、まだ幼かった息子をトラックに乗せたものです。荷主のところに一緒に行ったものです。私は口下手なので息子とはあまり話さないのです。運送業を創業して、毎日毎日寝る間もなく働いてきました。息子と会話する暇など、ありませんでしたよ。繰り返しになりますが、息子を宜しく頼みます」

「よく分かっています。私もあなたの息子さんを、自分の息子と思って接していきます。私の長男晃弘は、三十四歳五ヶ月で突然死しました。この大ショックに比べればあなたの息子は元気に生きています。それだけでもありがたいものですよ。あなたの息子を必ず立派な経営者にしてみせますよ」

二〇二二年十二月、B社の主要荷主に新経営体制発足について報告するため、C社長とB社の幹部と一緒に回った。折しも私は帯状疱疹を発症しており、頭の中と目の周りに疱疹ができていた。あまりの痛さに呻いてしまう。痛み止めのロキソニンを服用しても激痛は去ってはくれない。それでも主要荷主には新経営体制発足を知らせねばならず、四苦八苦の行脚であった。

いよいよB社の一〇〇日プロジェクトがスタートする。

(2)『経営改善計画』作成

ここ数年間赤字ではないが低収益である。営業利益率は一〇%を成し遂げねばならない。私は代表取締役となった。B社の経営の全責任を担うこととなる。今までB社では取締役であり、経営の全責任を担う立場にはいなかった。いわば経営コンサルタントとしての立場である。経営コンサルタントとしての私のスタンスを述べる。

経営コンサルタントの職業は信頼が大きな鍵となる。そのためにも必死に全力を尽くしていくことだ。現場の中で鍛えられていくのが経営コンサルタントの仕事である。学者ではない。役に立ちたいと強く願うことである。私が心がけていることは、共感力、コミュニケーション力である。相手の立場を否定するのではなく、相手の身になって一緒に解決策を考えていくことである。それが共感力である。そのためには相手の話をよく聞くこと、それがコミュニケーション力である。

いわば伴走していくスタンスである。私は中小運送業の経営コンサルタントとして一九八八年九月より活動している。今年二〇二三年九月で三五年となる。中小運送業の経営実態はどうか。

①働けど働けどわが暮らし楽にならざり、じっと手を見る

中小運送は低収益である。にもかかわらずよく働く業界である。長時間労働に喘いでいる。筆者の実感によると一日十二時間、月間三〇〇時間は普通の労働時間である。まさに「働けど働けどわが暮らし楽にならざり、じっと手を見る」である。小さい企業ほど赤字に苦しんでいる。小さい企業は生業、家業である。家族で歯を食いしばって働いている。

②マネジメントが不在である

社長自らハンドルを握ってトラックに乗るケースも珍しくない。マネジメントとはP（計画）、D（実行）、C（評価）、A（改善）の管理サイクルを回すことである。そもそも計画を立てようにも先行きが見通せない。その日その日を生き抜いていくのが精一杯である。従って経営数字の把握力は弱い。日々の売上、収支は掴んでいない。月次試算表は諦めてすぐに出てこない。酷いケースでは年一回の決算で初めて経営成績が分かる。資金繰りを回すのに日々追われている。荷主ごと、車両ごと、ドライバーごと、あるいは仕事別、運行パターン別に収支を掴んでいない。しかもコミュニケーションの仕組みが確立されていない。会議システムが機能していない。経営実績検討会議（経営会議）がない。ドライバーミーティングが実りあるものになっていない。個人面談システムも機能していない。さらに、荷主に対する交渉力も圧倒的に弱い。そもそも受身一辺倒で営業活動を全くしないケースもある。総じてマネジメントが全く不在である。

③ドライバー不足に直面している

少子高齢化の大波が襲っている。ドライバーの高齢化が急速に進んでいる。七〇歳ドライバーも珍しくない。ドライバー不足は打つ手なし、と途方に暮れている経営者。これから先はどうなるのか、不安に苛まれている経営者――深刻なドライバー不足という現実がある。

経営者と経営コンサルタント間には深い溝がある。経営者は会社が潰れると全責任を負う。経営コンサルタントは責任は負わない。それだけに経営者となると会社への向き合い方は自らの人生を賭けた真剣勝負となる。二〇二二年一一月一五日、株式を一〇〇%取得する。直ちに「経営改善計画」を作成する。営業利益率一〇%を達成するためである。それと銀行交渉のためでもある。創業者は銀行に自宅を担保にしている。この担保を外す交渉をしなくてはならない。そこで「経営改善計画」を武器として行く。二〇二二年一一月一七日付けにて電光石火の早技で作成する。「経営改善計画」作成に伴い、B社のメイン銀行と交渉する。創業者の自宅の担保を外すためである。ところが、メイン銀行の担当者は、ちょっと待ってくれ、と言って担保解除への行動力が鈍い。そこでシーエムオーグループの取引銀行と相談して、一括返済し、借換えをすることにする。御行の借入金の全てを一括返済します、と伝えた時の「えっ」と驚いた担当者の顔が印象に残っている。

借換えにあたってはプロパー資金であり、担保なし、連帯保証人もなしである。

二〇二三年一月のことである。

（３）『経営改善計画』の実行

勝負は一〇〇日にある。二〇二二年一一月から二〇二三年二月末までである。

新経営体制の確立

創業者と創業者の奥さんは二〇二二年一一月、取締役を退任する。更に同月に監査役も退任する。この監査役は二〇一一年、今から一二年前に物流経営講座で出会った人である。私が、Ｂ社と経営コンサルタントとして経営指導計画を結ぶきっかけを作ってくれた人である。

「この度、経営の新体制が発足します。監査役も七〇歳です。退任して下さい。退職金は〇百万です」

私としては、今までＢ社の経営改善を共にやってきた同士でもある。しかし、経営の新体制となると、生まれ変わっていかねばならない。この監査役は優秀な人である。それだけに会社の経営に深く関わっている。しかし、経営の新体制は旧経営体制を刷新しなければならない。

「分かりました。いつかはシーエムオーが会社を引き継ぐと思っていました。でも、あと二年待てませんか」

「二年も待てません。ここで退任して下さい」

一挙に三人の経営陣（創業者、創業者の奥さん、監査役）を入れ替える。私が、新経営体制の中核になる。

事務管理スタッフの少数精鋭

Ｂ社は二〇二二年十一月には事務管理スタッフが八名いた。事務の役割分担と見直しをする中で二〇二三年二月には四名となる。いなくなった四名の内訳は、一人目は六五歳の女性。この人は雇用契約を更新しなかった。Ｂ社の子会社である車両整備会社の事務員は居なくなり、Ｂ社の子会社は廃業した。車両整備はＢ社で内製化することとする。その組織再編で子会社の事務員を退職することとなる。あとの二人は創業者の奥さん、監査役のことである。

更にＢ社には管理スタッフが六名いた。それが一名となり、もう一名は株式会社シーエムオーから常駐することとなる。いなくなった五名の内訳である。

一人は退職した。この人は配車担当リーダーであった。この人は「会社を辞める、精神的にきつい」と言って、出社しなくなった。二〇二二年十一月、息子のＣ社長と一緒にこの人のマンションに行く。退職合意書を取り交わすためである。

ピンポーンと鳴らずとパジャマ姿ででてきた。

「退職合意書を交わしに来ました。当社とは一切の債権、債務はないとする退職合意書です」

この人はサインした。実はこの人こそ、亡き息子川﨑晃弘の一〇〇日プロジェクトでＢ社に常駐した健志社長の交代として送り込んだ人である。あれから七年、この人も良くやってくれたが「疲れた」と言って去っていくこととなる。人生とは、淋しいものである。

もう一人いなくなった人は「ドライバーで働いて欲しい」と二〇二二年十一月に伝えると消えてしまった。

更にもう一人は子会社の警備会社を任せていた七〇歳の人である。警備会社が廃業するので、二〇二二年十二月に退職していった。

一人は二〇二二年十二月に管理職から降格した。あとの一人は二〇二二年十二月に主としてドライバー専任とした。六名の管理スタッフは一名を残して五名いなくなる。その代わりにシーエムオーグループより一名、管理スタッフとして常駐する。これだけ事務管理スタッフが少数精鋭化すると収益は大きく貢献する。何故ならB社の売上は前年と比して下がらなかったからである。むしろ前年対比五％アップとなっている。

経費の削減

経費の削減として本社機能を一本化した。なにも経費の削減効果だけを狙ったものではない。一ヶ所に集結することで事務作業の効率化を図るためでもある。二〇二三年二月末、本社一元化の引越しを行った。今までは三ヶ所に分かれていたのを、一ヶ所に集約した。それぞれに支払っていた地代家賃の削減になる。

更に社会保険労務士の顧問契約も解約する。社会保険労務士に丸投げしていた業務を会社内部で行うこととする。ただでさえ事務スタッフが八名のところ、四名と半減している。そこで事務作業の中身を見直し、事務作業の軽減を図る。こうすることで社会保険労務士に丸投げしていた業務を二〇二二年十二月に会社で行うこととした。更に二名いた顧問弁護士は解約した。株式会社シーエムオーに顧問弁護士がいるからである。税理士も解約した。株式会社シーエムオーの顧問税理士に代えた。更に軽油単価についても、株式会社シーエムオーグループと単価比較して下げていった。細かいところは、三つも購読していた業界新聞は一つとした。もちろん交際費はゼロとした。私の役員報酬もゼロである。

「経営改善計画」の実行として（一）新経営体制の確立（二）事務管理スタッフの少数精鋭化（三）経費の削減、を実行した。一〇〇日プロジェクトの成果が出てくる。二〇二三年三月の月次試算表によると営業利益率一〇％の水準となる。更に一〇〇日プロジェクトの闘いは続く。

荷主交渉

二〇二三年一月にメイン荷主との運賃交渉を繰り出す。ひとつの荷主とはあっさりと五％アップの値上げを勝ち取る。

「もし価格交渉のテーブルに頭から拒否してつかないとなると問題だ。勇気をもっていこう」と檄を飛ばす。運送業界は二〇二四年の「働き方改革」が迫っている。ここで価格交渉にて値上げを勝ち取らないと生きていけない。「今こそ、この新経営体制の時こそ運賃交渉のチャンスだ」と檄を飛ばしている。恐れていることは、第二部で述べたA社での失敗である。

大幅な運賃値上げを迫って一度は受け入れられたとしても、六ヶ月後に三下り半を突き付けられた良い教訓である。それでも今やらねば生きていけない。二〇二四年問題は圧倒的なドライバー不足に直面する。ドライバーを確保し、ドライバーの賃金を上げるためには今やるしかない。

部門別採算表による経営数字の把握

Ｂ社は四拠点ある。一つ一つの拠点は独立した事業体である。会議システムによって月一回の経営実績検討会議を私が司会者となって行っている。そこでの資料として部門別損益表がある。この数字に基づいて経営実績を分析し、対策を立てる。月末で締めて月初五日以内に出せるようにしている。そのためには数字も集計し、まとめる経理部門の確立が急務となる。事務管理スタッフの一名が中心となる。

「私に出来ることでしょうか」

「君にやってもらうしかない。助っ人としてシーエムオーの財務コンサルタントがいる。安心してやってください」この人は今までパートであった。二〇二二年十一月に正社員とする。

「わかりました」と納得する。

（４）Ｂ社一〇〇日プロジェクトでの収益力の向上と今後の課題

Ｂ社は車両台数約一二〇台、社員一四〇名、パート七〇名の中堅物流会社である。四つの拠点があり、それぞれ一つの会社として見なしていく。部門別採算表の確立によって独立採算の拠点とする。Ａ拠点は車両台数八台である。この拠点は今まで不採算、赤字であった。私が十二年前経営指導した時から赤字拠点であった。まず、二〇二二年十一月にここの拠点長と面談する。

「ドライバーをして下さい。配車管理は本社営業所で行います。不採算から脱出するためです。ドライバーになるので給与は現行より一〇％下がります」

この拠点長は私との面談の時は了解する。二〇二二年十二月に入ってから、彼は豹変する。「ドライバーはできません。やっぱり十二月末で辞めます」そこで退職に当たって給与とは別に一ヶ月分の給与相当額を功労金として支給する。

「拠点長がいなくなると車両管理する人がいなくなります。どうしたらいいでしょうか」

「日常の車両点検、オイル交換、エレメント交換等は現在のメンバーで助け合ってやってください」

「本社の管理スタッフも必要に応じてサポートします」

ドライバーが八名で拠点長一名は収支のバランスが取れない。八名のドライバーも大半が専属の仕事をしておりフリーの配車は少ない。フリーの配車とは、日によって業務内容が変わる仕事、そして車両別収支に基づいて一台ずつの収支を拠点会議にて取り上げている。

「この車は何故赤字なのですか。どうしたらいいですか」

「運賃が低いからです。それに労働時間が長いです」

「直ぐに荷主と交渉して下さい。車両別収支に基づいて荷主と真っ向から交渉して下さい。もし粘ってそれでもダメなら撤退して下さい」

二〇一一年から一二年間も経営指導していて、どうして不採算を放置してきたのか。実は経営コンサルタントと経営者の違いである。

経営者は経営の全責任を負っている。人事権がある。拠点長にズバリ「ドライバーをして下さい」と言える。更に撤退する時の全責任も経営者にある。こうした経営コンサルタントと経営者の違いは大きい。

「今はドライバーが八名です。あらゆる手段を使って増員して下さい。まずは一〇名、次いで一五名です。休車も三台あります。すぐさまドライバー採用していくのです」

「ハローワークや有料広告に求人しても、なかなかドライバーが来ません」

「そこをなんとかしてください」

二〇二三年一月、二月、三月、四月と徐々にドライバーが入ってくる。二〇二三年五月に一〇名体制となる。

「会社に不平、不満があって配車内容にブーブー言っているドライバーがいます。監督署に駆け込むと言っています」

「すぐさま個人面談して下さい」シーエムオーグループから常駐しているメンバーに指導する。本社の部長と一緒に個人面談をし、個人面談シートを作成する。

「彼と面と向かってじっくり話し合いました」

「『分かった。しっかり働くよ』と納得してくれました」

A拠点の雰囲気が徐々に変わってくる。新経営体制の出発に伴い、一からやり直そうという雰囲気が出てくる。二〇二三年四月にはA拠点のドライバーを集めて懇親会をすることが出来た。

二〇二二年十一月～二〇二三年五月はA拠点は営業利益五％と黒字となっている。まだ様々な経営課題を抱えて必死に苦労している最中でもある。それでもB社のお荷物拠点が蘇りつつある。

B拠点は物流センターを運営している。社員五名とパート七〇名の陣容である。B拠点も二〇一一年経営指導に入ってから一二年間も赤字である。経営コンサルタントの時は「一刻も早く撤退して下さい」と創業者にアドバイスし続けていった。

ところが「もう少しなんとかならないか。価格アップを出来ないか」と逡巡している内にタイミングを逃していた。物流センターの大家との交渉のタイミングは、退去する六ヶ月前に退去する旨を言わねばならない。ズルズルと時を逃してきた。しかもいざ退去するとなると、七〇名のパートもいる。どんな労務トラブルが起こるか分からない。進む時よりは引く時のほうがエネルギーがいる。

「まあ会社全体で赤字になっていないし、これで何とか続けよう」と十二年間の月日が流れる。

二〇二二年十一月経営者としてB拠点に向かい合う。「やるだけやりぬく」と覚悟して乗り込む。まずB拠点の拠点長と面談する。

「拠点長は解任します。給料は十%削減します。一からやり直して下さい」この拠点長も内心悩んでいた（どうしたら黒字になるか。思うように人も動いてくれないし……いっそ私は責任を取って辞めようか）。

「分かりました。新経営体制に協力します」と言ってくれた。B拠点の新運営体制として二〇二二年十二月に部長の兼任としてセンター長にする。副センター長として新たに別の者を任命する。パートは女性中心である。このパートのシフト管理や、給与計算等の事務職として入社した人である。ところがこの人は物流センターの仕事を助けるために現場に入って汗を流している。この人を副センター長とする。今までこの人の給与は時間給である。この度管理職に登用するにあたって月給制とする。実はこの人は女性である。

「過去一年間の給与の平均額をベースにして月給制にしました。是非やってください」

この人は「私に出来るでしょうか」と悩む。

「あなただったらきっと出来ます」と口説いて副センター長とする。新任の副センター長は社員と一緒に週一回の定例ミーティングを始める。

「私は皆の力で物流センターを運営します。皆の助けを借りてやります」とコミュニケーションの充実に取り組む。

一方解任した元センター長も生き生きとしてくる。重圧からの解放のせいもある。この元センター長は数字に強い。毎日のB拠点の収支表作成の任にもあたる。

入社して六ヶ月になる管理職候補の社員がいた。ところがこの人は「私の残業代が不足しています」と金に関する不満を毎月言い続けてきた。そこで面談をする。二〇二三年一月のことである。

「あなたは管理職には向いていません。従って給与の支給ルールは作業員並みとします。時給で働いて下さい」こう通告したとたん、この人は次の日から会社に来なくなる。六ヶ月の試用期間を経て、新たな雇用契約を結ぶタイミングである。こちらは臨戦態勢をとる。もし時間外手当の未払を訴えられたらどうするか、という臨戦態勢である。六ヶ月の労働時間を集計し、これに基づいて時間外手当の未払について計算する。「大丈夫」時間外手当の未払はない。それにしてもこのままではよくない。本人に会って「これからどうするか」を確認しなければならない。この人は二〇二三年二月、一切の債権債務はないとする退職合意書にサインして去っていった。

物流センターの収益向上の肝は人件費管理にある。パートの勤務についてアコーディオン方式とする。アコーディオン方式とは物量に応じて人員シフトを増やしたり、減らしたりすることである。

そのためパートの中から順番に週一回のミーティングに参加して共通の想いを持ってもらう。共通の想いとは、物流センターを働きやすくすることである。

更に、物流センターの荷主とは二〇二二年十一月より価格交渉に入る。二〇二二年一二月には帯状疱疹の痛みの中、荷主への挨拶回りをしていた。この物流センターの荷主にも行く。ストレートに価格交渉をする。本社の部長、新任のセンター長の粘りもあり、価格交渉は実を結ぶ。二〇二三年一月には約五％の価格アップとなる。

あれやこれやの経営改善努力が続く。二〇二二年十一月からスタートしている週一回のB拠点の経営実績検討会議で成長が目に見えてくる。元センター長の作成する収支表がプラスとなってくる。二〇二二年十二月は過去最高の売上と営業利益率一〇％をたたき出す。

「これはすごい」と内心感心する。一人一人の努力の賜物である。更に二〇二三年四月は二〇二二年を上回る売上と営業利益をたたき出す。二〇二二年十一月〜二〇二三年五月のB拠点の収支は営業利益率五％越えとなっている。このペースでいけば、なんと十二年経ってもなし得なかった黒字を達成することは確実である。

本社営業部門にC拠点がある。この管轄に一つの荷主を担当しているところがある。一〇名ばかりのドライバーがいる。その荷主からクレームが来る。

「おたくのドライバー一〇名には派閥のようなものがあって分断しています。何とかして下さい」そこで、本社営業所部門にて車両管理、事故処理、欠員をしたドライバーの穴埋めとしてマルチに仕事をしていた人がいる。器用な人である。

「一〇名ばかりのドライバーが分断しています。まとめ役として力を貸して下さい」

この人は二つ返事でまとめ役を買って出てくれた。この人の抜けた穴を本社営業所の管理スタッフが事務スタッフの協力も得て埋めていった。

本社営業所部門には休車がある。たまにある突発した仕事のために、売るに売れずに休車している車もある。

「この際、休車リストを作成して売却できる車は思い切って売却して下さい」一〇台のトラックが売却できることとなる。合計約一〇〇〇万円で売却する。トラック一〇台分の車検代、保険料、税金が掛からなくなる。

子会社でB社のトラックの車両管理等を担当する整備会社がある。工場長と事務スタッフ一名がいる。二〇二二年十二月をもってこの子会社は廃業とする。その代わりにB社にて整備部門を立ち上げる。これから整備部門の充実がB社の課題である。

もう一つB社の子会社があり、事務所として別の場所を借りている。この子会社の業務は、B社が二〇二三年五月に吸収した。子会社を吸収はできたものの、その間の手続きは手間がかかった。引っ越しをはじめ、本社営業所の管理スタッフは奮闘した。特に創業者の息子C社長の奮闘は特筆に値する。この子会社の社長は創業者の奥さんであり、C社長のお母さんである。頭では分かっていても、一つの会社が吸収されていくのは淋しいものがある。C社長のお母さんの胸中に思いを馳せる。

あれやこれやでB社の一〇〇日プロジェクトは進行していく。B社全体で二〇二三年四月、五月と営業利益率は一〇％越えとなる。B社一〇〇日プロジェクトは収益力の向上に大いに働いた。

しかし、まだまだこれからである。「一つは、一にも二にも営業、三、四がなくとも五に営業」で売上向上に邁進していくことである。B社の二〇二三年十〇月期の目標は十七億である。このままのペースで行くと着地予測は一六億である。あと一億に足りない。営業利益率は八％、一億二八〇〇万円と予測している。年商二〇億の大台に向かって突き進んでいく。過去十二年間で最高の営業利益と予測している。それでも売り上げが足りない。

更に、社内の情報システムの整備もしなければならない。デジタコデータから給与計算へ、あるいは請求書作成へ。あるいは車両別収支作成へ。そして月次試算表の作成へと一元的にできる情報システムの整備である。まだまだ経営課題は山積している。各拠点の管理職人材の育成も急務である。ドライバーの採用、育成も大きな山となっている。この立ちはだかる山に挑んでいかねばならない。

二〇二四年春の「働き方改革」も待ったなしとなっている。

B社の本当の存続、成長を賭けた戦いはこれからである。

エピローグ——亡き息子　川﨑晃弘への手紙

川﨑晃弘様

前略

二〇一六年二月一三日にあなたがこの世から突然いなくなって、早七年です。この世からいなくなったけれど、私の心の中であなたはしっかりと生きています。折に触れて、色んな思い出がよみがえります。

二〇二〇年二月から二〇二三年五月までのコロナの時代を生き抜いてきました。本書でその一端をあなたに報告しました。どうか、あの世で読んで下さい。

「川﨑依邦の日々」では、時々あなたへの手紙を書きました。手紙を書くことで、私は生き抜いていく勇気を奮い起こしてきました。

ここに改めて、二〇二二年「川﨑依邦の日々」でのあなたへの手紙を載せます。

「川﨑晃弘社長の七回忌」

二〇二二年一月九日（日）一万五五四九歩、歩行距離一〇・五㎞。禁酒六一三日目。曇りのち晴れ。

六時三〇分～七時三〇分　大阪シーエムオーにて内務。

本日は川﨑晃弘の七回忌を行いました。二〇一六年二月一三日に三四歳五ヶ月で突然死しました。

一〇時　墓前にて近親者のみ、無宗教で行いました。初めに私が挨拶をし、川﨑晃弘社長のDNAはしっかりと引き継がれていることを報告しました。DNAとは実子、彩ちゃん（五歳十ヶ月）のことでもあり、事業に賭ける志のことでもあります。志は、しっかりと健志社長が引き継いでおります。そして、二〇一六年一月一日号のプレジャーニュース一面「有言実行」というタイトルの晃弘社長の記事の一節を紹介しました。「言ったことは必ず実行せよ。そのためには目の前のことに全力を尽くせ」というメッセージです。今回の挨拶で涙は出ませんでした。涙が出ないというより、堪えたといったところです。その後、一人一人合掌しました。会食は梅田にて個室で行いました。晃弘社長の写真を飾り、缶ビールとスルメイカを供えました。彩ちゃんは写真を見て「彩のパパ」と言っていました。相変わらず、彩ちゃんはテーブルの周りを動き回っていました。

その後、健志社長と一緒に「商売繁盛で笹持ってこい」のお囃子で有名な堀川戎に行きました。晃弘社長とよく行った堀川戎です。株式会社シーエムーオー創業以来、毎年行っています。晃弘社長と健志社長が小さい頃、一緒に連れて行き、いつもベビーカステラを買っていました。七回忌の本日、晃弘社長も一緒にお参りをしたような思いにとらわれました。〝有言実行――目の前のことに全力を尽くせ〟晃弘社長の最後のメッセージが聞こえてくる感じがしました。

――合掌。

「川崎晃弘社長の墓参り」

二〇二二年二月一三日（日）一万四六七〇歩、歩行距離一三・三㎞。禁酒六四八日目。曇りのち雨。

八時～九時　大阪シーエムオーにて内務。

その後、彩葉ちゃん（五歳一一ヶ月）、ママ、川崎専務と四人で川崎晃弘社長の墓参りに行く。曇り空です。

二〇一六年二月一三日に川崎晃弘社長は突然死（虚血性心不全）しました。公園のジョギング中、いつもの定時連絡がないので、同居していた健志社長に連絡をしたところ異変が分かりました。六時四二分に死亡を確認しました。

それから上京し、葛西警察署にて対面しました。翌日一四日に大阪に連れて帰り、一六日に通夜、一七日に葬式を行いました。一五日は大阪物流経営講座で涙ながらに講師を務めました。「晃弘」と口にするだけで涙が止まりませんでした。

朝の公園で葬式の挨拶の練習をしました。泣いてしまい、どうしても挨拶のセリフが詰まるのです。本番の挨拶も鼻水と涙が止まりませんでした。シーエムオーのスタッフが総出で葬式の準備をしました。晃弘社長の思い出の小冊子も作り、葬式の当日に配布しました。この小冊子が元となり川崎晃弘社長追悼本『ピンチはチャンスなり、スピードは力なり』を二〇一七年一月に出版することができました。

あれから六年が経ちました。彩葉ちゃんは、せっせと棒の付いたタワシで墓を掃除してくれました。バレンタインのチョコレートも供えました。ママも手を合わせ、川﨑専務も「もっと長生きしてほしかった」と語りかけていました。健志社長は長男暉士君の発熱により来ることができませんでした。健志社長の思いも込めて「どうか見守ってください。志はしっかりと引き継いでいます」と手を合わせました。

「心の中のヒーロー」

二〇二二年三月六日（日）一万四七五二歩、歩行距離一三・二㎞。禁酒六六九日目。曇り。

七時　公園四周。約六〇分。

九時～一七時　大阪シーエムオー内務。

本日の夕食はヒレステーキ、ハムときゅうりのサラダ、小イモの煮たもの、白和え等々と栄養たっぷり。

朝六時にＮＨＫの『目撃！にっぽん』という番組を見る。五歳の時に急性白血病になり、現在二三歳の男の人が取り上げられていた。You Tube にて「にゅーいん」という名前で活躍している。「つらい時、悲しい時、闘病を支えてきたものは何ですか」。彼曰く「心の中にヒーローを持つことです」「心の中のヒーローは誰ですか」と聞かれると「ウルトラマンです。ウルトラマンの『不可能を可能にする』という決めゼリフです」と答える。なるほどと納得する。

私にとっての心のヒーローは誰か。二〇一六年二月一三日に急死した私の長男、晃弘社長です。

三四歳五ヶ月でした。いつも語りかけ、祈っています。「どうか力をください、どうか助けてください、どうか守ってください」心の中の晃弘社長がパワーをくれている気がするのです。

世の中は、まだまだコロナが続いています。誰にも言えないけれど弱音を吐きたくなる時もあります。その時、心の中のヒーローに語りかけると力が出てきます。You Tuber「にゅーいん」の活躍を影ながら祈っています。

「晃弘社長へ」

二〇二二年三月二九日（火）一万八二九二歩、歩行距離一六・一㎞。禁酒六九二日目。曇り。

六時始発の新幹線にて東京へ、そして上越新幹線にて高崎へ。

一〇時　高崎A社の経営ミーティング。

一八時からは葛西駅前のドトールコーヒーにてシーエムオーグループのA君（配車担当者）と個人面談。

一五時～一七時　葛西臨海公園を散歩する。

六年前、朝よくジョギングをしていたコースである。六年前は晃弘社長が存命の頃です。ジョギング終了後、晃弘社長の運転で約五分の所にある東京シーエムオー事務所へ行っていました。晃弘社長がいなくなってからは毎朝、東京シーエムオーへは葛西から約三〇分かけて歩いて行っています。したがって久しぶり、六年ぶりの葛西臨海公園です。桜はもちろんのこと、黄色のチューリップが咲いていました。変わりない風景です。

それでもこの六年間は辛い日々が続いています。心から楽しいと思う日はありません。

もう、終わりにしようと思う瞬間がある。
限界がここにあるんだと感じる日がある。
大きな絶望に飲み込まれそうな夜がある。
けれど、まだ、その手の中に、
それを超えようとする小さな灯りがある。
もう一度、全力を出したいと願う自分がいる。
まだ、まだ、これで終わりじゃない。
自分の知らない、最高の自分が、
ここじゃないどこかできっと笑っている。
あなたは、きっと、あなたを飛び越える。
たとえ、それがどんな形であっても。
可能性が、
そこにある。
だから、
進みつづける

（二〇二一年三月二九日　読売新聞　クラレ広告）

三月二九日朝刊の一ページを使っての全面広告の文章です。

晃弘社長の死から六年、この文章を目にしてストンと心に落ちました。

「まだまだ、全力を出したいと願っている自分がいる、まだまだこれで終わりじゃない」

この文章は就職や入学、卒業、あるいは新たなる転機に進む一人一人への応援メッセージのように思います。

葛西臨海公園の自然は続いています。可能性がそこにある。だから進み続ける、と心の中の晃弘社長に語りかけました。

「晃弘の事」

二〇二二年五月一日（日）一万五九三七歩、歩行距離 九・三km。禁酒七二五日目。曇り。


沖縄県那覇市への旅行。

一一時過ぎ、那覇空港に着いて元シーエムオーのA君と会う。A君は現在、沖縄にて太陽光関連の会社の経営者になっている。A君は晃弘社長の高校の同級生である。晃弘社長と名古屋にあるシーエムオーグループの会社で一緒に働いていた。「晃弘君は弟（健志）思いだったなあ、弟をすごく可愛がっていたよ」「晃弘君はすごい人だったよ。彼みたいにはとてもなれなかった」ひとしきり晃弘社長の思い出話に花が咲く。二〇一六年二月一三日晃弘社長が突然死し、早くも六年の月日が流れている。彩ちゃんの写真を見せる。「大きくなったなあ」「うちの子供も上は女の子で小学二年生、下は幼稚園の年中です」Ａ君は沖縄の地で約一〇年生きている。「晃弘の分まで頑張って下さいよ」「なかなか晃弘君みたいにはなれませんが……頑張りますよ」

川崎晃弘はそれぞれゆかりのある人の心の中で生きている。

沖縄は終日曇り。沖縄のホテル泊。

「川崎晃弘社長の志とＤＮＡ」

二〇二二年五月二一日（土）一万四一八五歩、歩行距離　一二・七㎞。禁酒七四五日目。曇り。

五時　公園四周、約六〇分。

八時～一二時　大阪シーエムオーにて内務。

一三時～一七時　シーエムオーグループの経営方針発表会、終了後懇親会。

各拠点九社の事務、管理、配車スタッフが集合する。約三〇名。

私はシーエムオーのＤＮＡについて話す。それは二〇一六年二月一三日に突然死した川崎晃弘社長の志のことである。

とりわけ二〇一五年一一月スタートした「一〇〇日プロジェクト」について話す。

当時二〇一五年一一月にＭ＆ＡをしたＡ社がスタートしました。川崎健志社長が経営支援のため、埼玉県のＢ社に常駐していました。川崎晃弘社長は、大阪の自宅から東京へ長期の出張をして「一〇〇日プロジェクト」の先頭に立ちました。毎日二〇時頃、経営支援先のＢ社から健志社長が戻り、晃弘社長と合流します。ハードワークの日々です。二人で東京のマンションに宿泊しており、帰宅はいつも二三時頃でした。二〇一六年二月一二日も二三時頃東京マンションに戻ります。「明日――二月一三日は、いよいよ大阪に帰る」……ところが二〇一六年二月一三日六時四二分突然死。「一〇〇日プロジェクト」をやり切って力尽きたのです。その後の二月一三日（土）から二月二〇日（土）までの一週間、シーエムオーは全力で駆け抜けました。二月一六日通夜、二月一七日葬式。そして二月一八日はM＆Aをしたばかりのα社の労働基準監督署の監査、二月二〇日（土）シーエムオーの新経営体制を発表しました。晃弘社長の代わりに東京と名古屋は健志社長とし、大阪は別の幹部を登用したのです。電光石火のスピードです。通夜、葬式の準備はシーエムオーメンバー全員の協力でやり抜いたのです。葬式の参列者は約四〇〇名にも上りました。二〇一五年一一月からの「一〇〇日プロジェクト」と二〇一三年晃弘社長突然死、二月二〇日までの一週間こそ晃弘社長のDNAそのものです。DNAとは「ナニクソ」「艱難辛苦をものともしない」そして圧倒的な「スピード」のことです。

しっかりと川崎晃弘社長の志を引き継いで力の限り前進することを誓います。

「〝一人旅〟と〝同行二人〟」

二〇二二年五月三一日（火）六八八三歩、歩行距離　四・八km。禁酒七五五日目。曇り、時々小雨。

六時　新幹線にて東京へ。東京駅で上越新幹線に乗り換えて高崎へ。
十時　A社　経営ミーティング
高崎の空は曇り、雨模様です。二、三日前の猛暑はすっかり影を潜めています。上越新幹線の中は、金沢や富山の旅行ブックを手にした乗客でいっぱいです。そのため、私は珍しくいつもの指定席の窓側に座れず通路側の席です。人の動きが本格化しています。あちこちに旅行する二人連れ、グループ、ツアー客と続々新幹線のホームに姿を現しています。いよいよコロナ明けが近づいています。A社ミーティングを終えて上越新幹線にて高崎から大宮へ。更に、京浜東北線と武蔵野線を乗り継いで東所沢へ。

一三時三〇分　B社　経営ミーティング。ミーティング終了後東京駅へ。

一八時頃　新大阪駅着。

一八時三〇分　大阪シーエムオー着。

私の移動は一人です。孤独なものです。この活動スタイルは自分に合っています。旅から旅の「一人旅」です。道中は本を読んだり、時折風景を観たり、人の動きを見ています。いつまで「一人旅」が続くのかとの感慨に耽ることもあります。故・晃弘社長（二〇一六年二月一三日突然死、三四歳五ヶ月）のことも常に頭にあります。「実に無念です」「申し訳なかった」との想いが頭を離れることはありません。ある人云く「戦死でしたね」。志半ばに倒れた故・晃弘社長のことです。戦死だとしたら死地に赴かせたのは誰か、私です。故に「一人旅」ですが「同行二人」でもあります。一つ一つの仕事、一つ一つの旅は私にとって巡礼の日々でもあります。

四国八十八ヶ所の巡礼旅の如く、これからも「一人旅」そして「同行二人」で歩いていきます。

「水中ウォーキングと晃弘社長」

二〇二二年七月一四日（木）一万五四八四歩、歩行距離　一四㎞。水中ウォーキング　九〇分。曇り。

五時　公園四周。

一〇時　大阪シーエムオーにてA社長と面談。

一五時　プールにて水中ウォーキング。

黙々と二五ｍのプールを四〇往復歩く。一ｍの水中ウォーキングの後、ジャグジーにも浸かる。およそ二〇人ばかり、七〇％が男性です。何気なく会話すると週に三、四回のペースで来ている人が多い。私も隙をみて週三回は水中ウォーキングを黙々と続けることとする。水中ウォーキングをしている時は無念無想です。とは言っても、川崎晃弘社長（二〇一六年二月一三日　三四歳五ヶ月にて突然死）のことが頭に浮かびます。晃弘社長も生前は水中ウォーキングをしており、時々プールでバッタリと会いました。彼も健康のため、とりわけ高血圧予防のために歩いていたのです。それが二〇一五年秋以降、東京への長期出張（「一〇〇日プロジェクト」のため東京常駐）で水中ウォーキングが出来なくなったのです。言葉に尽くせないほど無念でなりません。プールですれ違う時には晃弘社長とお互い右手を挙げてニッコリと挨拶したものです。彼はいなくなり、私はまだいる。言い知れぬ人生の寂しさを感じます。

「祈り」

二〇二二年七月二二日（金）二万四五八歩、歩行距離　一七・二㎞。
水中ウォーキング六〇分。晴れ、曇り。

四時三〇分　公園四周。
七時三〇分　大阪シーエムオーにてシーエムオーグループのドライバーの夏賞与について健志社長と打ち合わせ等。
九時　A社長の金融機関訪問に同行する。
一〇時　喫茶店にてA社長と経営改善について打ち合わせ。
一四時　姫路にてB社の働き方改革プロジェクト会議を行う。
一八時　プールにて水中ウォーキング六〇分。
あちこち歩いていると、至る所でお地蔵さんに出会う。大阪シーエムオーの事務所近くの公園に一つ、高速道路の高架下にも一つ。何気なく手を合わせる。花が供えてある。このお地蔵さんを守っている人がいる。たまたま水を換えて花を供えていた老婦人を見かける。両手を合わせていた。「何を祈っているのだろう」とふと思う。私は文字通り何気なく手を合わせただけで何も祈ってはいないが頭を下げる。何も祈っていない、とはいうものの正確には「人生」の有難さに、見えない何かに感謝している。更に川﨑晃弘社長（二〇一六年二月一三日突然死。三四歳五ヶ月）に祈っている。祈ることで川﨑晃弘社長に元気を貰っている。見えない何かとは人生の流れ、自然の動き、そして風のそよぎ等のことである。祈ることは人生の底を流れる人間にとっての基本的な態度である。

「お盆がやってくる」

二〇二二年八月一日（月）六一八四歩、歩行距離　四・四㎞。晴れ、曇り。

関東一泊二日の出張の旅に出る。

六時　新大阪発の新幹線の中で約一〇年前に廃刊となった『g^2』（ジーツー、一二〇〇円）を読む。小沢一郎の妻（和子）のこと、その妻に離縁されたこと、三人の息子のことについてリアルに書かれている。また、「鬱」の体験記や生活保護を受けている人の実態等が掲載されている真に迫ったノンフィクション雑誌である。更に『事業再生と債権管理　一一七号』（二八〇〇円）を読んだ。小沢一郎の長男は早稲田大学出身で海上自衛隊、次男は東大を出てフリーター、三男は慶応大学出身でボクサーを目指したとのこと。一〇年前の話ですので、今はどうしているか分からない。離縁した妻は新潟出身。福田組（東証一部上場企業）のお嬢さんであり、田中角栄との繋がりがある。和子さんは精神病になったとのこと。ノンフィクションはリアルである。

一〇時三〇分　茨城県鹿嶋市A社にて「給与」をテーマとする会議に出席し司会を務める。出席メンバーはA社長以下六人です。

一六時　埼玉県和光市にてB社長と面談。テーマは「経営改善」です。

本日は葛西マンション泊。相変わらず暑い一日。新型コロナの第七波も続く。人それぞれ生きていく上で色々あるものだ。そろそろお盆。通りすがりのお寺の標語に「自分が仏になれば両親（父母）も仏になる」という意味の言葉があった。仏とは何か。自分が嬉しかったり幸せだったり元気だったりすることが仏。それを見て先祖、両親も喜んでいるという意味である。お盆が来ると、亡くなった所縁のある人に手を合わせる機会が増える。私は毎日手を合わせている川﨑晃弘社長（三四歳五ヶ月にて二〇一六年二月一三日、突然死）のお墓参りに行く。「皆元気です。しっかり生きています。ご安心ください」と手を合わせる。それと私の両親にも「感謝しています」と手を合わせる。お盆がやって来る。

「お盆その一——恐山　死者たちの場所——」

二〇二二年八月一三日（土）一万八五八一歩、歩行距離　一五・三㎞。

水中ウォーキング六〇分（二〇回目）。曇り、晴れ。

五時　公園四周。早朝の公園は既に季節が巡っているのを実感する。あれほど、やかましく力の限り鳴いていた蝉も弱々しく道に転げ落ちている。草むらから虫の鳴き声が聞こえる。一日と言え同じ風景はない。日々変化している。

八時～一二時　大阪シーエムオーにて内務。

一二時　プールにて二〇回目の水中ウォーキング。

一四時　義母（二〇一八年二月一四日八七歳で死去）の墓参りに行く。徳島から大阪に帰って一九八六年～一九九二年頃まで六、七年同居した義母の墓参りである。自宅から近い梅田のお寺である。墓参りと言っても墓石はなく、暗証番号を入力すると出てくる銀行の貸金庫のようなシステムである。「お世話になりましたね。こうして元気で生きています」

信心深い人で毎日二～三時間も仏壇の前に座って一心にお経（般若心経）を唱えてお祈りしていた。願いの一つとして「怪我や病気することもなく健康に暮らすように」と私の日々の無事も祈ってくれていた。孫（晃弘社長を可愛がり健志社長はおむつを換えてもらい育児をしてくれた）のことや自らの子ども（三人の姉妹がいる）のことなど一心に祈ってくれていた。

夕方録画しておいたNHKのドキュメント七二時間を一〇位から八位まで見る。この一〇年間の番組でのベストテンの紹介である。人の生き方の有り様を実に上手く捉えている番組である。私は一〇位の「恐山死者たちの場所」の回が心に沁みた。生きている人が「じいちゃん」「ばあちゃん」と恐山に向かって叫ぶ。死んだ人は恐山に魂が帰ってくると言われている。死者を呼び寄せて生きている人と会話するイタコという人もいる。色とりどりの風車が回る。恐山は巨大なお墓のようなものだ。お墓の前だけでなく生きている人は様々な場所で死者に語りかけている。私はいつも心の中で晃弘社長（二〇一六年二月一三日　三四歳五ヶ月で死去）に語りかけている。時には「晃弘！」と大声で叫ぶ時もある。苦しい時や辛い時は思わず叫ぶ。私の心の中でずっと晃弘社長は生きている。お盆は死者が帰ってくる。

「晃弘社長、見守っていてください」

二〇二二年八月二二日（月）　一万九八三〇歩、歩行距離　一六・七㎞。

水中ウォーキング六〇分（二六回目）。曇り、晴れ（途中雨）。

四時三〇分過ぎ　公園四周。公園での早朝のランニング、そしてスロージョギングの歴史は長い。かれこれ三〇年であるが、六二歳の時に休んだ時期がある。当時ハワイのフルマラソン四二・一九五㎞を八時間三〇分もかけてかろうじて完走したものの、帰国以来六ヶ月ぐらいは走ることを辞めていた。熱中症になりかけてフラフラになりフルマラソンの途中で約一時間もハワイの地面に座ってしまった。「晃弘社長を無理やりフルマラソンに誘っている。ここでリタイアすると晃弘社長に申し訳ない」と思って立ち上がった。晃弘社長は私より三〇分も早い約八時間というタイムで完走していた。「会長はどうなった。どこかで倒れているのではないか」と心配をかけたものである。

日本に帰って「マラソンは卒業する」と決めた。ところが六ヶ月経つと体重が五～六kgも増えたため、再び早朝の公園をスロージョギングスタイルで走り始めた。

七時三〇分　健志社長とミーティング。

一〇時　京都市A社　経営ミーティング。

一四時　京都市B社　経営ミーティング。

一七時過ぎ　彩ちゃん（六歳五ヶ月）をピアノのレッスンに連れて行く。ピアノ教室にはいつも歩いて行きます。「歩くの嫌だ、嫌だ」と彩ちゃん。「おんぶして」とリクエストされたので、おんぶする。「頭を叩いてもいいよ」「頭は叩かない」と賢くなっています。以前は頭を叩いてキャッキャと嬉しそうにしていました。「じいじの頭の天辺はハゲや。どうしてハゲなの」「分からないよ。ハゲはハゲや」。腰が痛くなってきたので地面に降ろす。それでも「歩くのしんどい」と言い募ります。そこで「天国のパパが見てるよ」と決め台詞を一発。すると黙りこくってスタスタと歩き出す。「天国のパパは彩ちゃんのことを見守っているよ」。彩ちゃんは無言です。「歩くのしんどい」と言わなくなりました。決め台詞の効果は抜群です。ピアノ教室が終わった後は、一路タクシーでシーエムオーの事務所に戻りました。

一八時三〇分　二六回目の水中ウォーキングを六〇分行いました。水中ウォーキングをしながら晃弘社長に語りかけました。「彩ちゃんはすくすく大きくなっているよ。見守っていて下さい」

「川﨑晃弘社長へ」

二〇二二年九月一日（木）一万六八一一歩、歩行距離　一二㎞。

水中ウォーキング六〇分（三二回目）。曇り、小雨。

晃弘社長が死去（二〇一六年二月一三日）して六年と約六ヶ月、日数にして二、三九〇日が経ちました。九月一日は株式会社シーエムオーの創立記念日です。一九八八年九月一日に独立し、三四年の月日を刻んできました。

一六時頃　京都のホテルにてA社長と会いました。貴方が突然死する一週間前、二〇一六年二月七日（日）にA社の経営会議に出席しましたね。この日が一緒に仕事をした最後の日となりました。A社長は貴方との想い出を語りました。「晃弘君はいつも鞄を肩に掛けていたね。このホテルで三回も面談したよ。鞄を肩に掛けた姿と喋る口調は川﨑先生とそっくりだったよ。晃弘君のバイタリティは凄かったよ。私の息子は足元にも及ばないよ。ところで跡を継いだ次男君はどうですか」「しっかりやっています」「晃弘君は凄いプレッシャーと戦っていたよ。次男君には無理をさせたら駄目だよ。晃弘君は戦死したみたいなものだからね」

貴方の生きていた証はそれぞれの人の心の中に今でも息づいています。

先日、夏休み最後の日曜日（八月二八日）に彩ちゃん（六歳五ヶ月）と遊びました。私が彩ちゃんと手を繋いで歩いていると、突然「パパと手を繋いでいる」と言いました。彩ちゃんにあなたのことを聞かれたのです。「パパは事務所で一番偉かったの？」「パパはいつも自分の近くにいるよ」。こうした会話の後だったので「パパと一緒に手を繋いでいる」と言ったのかもしれません。彩ちゃんの心の中に貴方は息づいています。一度も会えなかったパパが心の中で息づいているのです。

貴方の跡を継いだ健志社長と心を一つにして、貴方の果たせなかった志を引き継いで、シーエムオーグループは前に向かって進みます。一五年後、貴方に創立五〇周年の報告が出来るように頑張ります。その時は彩ちゃんも一八歳を過ぎて成人しています。一日一日、貴方と一緒に生きていきます。

あなたは覚えていますか。二〇一〇年、冬の日の夜二二時頃のことです。新幹線の名古屋駅まで送ってくれました。新大阪まで帰るのにギリギリの時間でした。その送ってくれた車中で、あなたはポツリと言いました。

「どうしても結婚したい人がいる。だけど、なかなか『うん』と言ってくれないよ。どうしたら良いでしょうか」

「それは真心しかないよ。今からでも大阪に飛んで帰って口説いてみたらどうかね」

実際、すぐに高速道路を飛ばして、大阪に帰ったのかどうか。それは分かりません。それでもあなたの目がキラリと光ったのを覚えています。多分、すっ飛ばして大阪まで帰ったに違いありません。東京のD社の配車担当者にと、あなたが口説いたZ君が言っていた言葉を思い出します。「ドストレートに真っ直ぐに目を見て迫ってきたよ。あの口説きの迫力は半端じゃなかったよ」あなたはZ君を口説いた時以上の迫力で彼女を口説いたことでしょう。

かくして二〇一一年三月二〇日、川﨑香奈子さん（奥さん）と結婚式を挙行したね。そして、漸く子どもを授かり、産まれる一歩手前、二〇一六年二月十三日にあの世に旅立ってしまったね。授かった子は二〇一六年三月三十一日にこの世に生まれたよ。これもまた、二〇一六年一月頃、車の中で「今度、生まれてくる子の名前は〝彩子《あやこ》〟にしようと思うよ。彩りゆたかに自由に生きて欲しいから」と。彩子は占い師の助言もあって、彩葉となったよ。

私は、彩葉ちゃんが産まれて「おじいちゃんから『お父さんを誇りに』」として、二〇一七年五月一三日付で毎日新聞『未来への手紙プロジェクト』に発表しました。

ここに、その時の記事を載せます。

おじいちゃんから「お父さんを誇りに」

川﨑依邦

彩葉《あやは》ちゃんは、二〇一六年三月三一日、体重三一〇〇グラムでこの世に生を受けました。お父さんは、同じ年の二月一三日に、三四歳五ヶ月の若さで虚血性心不全にて突然死しました。彩葉ちゃんに会えませんでした。

この一年、お母さんやおばあちゃんは一生懸命育てて参りました。お父さんは中小企業の経営者として、社員の先頭に立って、いつも頑張っていました。お父さんは生前「今度生まれてくるぼくのはじめての女の子は会社の中で育てる」と言っていました。

その言葉通り、お母さんは産後八週間の五月七日、彩葉ちゃんと共に職場復帰しました。「首がすわった」「ハイハイする」「つかまり立ち」「歩いた」。成長を会社の事務所の全スタッフ、お母さん、おばあちゃんは見守り、一緒に生きてきました。

そして今春、保育園に入りました。おめでとう。おじいちゃんには、彩葉ちゃんが字を読めるようになったら、ぜひ読んでもらいたい本があります。それはお父さんの生きた歩みを書いた本です。『ピンチはチャンスなり、スピードは力なり』という、お父さんとおじいちゃんの共著です。「心優しい元気な子が生まれますように　川崎晃弘　香奈子」と神社にお参りした写真も中にあります。

彩葉ちゃんのお母さんは「寂しいときは、お父さんのことをたくさん話したい」と言っています。おじいちゃんもお父さんを誇りに思っています。彩葉ちゃん、しっかりと生き抜いてください。いつの日か、彩葉ちゃんにもこの投書を読んでもらって、あなたのことを感じてもらいたいと願っています。

お母さんも元気にしています。お母さんは、あなたのことを口に出すことは滅多にないけれど、いつも、いつも、あなたのことを想っています。

かつてのシーエムオー事務所は、梅田のマンションの十三階にありました。このマンションの一三階を夜の二〇時頃見たとき、「あそこで晃弘と香奈子さんが、いつも遅くまで働いていたね」と、ポツリとお母さんは漏らしていましたよ。

弟、健志も元気にしています。いつの日かあなたに「健志、よくやったな」と褒めてもらえるように、歯を食いしばって生きていますよ。健志も二人の子のパパになっています。一人は男の子（三歳六ヶ月）、もう一人は女の子（一歳三ヶ月）です。

私は、あなたのことで、いつも思い出すことがあります。あなたが一五歳。高校に入り、タバコで危うく退学させられそうになったことです。一九八七年の秋ごろです。一度は停学二週間となりました。ところが、停学が明けて一週間もしないうちに、又タバコを吸っているところを見つかりました。今度は担任の先生に強く自主退学を勧められました。そこで私は踏ん張りました。貴方の通っていた高校は、山の中というか、坂を上ったところにありました。二度、三度と、この坂を上って校長先生に面会しに行きました。あなたと一緒です。

「お父さんの熱意は分かりました。晃弘君は、素直で良いところのある子です」

そして、晃弘に向かって「やり直して下さい」と。校長先生は言ってくれましたね。

高校の坂を下っての帰り道、二人とも無言です。梅田に辿り着くと、一本の映画が目に入りました。「この映画でも観よう」と何気なく誘って、映画館に入りました。二人とも沈黙に耐えられなかったのです。映画のタイトルは『タイタニック』、主演男優レオナルド・ディカプリオ、主演女優ケイト・

ウィンスレットです。

この話は、一九九六年、タイタニック号の沈没から八四年後の現代から始まります。

タイタニック号と共に沈んだとされるダイヤモンド「碧洋のハート」捜索のため、海底深く調査が行われていたのです。

そして、船内からはダイヤではなく、ダイヤを身に着けた若い女性が描かれた絵が発見されます。

この様子がテレビで放送され、それを見ていた老女が「その絵は自分」だと名乗り出るのです。

そして、彼女の口から悲惨な事故と、思いもよらない物語が語られることになります。


――一九一二年四月一〇日、タイタニック号は一五〇〇人以上の乗員乗客を乗せ、アメリカに向けてイギリスの港を出航します。

上流階級のローズ（ケイト・ウィンスレット）は自身の母と婚約者のキャルドンと一緒に、ローズとは正反対の貧しい画家志望の青年ジャック（レオナルド・ディカプリオ）は、出港直前に乗船チケットをポーカーで手に入れ、タイタニック号に乗船します。

ローズは、母が強引に決めた結婚が嫌で、船から飛び降りようとしていたところをジャックに助けられます。そして、二人は身分を超えて惹かれ合い恋に落ちます。ジャックはローズをモデルに絵を描くが、二人に嫉妬したキャルドンが、ジャックに「碧洋のハート」泥棒の濡れ衣を着せ、彼を閉じ込めてしまうのです。

その矢先、タイタニック号は巨大な氷山と衝突し、ゆっくりと沈没し始めるのです。

人々は暗く冷たい海に投げ出されていきます。ジャックとローズは、船の残骸にしがみつきながら、暗闇の中で救助を待ちます。

しかしながら体力も奪われ、ジャックは、船の残骸の上にローズを乗せ、彼女の手を握りしめながら、極寒の海の冷たさに耐えます。しかし、救助がローズを発見した時には、ジャックは既に息絶えており、彼女は涙を流し、彼を海へ葬ります。

助けられたローズは、ジャックの姓を名乗り、婚約者と母の手を逃れます。

そして現代。ローズはジャックと共に歩んできた人生だったことを語ります。

事故の裏で悲しい物語があったことを知ったトレジャーハンターたちも涙を流し、宝のことばかり考えていた自分たちを恥じます。

その日の夜、ローズはキャルドンから貰った「碧洋のハート」を海に投げ捨てます。そして、安らかな眠りについたローズは、今は無きタイタニック号の船内で、周囲に祝福されながらジャックと再会するのです。

ラストシーンは、二人とも涙を流しましたね。冷たい氷の海に投げ出された二人は、励まし合って生きようとします。それでも限界がきます。ジャックは言います。「君はあの海に浮いている、浮き木の上によじ登ってください。ここに笛があります。助け舟が来たら、この笛を力いっぱい吹いて下さい。私は海の中で見守ります」やがて彼は、力尽きて海の中に沈んでいきます。浮き木の上で生きていた彼女の近くに助け舟がきます。彼女は力一杯「ピューピュー」と笛を鳴らします。「この映画は良かったね」と、私と晃弘はうなずき合いました。

「あのとき、海の中に沈んでいったのは私であったら良いのに」と、あなたが亡くなってから、折に触れ、思いました。「冷たい氷の海で笛を吹くのは、あなたであって欲しかった」とも思いました。

あれからあなたは高校を卒業し、現役で日本大学経済学部に入学し、留年することもなく、無事に社会人となりました。

あなたが大学生の頃、私は関東出張のたびに、あなたの部屋に泊まりました。部屋には、ハムスターが放し飼いされていました。「このハムスターを見ていると、癒されるよ」と言っていました。

とある日、あなたが二〇歳頃「たまには、カラオケに行こう」と誘いました。あなたは尾崎豊の「15の夜」を思い入れたっぷりと、叫ぶが如く熱唱しましたね。

ここに「15の夜」の歌詞を書きます。

落書きの教科書と外ばかり見てる俺
超高層ビルの上の空　届かない夢を見てる
やりばのない気持の扉破りたい
校舎の裏　煙草をふかして見つかれば逃げ場もない
しゃがんでかたまり　背を向けながら
心のひとつも解りあえない大人達をにらむ

そして仲間達は今夜家出の計画をたてる
とにかくもう　学校や家には帰りたくない
自分の存在が何なのかさえ　解らず震えている
15の夜―
盗んだバイクで走り出す　行き先も解らぬまま
暗い夜の帳の中へ
誰にも縛られたくないと　逃げ込んだこの夜に
自由になれた気がした　15の夜

冷たい風　冷えた身体　人恋しくて
夢見てるあの娘の家の横を　サヨナラつぶやき　走り抜ける
闇の中　ぽつんと光る　自動販売機
100円玉で買えるぬくもり　熱い缶コーヒー握りしめ
恋の結末も解らないけど
あの娘と俺は将来さえ　ずっと夢に見てる
大人達は心を捨てろ捨てろと言うが　俺はいやなのさ
退屈な授業が俺たちの全てだというならば
なんてちっぽけでなんて意味のない　なんて無力な

15の夜
盗んだバイクで走り出す　行き先も解らぬまま
暗い夜の帳の中へ
覚えたての煙草をふかし　星空を見つめながら
自由を求め続けた　15の夜

盗んだバイクで走り出す　行き先も解らぬまま
暗い夜の帳の中へ
誰にも縛られたくないと　逃げ込んだこの夜に
自由になれた気がした　15の夜　Ｏｈ

そうか、晃弘も十五歳の時は、学校という檻の中で、もがいていたのか、と分かりました。

「お父さんも何か歌ってよ」

あなたに言われましたが、私は演歌しか歌いません。

「いや、それより中島みゆきの『ファイト！』を代わりに歌ってくれよ」

ここに「ファイト！」の歌詞を書きます。

あたし中卒やからね　仕事をもらわれへんのやと書いた

女の子の手紙の文字は　とがりながらふるえている
ガキのくせにと頬を打たれ　少年たちの眼が年をとる
悔しさを握りしめすぎた　こぶしの中　爪が突き刺さる

私　本当は目撃したんです　昨日電車の駅　階段で
ころがり落ちた子供と　つきとばした女のうす笑い
私　驚いてしまって　助けもせず叫びもしなかった
ただ恐くて逃げました　私の敵は　私です

ファイト！闘う君の唄を
闘わない奴等が笑うだろう
ファイト！冷たい水の中を
ふるえながらのぼってゆけ

暗い水の流れに打たれながら　魚たちのぼってゆく
光ってるのは傷ついてはがれかけた鱗が揺れるから
いっそ水の流れに身を任せ　流れ落ちてしまえば楽なのにね
やせこけて　そんなにやせこけて魚たちのぼってゆく

勝つか負けるかそれはわからない　それでもとにかく闘いの
出場通知を抱きしめて　あいつは海になりました

ファイト！闘う君の唄を
闘わない奴等が笑うだろう
ファイト！冷たい水の中を
ふるえながらのぼってゆけ

薄情もんが田舎の町にあと足で砂ばかけるって言われてさ
出てくならおまえの身内も住めんようにしちゃるって言われてさ
うっかり燃やしたことにしてやっぱり燃やせんかったこの切符
あんたに送るけん持っとってよ　滲んだ文字　東京ゆき

ファイト！闘う君の唄を
闘わない奴等が笑うだろう
ファイト！冷たい水の中を
ふるえながらのぼってゆけ

あたし男だったらよかったわ　力ずくで男の思うままに
ならずにすんだかもしれないだけ　あたし男に生まれればよかったわ

ああ　小魚たちの群れきらきらと　海の中の国境を越えてゆく
諦めという名の鎖を　身をよじってほどいてゆく

ファイト！闘う君の唄を
闘わない奴等が笑うだろう
ファイト！冷たい水の中を
ふるえながらのぼってゆけ

ファイト！闘う君の唄を
闘わない奴等が笑うだろう
ファイト！冷たい水の中を
ふるえながらのぼってゆけ

ファイト！

「この『ファイト！』は、人生の応援歌だね。冷たい水の中をよじのぼって進むイメージが良いね。まるで㈱シーエムオーみたいだね。切符を握りしめて、東京に行くイメージも又いいね。晃弘、ファイトを持って生きていけよ」と、語りかけたものです。

社会人になってからのあなたは、猛烈にハードな人材派遣会社で、よく働いたね。入社して、僅か三ヶ月で神戸の支店長になったね。

「お父さん、上司に『お前はクビや』と言われてしまったよ」

「どうしてか」

「眠くて、眠くて、机の上で寝ているところを上司に見つかってしまい『お前のような男は初めて見た。クビや』と言われたよ」

「心配することは無いよ。人は簡単にはクビに出来ないよ。その上司は、パワハラだよ」

それから二年が経った、二〇〇六年四月にシーエムオーに入社したね。語り尽くせないほどの修羅場を一緒にくぐってきたね。

あなたが㈱シーエムオーグループの大阪の運送会社の社長だった時のことです。

確か、二〇一〇年の春頃です。入って間もないドライバーが「俺は〇〇ユニオンに入るよ」と、同僚のドライバーに言っているのが、あなたの耳に入りました。あなたはビックリしました。

二〇〇七年一一月に㈱シーエムオーグループに入った名古屋の会社のことが頭をよぎりました。激しい労働争議のことです。

「会長、その男と早速、個人面談します。どうしたら良いでしょうか」

「その男は入って、まだ一四日です。試用期間です。それこそ、クビにしなさい」

「クビにする理由は何ですか」

「四トントラックの運転が出来ると言って入ったのに、車庫にも停められないほど未熟です。そのことを言って引き取ってもらいなさい」

「会長、その男は前の会社でも労働運動の経験があるそうです。そんなに、すんなりと引き下がるでしょうか」

「多分、激しいやり取りになるかもしれないね。もみ合いになったら、バタンと倒れて救急車をすぐに呼びなさい」

実際、激しいやり取りとなったね。その男は、

「不当解雇や。こんなことが許されると思っているのか」と、あなたの肩に触れた。すると、実際にバタンと大きな音を出して床の上に倒れたね。そして救急車をすぐ呼んだね。血圧は二〇〇まで跳ね上がっていたね。結局、その男は黙って去っていきました。私は一報を受け、病院に駆けつけましたね。

「大丈夫か」

「会長、大丈夫ですよ」

「血圧が。二〇〇まで跳ね上がったそうだね」

明くる日、退院したね。あなたの武闘派ぶりは、筋金が入っていたよ。

先日、二〇二三年六月一八日の日曜日、録画してあったＮＨＫ特集『舞台・いのちの限り～宇野重吉・旅公演２万キロ～』を観ました。一九八七年の番組です。戦後を代表する俳優で、数多くの舞台や映画で活躍した宇野重吉は、七二歳で一座を率いて、二万キロの巡業の旅に出ます。しかし、間もなく肺を癌に冒され、摘出手術を受けます。しかし退院後、医師の反対を押し切って地方公演に復帰します。旅のトラックの中で横になり、舞台の合間に酸素ボンベを使いながら、それでも舞台に立つのです。旅の途中で七三歳の誕生日を迎えます。舞台に命を賭ける凄まじい生き様です。旅公演が終わり一ヶ月後、帰らぬ人となります。

あなたも㈱シーエムオーの公演、一〇〇日プロジェクトをやり切りましたね。命を賭けていたのですね。

私は今でも、旅を続けています。人生という旅です。いけるところまで行きますよ。

六月二五日の日曜日は「認定事業再生士」の試験を受けます。経営、法律、会計・財務の三教科です。試験時間は、一〇時から一七時四〇分です。これだけ丸一日の試験で、体力は大丈夫か、と全く自信はありません。それでも、いけるところまで挑み続けます。

あなたとの共著『ピンチはチャンスなり、スピードは力なり』（二〇一六年一二月　東洋出版株式会社）をいつも座右に置いています。

その書の『まえがき』をここに書きます。

「この度「川﨑晃弘の経営・人生・志＝『ピンチはチャンスなり、スピードは力なり』」と題して追悼本を作成する運びとなった。

川崎晃弘は34歳5ヶ月という若さで人生を駆け抜けていった。シーエムオーグループの実務最高責任者＝経営者として人生を駆け抜けた。この追悼本の目的は経営者として彼がやろうとしていたことや彼の考え方、姿勢を残し、後世に語り継ぐことである。彼は第一子がまもなく誕生する寸前にこの世を去った。第一子へ彼の想いを伝える目的もある。自分の子が物心つくようになり「自分の父親はどういう人か」と思った時に、この本を手に取ってほしいと思う。

彼の生き方は〝ピンチはチャンスなり、スピードは力なり〟で表現することができる。プレジャーニュース第2号にて、次のように述べている。

我社のモットー　スピード対応の実践

当社のモットーを発表したいと思います。ズバリ、「スピード対応」です。

荷主様からの要望や依頼事項に対してスピードをもって対応する。ドライバーの皆さんからの依頼・要望についてもスピード対応を実践することです。継続することで、〇〇運輸㈱（現㈱プレジャー）は、何でも対応が早いと言ってもらえる企業を目指します。目標は大きく掲げて実現できるように努力します。「スピードは力なり。変化をチャンスと思うこと」。変化をチャンスと捉えられるようなスピード企業になることが目標です。変化についていけず、乗り遅れてしまって後退する企業ではなく常に前進し続ける、荷主様と共に進化し続ける企業を目指します。

このように、川﨑晃弘は、すぐやることを常に心がけてきた。荷主の要望は「ＹＥＳ」の精神でなんとかできないかと日々工夫する。更に、彼の経営人生は〝ピンチはチャンスなり〟の実践の連続であった。彼が実務最高責任者として赴いた企業は経営ピンチの真っただ中である。いつ潰れてもおかしくない企業である。そこで彼は力を発揮する。経営ピンチにたじろがない。真摯に立ち向かい、体当たりで対応する。

残された者は、彼の生き方をしっかりと学び受け継いでいくことである。更に、運送業界で日々苦闘している経営者、後継者にとっても、生きる勇気を与えるものとしてこの追悼本が些かなりとも役立ちたい。「こんな経営者がいた。こんな後継者がいた」と心に残ることを願っている。人生は一瞬である。１００年漫然と何にもチャレンジすることなく生きるよりも、たとえ34年5ヶ月という人生であっても、必死に生きてチャレンジしてひとつのことを成し遂げた人生もある。

今は天空高いところにいる川﨑晃弘に、この追悼本を謹んで贈呈する。

平成28年6月1日

株式会社シーエムオー　代表取締役　川﨑依邦」

二〇一六年二月十日の晃弘社長の日報には「一三日（土）引越、一四日（日）小池名誉会長」とあります。一三日の引越とは大阪シーエムオーの引越のことです。まもなく大阪に帰るまさにその日二月十三日、あなたは帰らぬ人となりました。

小池名誉会長の弔辞を引用します。

「きっと貴方は人が六〇年かけて行うことを僅か三五年で、成し遂げようとフルスピードで駆け抜けられたのでしょう。大変でしたね。精一杯走り続けてきましたね。今となっては思い切り羽を休めてどうぞ安らかにお眠り下さい。そして今後は天空高いところからご家族と会社を見守っていて下さい」

最後に、彼の母である川﨑桂子からのあとがきを載せます。


『ダンプ14台からのスタートでした』


2007年11月21日は、名古屋に本格的に乗り込んだ日でした。

11月に、それまでに2回引継ぎのため、シーエムオースタッフ2名と訪問をしており、初めての実運送業の仕組みを確認するというより、『請求書が期日までに出せるのか、給与を正確に計算し期日までに支払う事ができるのか、労働時間の把握など』が引継ぎの目的でした。

11月21日の1週間前に晃弘が名古屋に入り配車関係、今後の荷主への対応の引き継ぎを始めていました。

1週間は名駅前のビジネスホテルに2人で宿泊し、建設作業員が泊まるホテルで、夜遅くにチェックインをするのですが、ニッカボッカのお兄さんたちで混み合い女性は私のみというホテルでした。

『もっと普通のホテルでないと専務はいかんよ』と晃弘は気遣ってくれましたが、ホテルがどこも取れない状況でした。

その後JR笠寺駅（JR東海道本線の名古屋駅から4つ目の駅）の近くでマンスリーマンションを借り約2ヶ月、そこから会社へ自転車で通う事になりました。

まだ昌和運輸という社名変更前の会社名でなぜ昌和というのか歴史も知らないまま無我夢中の毎日です。暫くは、前会社の親会社からの出向者のM所長とK配車マンがおり、晃弘は、朝5：00に出発し折り畳み自転車で5：20に会社に到着。諸々仕事の後、自転車で三〇分かけ荷主のところへ行き、当社のドライバーの配車指示を行うというのが毎朝10：00位までの日課でした。この年2007年の冬はとても寒く何度も雪が積もり自転車が滑り大変な通勤だった事を、今思い出してもつらくなります。

運送業、産廃の代表者、役員の変更手続き、人に教えてもらいながら、今となっては何をどう手続きしたのかも覚えていないくらいです。

晃弘は産業廃棄物収集運搬の講習会・運行管理者の試験・危険物取扱の試験を受験、合格し各手続きを順調に終える事ができました。

ホッとした途端2008年2月に、いきなりトラック協会の適正化監査が入り、日報その他に関しての是正を一部いただきましたが、今後に向けてのアドバイスをいただけた事が、以後の運営に参考になり、運送業の法令順守に取り組む姿勢ができたきっかけでした。

ここから、晃弘の闘いがスタートしました。私はあなたと一緒に、名古屋の地で実運送業への進出を共にしたのです。２００７年11月から２００８年の冬、本当に寒い日の連続でした。ＪＲ笠寺駅近くのマンスリーマンションでの２ヶ月の日々は、私の心に深く深く刻まれています。この記憶は薄らぐことはありません。

これが名古屋プレジャーのダンプ14台でのスタートでした。

川﨑桂子

「ピンチはチャンスなり、スピードは力なり」を噛みしめてこれからの人生を生き抜いていくよ。

以上

平成二八年一〇月

川﨑　依邦

この『まえがき』『あとがき』は、私の心にいつも脈々と息づいています。

現在（二〇二三年六月）、シーエムオーグループは従業員四二〇名、車両台数三五四台です。

二〇二三年一〇月決算着地見込は売上四十二億円、営業利益三億円です。あなたの志には、まだまだ遠く及びません。それでも一歩一歩、進みます。あなたへの手紙を締めくくるにあたって、あなたと一緒に作った『シーエムオーグループ経営理念十ヶ条』を記します。確か、二〇一五年の夏に作成したものです。今となっては、あなたの遺言です。

『シーエムオーグループ経営理念十ヶ条』

第一条　会社の成長は人の成長であり、人の成長は会社の成長である

仕事の中に人の成長を促していくエネルギーがある。

仕事の中の困難やピンチに真摯に立ち向かっていくことで、

勇気、誠実さといった人間性を高めていくエネルギーは仕事の中にある。

第二条　お客様の存続、成長に貢献して会社に役立つ

お客様に対して勇気を与え、励ましていく会社と人であることを何よりも強く心掛けていく。

お客様の存続と成長に対して誰にも負けない努力をしていく。

このことが社会の役立つ会社である。

第三条　何よりもスピードを重視していく

スピードはやる気に支えられる。実行力に支えられる。

失敗を恐れず、リスクにたじろがず、革新的にスピードを重視していく。

そのためには自己変革の志を持って常に反省して考えて考え抜いて

即実行していくスピードを重視していく。

第四条　チームワーク、全員参画経営をやり抜く

チームワークは連帯することであり、目標に向かって気持ちを一つにしていくことである。

社員一人ひとりが自活、自省し、柔軟な組織の中でチームワークを達成する。

一人ひとりが経営者であるという自覚を持つことである。

第五条　信賞必罰、厳しさと優しさを合わせ持つ

仕事の成果に対しては報いていく（信賞）、

モラルや行動規範に背くときはペナルティを課す（必罰）。

信賞必罰を達成することが会社と人を成長させていく。

メリハリとケジメをつけていくことが信賞必罰である。

第六条　ダブルチェックによって会社と人を守っていく

一人のみに仕事を任せるのではなく、ダブルチェックする。

このことは人に罪を作らせない。そのためには経営情報は公開し、一人に独占することはしない。

企業会計原則としてダブルチェックの体制を確立する。

第七条　入るをはかって出ずるを制す

売上最大、経費最小の経営とする。

日々収支システムを確立し、部門別、グループ別の収支を把握していく。

原単位経営を確立していく。

経営数字は締めて五日以内に把握する。

高収益会社を達成していく。そのことで社員一人ひとりの物心両面の幸せを獲得していく。

第八条　コミュニケーションシステムを確立する

日報、週報、月報体制を確立する。会議システムと個人面談システムを確立する。
コミュニケーションは血液の流れである。仕事を円滑に進めていくうえで、
コミュニケーションは何よりも大切にしていく。

第九条　目標管理経営を貫いていく

毎日、毎週、毎月、三ヶ月、六ヶ月、一ヶ年、
さらに三年、五年、十年と常に目標を設定し、チャレンジし目標を達成していく。
経営方針書をベースとしていく。目標達成を寝ても覚めても貫いていく。

第十条　基本行動（五S）を徹底実行する

基本行動とは五S（整理・整頓・清潔・清掃・躾）である。

飽きるほど毎日毎日実行していくことである。

基本行動の実行によってプラス発想力を鍛え、筋肉質な経営を作っていく。

志を持ち、心を高める経営は基本行動によって成し遂げられる。


経営理念十ヶ条は我が社が事業していく目的である。

何のために事業をしていくか、我が社の経営理念である。

血肉化していくこと、体にまで染み込ませていくこと、このことが会社と人を成長させていくと確信する。

経営理念十ヶ条は正しい考え方である。熱意×能力×考え方の公式にある考え方である。

能力は未来進行形である。仕事の中で能力は向上していく。

熱意は燃えるような闘魂、ファイトのことである。経営理念十ヶ条＝我が社の考え方を高く掲げていく。

まさに人生＝生きることの充実に向かって経営理念十ヶ条を日々実行していくことである。

以上

この「経営理念十ヶ条」は㈱シーエムオーの根本にあります。根本とは、経営するうえでのコンセプトのことです。

二〇二三年九月一日、㈱シーエムオーは創立三五年となります。私と妻が幕を開けました。あれから、三五年が経ちました。

「会長、これからシーエムオーが持続、永続するための憲法を作ろうよ」――あなたと話し合って決めた『経営理念十ヶ条』。

三五年の次は、五〇年です。二〇三八年がシーエムオー創立、五〇年となります。そのときまで私は生きているか分かりません。生きていれば、八九歳となります。あなたと同行二人で、いくところまでいくよ。あなたと会う日が来たら、なんと言葉をかけようか。その時は、土産を持っていくよ。

「ここまで㈱シーエムオーは生きてきたよ。生きてきた歴史がお土産だよ。あとに続く、弟、川﨑健志も、しっかり頑張っているよ」

こうした言葉をあなたに語る日まで、一日一生で生きていくよ。一日一日を、全力を尽くして生きることが一日一生です。

それでは又、あなたへの手紙を書きますね。

草々

二〇二三年六月二一日

父　川﨑依邦

Coke

2014/1

あとがき

『一日一生　亡き息子川﨑晃弘への手紙』の全編を書いた後、一週間も経たない間に、二〇二三年七月六日脳梗塞が判明した。以来、今日まで入院している。思いも掛けないことであったが、一応頭ははっきりしている。右手と右足首が麻痺しており、リハビリに専念している。現在の所、一つずつ確実にリハビリにいそしんでいる。病院での入院期間は、三ヶ月を目途にしている。

本のタイトルは『一日一生　亡き息子川﨑晃弘への手紙』。まさに病院生活では一日が一生の如く過ぎている。人生もかくありたいと想いを強く持っている。本編の作成、完成ははからずも一日一生ということを現実に示している。本書の完成は、妻である川﨑桂子をはじめとして、ＣＭＯのスタッフの皆様に支えられて完成した。なおかつ、クライアントの助けもあって完成した。ここで改めて深く感謝申し上げる。

二〇二三年八月末日　川﨑依邦

［著者］
川﨑　依邦

1949年5月12日生、広島市出身。
早稲田大学卒業後、民間会社にて人事・経理部門を担当し、昭和58年よりコンサルタント業界に入る。㈱日本経営から昭和63年9月独立開業（1990年4月法人設立）。㈱シーエムオー代表取締役に就任、現在に至る。【経営再生請負人】の別名を持ち、「命ある限り全力を尽して生き抜く」をモットーに日々チャレンジを続けている。『物流経営研究会』を組織。中小企業診断士・社会保険労務士・日本物流学会正会員。平成28年度 中小企業診断士の活用成功事例 最優秀事例として会長賞を受賞。令和5年7月に脳梗塞を発症し入院生活を送っていたが、令和5年10月に復帰を成し遂げる。

著書
実戦的経営コンサルタントがリアルに語る経営「再生」物語（東洋出版）/物流業の経営・人事・労務コンサルティング事例70（日本法令）/実例に基づく労働審判・組合トラブル解決記録（日本法令）/経営コンサルタントが経営者として取り組んだ実録！ 中小運送会社の経営V字回復物語（日本法令）/中小運送業の経営学入門（ファラオ企画）他多数

一日一生《いちにちいっしょう》

亡《な》き息子《むすこ》 川﨑晃弘《かわさきあきひろ》への手紙《てがみ》

発行日
2023年10月17日　第1刷発行

著者
川﨑依邦（かわさき・よりくに）

発行者
田辺修三

発行所
東洋出版株式会社
〒112-0014　東京都文京区関口1-23-6
電話　03-5261-1004（代）　振替　00110-2-175030
http://www.toyo-shuppan.com/

印刷・製本
日本ハイコム株式会社

ISBN 978-4-8096-7982-7
定価はカバーに表示してあります

ISO14001 取得工場で印刷しました